Microprocessor

I 디지털컴퓨터 개요
디지털컴퓨터 구조
임베디드 시스템
II AVR 프로세서
ATmega128 프로세서
ATmega128 메모리 및 주변장치
III AVR 활용

마이크로프로세서

– ATmega128 기초와 활용

이영일, 김경화 공저

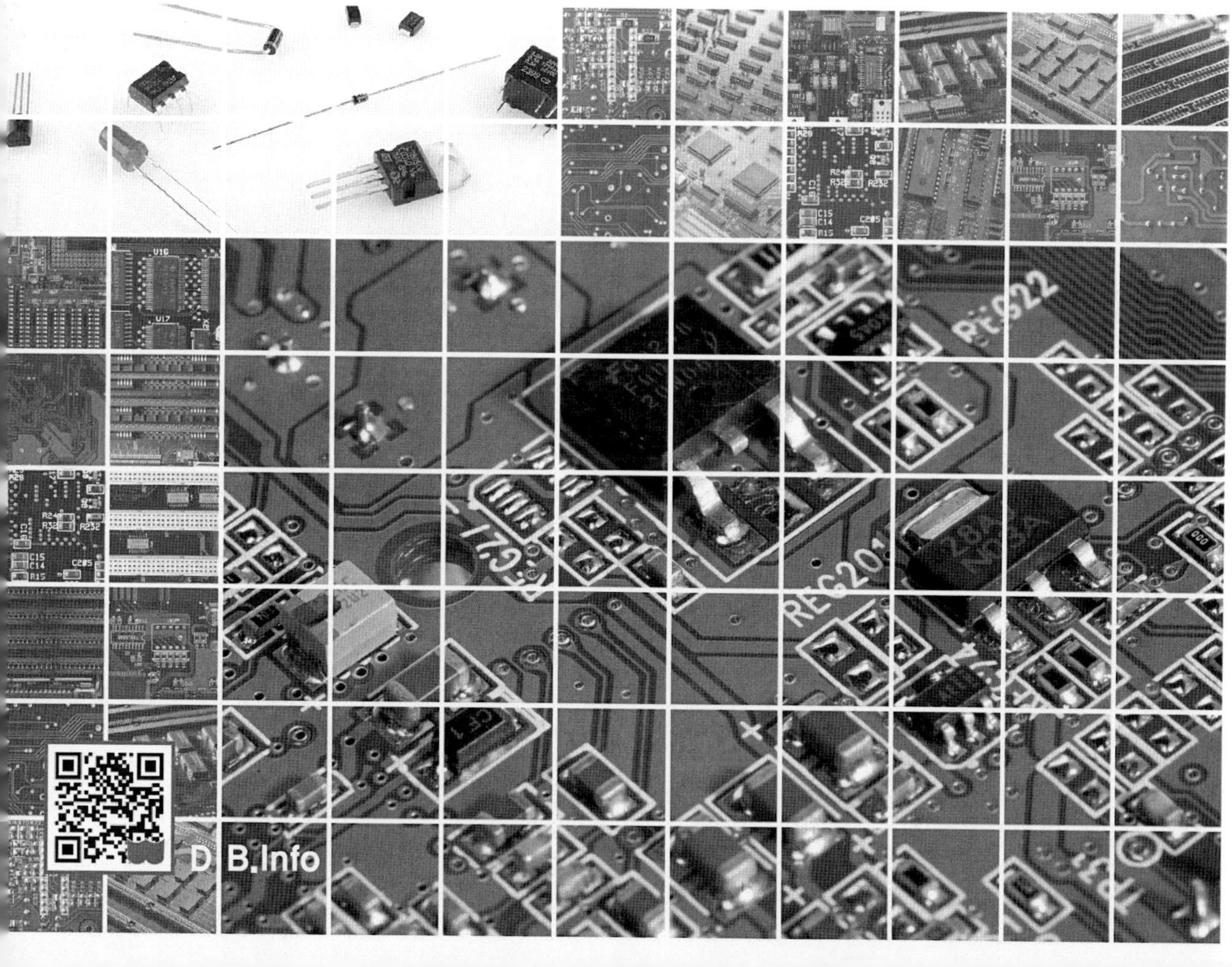

D.B.Info

머리말

PREFACE

반도체 기술의 발달과 더불어 새로운 형태의 메모리 장치들이 출현하고 다양한 주변장치를 하나의 칩에 갖춘 마이크로콘트롤러의 사용이 일반화 되면서 마이크로프로세서 교과목에서 다루어야할 내용도 다양해 지고 중점을 두어야할 부분도 달라지고 있다. 8비트 혹은 16비트 프로세서에 메모리와 주변장치를 붙이고 어셈블러나 C를 사용해서 주변장치를 활용한 프로그램을 작성하는 방법을 가르치는 것이, 필자가 프로세서를 처음 배우던 80년대 이후로, 마이크로프로세서 교육에서주로 다루던 내용이었다. 오늘날에는 기본적인 메모리와 주변장치들이 하나의 칩 안에서 구현되어 있어서 하드웨어 구성이 대단히 용이하게 되었지만 기본적인 주변장치의 원리와 활용은 오늘 날의 산업현장에서도 적용되고 있고 그 중요성이 줄어들었다고는 보기 어렵다.

90년대 이후로 폭발적으로 증가하고 있는 모바일 기기에는, 8/16비트 프로세서에서 사용하던 접근방법으로는 구현하기 힘든 멀티미디어와 네트웍 기능들을 갖춘 임베디드 시스템을 필요로 하고 있다. 여기에는 32비트 프로세서를 사용해서 멀티미디어와 네트웍 기능을 제공하는 운영체제(OS)를 장착하고 있다. 이를 이해하고 다루기 위해서는 마이크로 프로세서에 대한 기본적인 지식과 더불어 다양해진 메모리에 대한 지식, 운영체제에 대한 이해와 관련된 개발환경을 활용하는 능력 등을 갖추어야 한다.

본 교재에서는 마이크로프로세서 및 중요한 주변장치에 대한 기본 원리들을 설명하고 산업현장에서 널리 사용되고 있는 AVR 8비트 마이크로컴퓨터를 사용해서 OS를 사용하지 않는 임베디드 시스템의 활용에 대해서 다룬다. 1-2장에서는 디지털컴퓨터의 기본원리와 주요한 개념, 필수적인 주변장치에 대해서 개념적인 설명을 하고 3-4장에서 8비트 마이크로 프로세인 AVR의 구성과 명령어체제, 주요한 주변장치들을 실험을 곁들여서 다루었다. 주변장치 별로 1-2장에서 기본개념을 익히고 3-4장에서 AVR 프로세서에서 구현된 구체적인 경우를 공부할 수 있도록 배치가 되어 있다. 5장에서는 실제적인 응용들을 다루면서 키트를 이용해서 실험을 할 수 있도록 구성하였다.

C언어와 디지털논리회로를 배운 학생들에게 한 학기에 걸쳐서 강의하기에 적당한 내용을 이 책은 담고 있다. 이 책에는 AVR 프로세서 매뉴얼에서 참조할 수 있는 세세한 테이블을 되도록 싣지 않았다. 따라서 보다 깊이 있게 이 책을 따라 공부하기 위해서는 인터넷에서 이들 매뉴얼들을 받아서 같이 보는 것이 필요할 것이다. 5장의 실습은 하이버스의 MPF-mDIGITAL ATmega128 키트를 사용해서 수행하도록 구성되어 있다.

공저자 김경화 교수님과 실험 코드 작성과 원고교정을 위해 애써준 박성환군, 박지훈군과 김현수군의 노고에 감사드린다.

2014년 초 공릉동에서

이 영 일

목차

CONTENS

Part II AVR 프로세서 / 55

Chapter 03 ATmega128 프로세서 / 56

Chapter 04 ATmega128 메모리 및 주변장치 / 92

Part III AVR 활용 / 173

Chapter 05 ATmega128을 이용한 장치제어 / 174

Part Ⅰ

디지털컴퓨터 개요

디지털컴퓨터 구조

CHAPTER 01

1.1 디지털 정보의 처리

1.1.1 디지털정보

휴대전화, DMB, 디지털카메라, 가정용 컴퓨터 등 우리는 일상생활에서 많은 디지털장치들을 사용하고 있다. 이들 장치들은 일견 보기에 복잡한 기능들을 수행하며 그 사용법과 기능이 다양하지만 0과 1로 이루어진 디지털정보를 기반으로 동작하며 일종의 디지털컴퓨터를 내장하고 있다는 공통점을 가지고 있다. 스위치가 on이면 1 off면 0, 전구가 켜지면 1, 꺼지면 0 등 2진수를 사용해서 표현할 수 있는 디지털 정보는 기계를 사용해서 저장하고 처리하기에 용이하다.

디지털컴퓨터 개발의 초창기(1940년대)에는 0과 1로 이루어진 디지털 정보를 저장하기 위해서 진공관(vacuum tube)을 사용했기 때문에 1946년에 개발된 ENIAC (Electronic Numerical Integrator and Computer)은 무게가 27ton에 150 KW의 전력을 소비할 정도로 크기가 커야했다. 반도체 기술의 발전과 더불어 진공관이 트랜지스터로, 트랜지스터가 집적회로로 대치되면서 디지털정보를 처리하기 위한 장치가 소형화 되었고 이전에는 여러 개의 보드로 만들어야 했던 디지털 시스템이 하나의 반도체 Chip에 다 들어갈 수 있는 시대가 되었다. 디지털장치가 소형화 되고 성능은 높아지면서 디지털컴퓨터는 더욱 폭 넓게 일상생활에서 활용되고 있다.

한 비트(bit)의 디지털 신호로는 0과 1 두 가지 정보만을 표현할 수 있다. 하지만 여러 개 비트를 묶어서 사용하면 n개 비트로 2^n개의 정보를 표현할 수 있다. 8비트를 사용한다면 256개의 데이터를 표현할 수 있는데 표 1.1.1의 ASCII코드와 같이 문자를 표현 할 수도 있고 자연수 또는 부호가 있는 정수를 표현 할 수 도 있다. 예를 들어 0100 0001의 디지털 데이터는 아래의 ASCII 코드표에 따르면 대문자 'A'를 표현하지만 정수 값 65를 표현하는 것일 수도 있다. 이처럼 같은 이진수 값도 숫자, 문자, 그림 또는 소리를 표현하는 데이터로 각각 다르게 해석이 될 수 있다.

1.1.2 이진수 시스템

디지털시스템을 다루기 위해서 이진수 시스템(Binary Number System)에 익숙해질 필요가 있다. 이진수는 기수가 2인 수체계로서 각 자릿수의 값은 0 또는 1의 두 가지 값을 가진다. 예를 들어 소수점을 포함하는 아래의 이진수를 생각해 보자.

$$\begin{aligned} 1010.1011_{(2)} &= 1\times1000_{(2)} + 0\times100_{(2)} + 1\times10_{(2)} + 0\times1_{(2)} \\ &\quad + 1\times0.1_{(2)} + 0\times0.01_{(2)} + 1\times0.001_{(2)} + 1\times0.0001_{(2)} \\ &= 1\times2^{3} + 0\times2^{2} + 1\times2^{1} + 0\times2^{0} + 1\times2^{-1} + 0\times2^{-2} + 1\times2^{-3} + 1\times2^{-4} \end{aligned}$$

위의 이진수에서 가장 왼쪽자리 값은 2^3이며 가장 오른쪽자리 값은 2^{-4}이다. 주어진 이진수에서 가장 큰 자리 값을 가지는 부분을 MSB (Most Significant Bit), 가장 적은 자리 값을 가지는 부분을 LSB (Least Significant Bit)라고 한다. 아래의 표 1.1.2는 4자리 이진수를 10진수와 8진수 16진수로 상호변환하는 내용이다. 직접 확인해 보기 바란다. 이진수와 16진수를 비교해 보면 2진수 4자리와 16진수 1자리 값이 정확하게 상호변환 됨을 알 수 있다. 앞으로 편의상 이진수 대신에 보

표 1.1.1 ASCII 코드표

DEC	HEX	문자	DEC	HEX	문자	DEC	HEX	문자	DEC	HEX	문자
0	00	NUL	32	20	SP	64	40	@	96	60	`
1	01	SOH	33	21	!	65	41	A	97	61	a
2	02	STX	34	22	"	66	42	B	98	62	b
3	03	ETX	35	23	#	67	43	C	99	63	c
4	04	EOT	36	24	$	68	44	D	100	64	d
5	05	ENQ	37	25	%	69	45	E	101	65	e
6	06	ACK	38	26	&	70	46	F	102	66	f
7	07	BEL	39	27	'	71	47	G	103	67	g
8	08	BS	40	28	(	72	48	H	104	68	h
9	09	TAB	41	29	)	73	49	I	105	69	i
10	0A	LF	42	2A	*	74	4A	J	106	6A	j

11	0B	VT	43	2B	+	75	4B	K	107	6B	k
12	0C	FF	44	2C	,	76	4C	L	108	6C	l
13	0D	CR	45	2D	-	77	4D	M	109	6D	m
14	0E	SO	46	2E	.	78	4E	N	110	6E	n
15	0F	SI	47	2F	/	79	4F	O	111	6F	o
16	10	DLE	48	30	0	80	50	P	112	70	p
17	11	DC1	49	31	1	81	51	Q	113	71	q
18	12	DC2	50	32	2	82	52	R	114	72	r
19	13	DC3	51	33	3	83	53	S	115	73	s
20	14	DC4	52	34	4	84	54	T	116	74	t
21	15	NAK	53	35	5	85	55	U	117	75	u
22	16	SYN	54	36	6	86	56	V	118	76	v
23	17	ETB	55	37	7	87	57	W	119	77	w
24	18	CAN	56	38	8	88	58	X	120	78	x
25	19	EM	57	39	9	89	59	Y	121	79	y
26	1A	SUB	58	3A	:	90	5A	Z	122	7A	z
27	1B	ESC	59	3B	;	91	5B	[	123	7B	{
28	1C	FS	60	3C	<	92	5C	\	124	7C	|
29	1D	GS	61	3D	=	93	5D	]	125	7D	}
30	1E	RS	62	3E	>	94	5E	·	126	7E	~
31	1F	US	63	3F	?	95	5F	_	127	7F	DEL

다 간편한 16진수를 사용하는 경우가 많으므로 4자리 이진수와 1자리 16진수의 변환을 익혀두는 게 좋겠다. 16진수로 숫자를 표현하는 경우 숫자 뒤에 H(Hex)를 써서 16진수임을 표시하는 경우가 많다.(ex: 123H)

표 1.1.2 2진수-8진수-16진수-10진수 상호변환

10진수	2진수	8진수	16진수
0	0000	00	0
1	0001	01	1
2	0010	02	2
3	0011	03	3
4	0100	04	4
5	0101	05	5
6	0110	06	6
7	0111	07	7
8	1000	10	8
9	1001	11	9
10	1010	12	A
11	1011	13	B
12	1100	14	C
13	1101	15	D
14	1110	16	E
15	1111	17	F

1) 2진수 양의 정수 덧셈

한 자리의 이진수 덧셈을 생각해 보면 다음의 네 가지 경우가 있다.

0+0=0, 0+1=1, 1+0=1, 1+1=10 (자리올림 (carry) 발생)

사용할 수 있는 자릿수 또는 비트수가 늘어나면 나타낼 수 있는 수의 영역도 늘어난다. n비트의 이진수로 양의 정수를 나타낸다면 0에서 $2^n - 1$까지의 정수를 표현할 수 있다. 더 많은 자릿수의 양의 정수에 대한 덧셈의 다음과 같은 예들을 살펴보자. 같은 자리의 두 양의 정수를 더 할 때 자리올림인 carry가 발생할 수 있음을 알 수 있다.

2) 음의 정수의 표현과 보수 (Complement)

+나 −같은 부호를 별도로 사용하지 않고 음수를 이진데이터를 통해서 표현하

는 것은 3가지 정도의 방법을 생각할 수 있다.

- 부호와 절대치(sign- magnitude)
- 1의 보수(1's complement)
- 2의 보수(2's complement)

10진수	2진수	8진수	16진수
Carry → 11	Carry → 0110000	Carry → 10	Carry → 0
49	00110001	61	31
+ 58	+ 00111010	+ 72	+ 3A
107	01101011	153	6B

그림 1.1.1 양의 정수의 덧셈

세 가지 방법 모두 최상위비트(MSB)가 부호비트 역할을 하게 된다. 즉 MSB가 0이면 양수 1이면 음수를 나타낸다. n비트의 2진수 x의 2의 보수는 $2^n - x$, 1의 보수는 $2^n - x - 1$로 정의 된다. 마이크로프로세서 시스템에서는 대부분의 경우 2의 보수를 이용해서 음수를 표현한다. 2의 보수를 사용해서 음수를 표현하는 경우 n비트를 사용하면 $-2^{n-1} \sim +2^{n-1}-1$ 사이의 정수를 표현할 수 있다.

예를 들어 8비트 양의 정수값 00000011의 2의 보수는 $2^8 - 00000011 = 11111101$이다. 여기서 00000011과 그 2의 보수값을 더해보자. 그러면 carry가 발생하고 00000000이 결과로 남게 됨을 알 수 있다. 이것은 x와 -x를 더했을 때 0이 나오는 것과 일치하는 결과이다. 2의 보수로 음수를 표현하는 것에는 이와 같은 장점이 있어서 마이크로프로세스 시스템에서 채택되고 있다.

1.1.3 디지털연산장치

1.1.2절에서 다룬 이진수의 연산이나 그 밖의 디지털데이터를 처리하는 기능을 가진 장치를 디지털연산장치 또는 디지털컴퓨터라고 할 수 있겠다. 디지털데이터의 각 비트들은 '0' 아니면 '1'로 이루어져 있기 때문에 이와 같은 이진값(binary value)을 처리하기 위한 체계를 정의할 수 있는데 이를 부울대수(Boolean Algebra)라고 한다. 부울대수에서 정의되는 기본적인 연산자는 AND, OR, NOT 이며 모든 디지털데이터의 처리를 이 세 가지 연산을 사용해서 구현할 수 있다. 이 세 가지 연산의 정의와 회로 상에서의 표시는 다음과 같다.

표 1.1.3 AND 연산 진리표

입력		출력
a	b	y
0	0	0
0	1	0
1	0	0
1	1	1

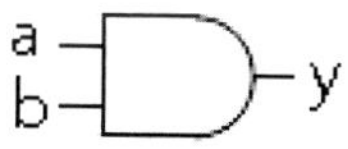

AND Gate 표시

표 1.1.4 OR 연산 진리표

입력		출력
a	b	y
0	0	0
0	1	1
1	0	1
1	1	1

OR Gate 표시

표 1.1.5 NOT 연산 진리표

입력	출력
a	y
0	1
1	0

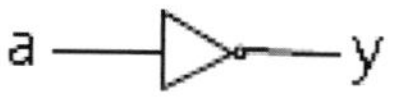

NOT Gate 표시

이 세 가지의 기본적인 부울 연산장치는 스위치, 트랜지스터, CMOS, MOSFET 등을 이용해서 쉽게 구현할 수 있다. 보다 복잡한 기능의 연산장치들은 이들을 활용해서 구성할 수 있다. 예를 들어 디지털 계산기를 구현하기 위해서

0+0=0, 0+1=1, 1+0=1, 1+1=10 (자리올림 발생)

와 같은 연산을 수행하는 1비트 덧셈기를 구현하는 경우를 생각해 보자. 한자리 값 이진수 a와 b를 더하는 덧셈기의 입출력은 합을 나타내는 s와 자리올림을 나타내는 c로 그림 1.1.2와 같이 나타낼 수 있다. 또한 s와 c를 만들어내기 위한 진리표를 표 1.1.3과 같이 만들 수 있다.

표 1.1.12 1 bit 반가산기의 진리표

	a, b			
	0 0	0 1	1 0	1 1
s	0	1	1	0
c	0	0	0	1

1 비트 반가산기

표 1.1.6의 진리표에 따르면

$$S = \overline{A} \cdot B + A \cdot B$$
$$C = A \cdot B$$

와 같이 1비트 가산기를 AND(·), OR(+), NOT(¯)를 이용해서 만들 수 있음을 알 수 있다. 여러 개의 1비트 가산기를 적절히 연결하면 여러 비트로 표시되는 수의 덧셈기를 만들 수 있고 여기에 적절한 부가 논리회로를 추가해서 덧셈/뺄셈, 자리이동, 여러 비트의 논리연산(AND, OR, NOT) 등의 기능을 수행 할 수 있는 산술/논리연산장치인 ALU (arithmetic Logic Unit)를 구성할 수 있다.

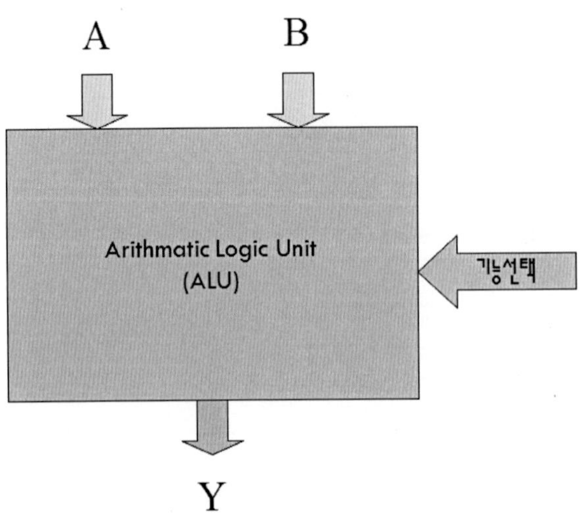

그림 1.1.2 다기능연산장치 ALU의 입출력 구성

예를 들어 그림 1.1.2에 나타난 것과 같은 ALU를 이용해서 여러 비트로 이루어진 이진 데이터인 A와 B를 더한 결과를 얻기 위해서는 먼저 **A**와 **B**를 각각 ALU에 연결해 준 후에 덧셈을 하도록 기능선택을 하여 ALU가 **A**와 **B**를 더한 결과를 출력 **Y**로 내어놓도록 해야 할 것이다. ALU를 이용해서 일련의 디지털정보 처리를 하기 위해서는 이와 같이 연산을 행할 디지털데이터를 ALU의 입력으로 공급하고 이들 디지털 정보에 대해서 수행할 기능을 선택한 후 그 결과를 활용하는 동작을 반복해야 할 것이다. 이 과정을 사람의 손으로 해나가려면 매우 번거로운 작업이 될 것이다. 따라서 이를 자동적으로 수행해 줄 수 있도록 ALU에 부가적인 장치를 덧붙여서 그림 1.1.3과 같은 장치를 구성한다. 즉 처리하고 싶은 일련의 디지털데이터들과 이들 데이터들에 대해서 ALU를 가지고 수행해야 할 기능들을 프로그램 저장장치에 잘 정렬하여 보관해 놓으면 제어장치에서 데이터와 수행해야 할 기능들을 순차적으로 프로그램 저장장치에서 꺼내어서 ALU의 데이터와 기능선택 입력에 공급하고 그 결과를 적절한 곳에 저장한다. 이와 같은 과정들을 고속의 클럭에 동기시켜서 수행하는 것이 디지털 컴퓨터의 기본적인 동작원리라 볼 수 있다. 프로그램 저장장치로부터 프로그램을 읽어와서 자동적으로 수행할 수 있도록 ALU와 제어장치를 갖춘 디지털시스템을 CPU (Central Processing Unit)라고 부른다.

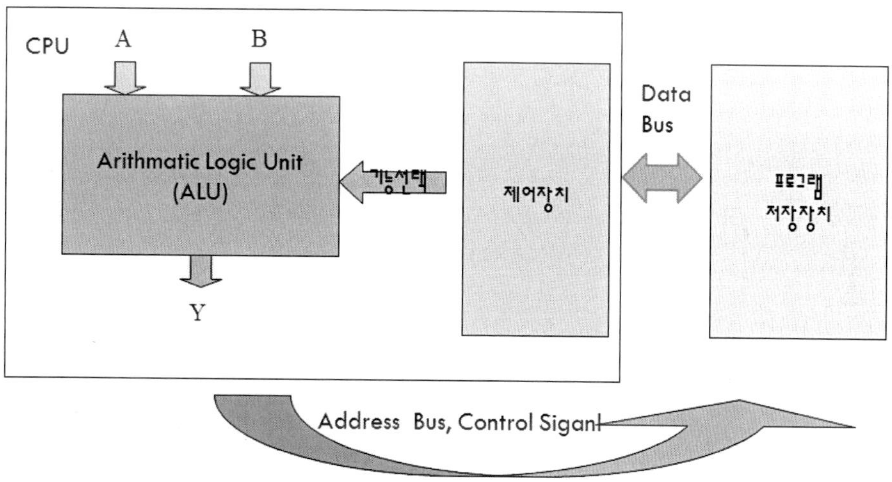

그림 1.1.3 CPU와 프로그램 저장장치

1.2 디지털컴퓨터의 기본구조

1.1절에서 설명한 바와 같이 CPU가 수행할 수 있는 일은 ALU를 사용해서 수행할 수 있는 정수의 사칙연산, AND/OR/NOT를 포함하는 논리연산, 자리 옮기기 등의 기능 등이다. 주변에서 볼 수 있는 디지털기기에서 수행되는 동영상 처리,

통신기능 등도 이와 같이 비교적 간단한 연산들을 CPU를 통해서 수행함으로써 이루어진다. CPU가 메모리에 저장되어 있는 프로그램을 수행한 결과를 사람이 확인하거나 프로그램 수행에 필요한 정보를 적절히 입력 시켜 주기 위한 입출력 장치가 필요하다. PC의 경우 모니터와 키보드가 이와 같은 입출력 장치에 해당한다.

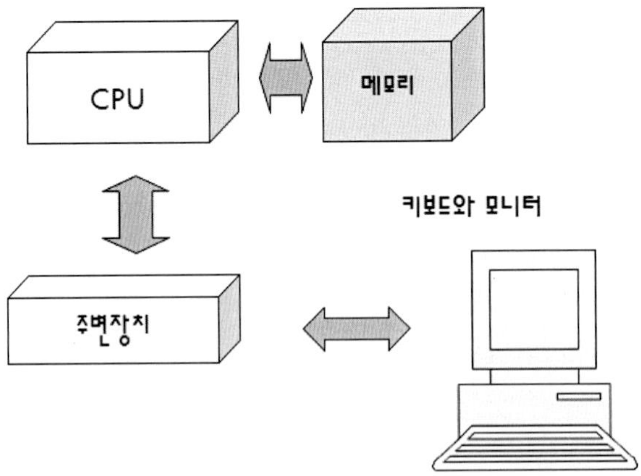

그림 1.2.1 디지털컴퓨터 기본구조

ALU가 수행할 수 있는 수준의 명령을 사람이 직접 사용해서 복잡한 동작을 하는 프로그램을 작성하는 것은 어렵기 때문에 C나 JAVA와 같은 고급 프로그래밍 언어를 사용한다. 프로그래밍 언어로 작성된 소스코드를 컴파일러를 사용해서 ALU 또는 CPU가 수행할 수 있는 명령어들로 바꾸어 주고 이를 메모리에 저장한다.

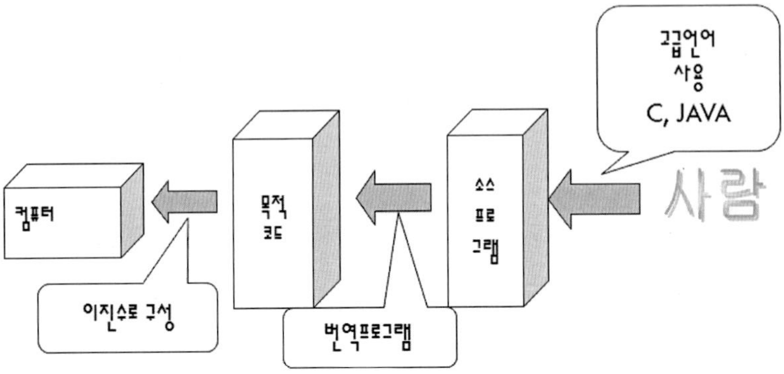

그림 1.2.2 프로그래밍 체계

1.3 마이크로프로세서

마이크로프로세서는 하나의 IC칩으로 된 CPU (Central Processing Unit)를 말한다. CPU에서 한 번에 처리할 수 있는 데이터 비트의 길이에 따라 4비트, 8비트, 16비트, 32비트 프로세서로 분류할 수 있고 실제 시중에서 구할 수 있는 마이크로프로세서들은 그림 1.1.3에서 보인 CPU보다 보다 복잡한 구조와 기능을 가지고 있다. 즉 CPU 내부에, 프로그램 시 사용 가능한 레지스터들이 있어서 중간계산 결과들을 보다 효율적으로 처리할 수 있도록 하고 있으며 연산에 사용할 데이터 즉 오퍼란드를 ALU로 가져오는 다양한 방법을 제공한다. 본 절에서는 마이크로프로세서 동작의 기본원리를 쉽게 파악하기 위해서 실제 보다 간단한 형태의 가상적인 프로세서의 동작을 살펴보고자 한다. 이를 바탕으로 3장 이후에서 살펴보게 될 AVR 및 ARM 프로세서를 좀 더 쉽게 이해할 수 있을 것이다. 마이크로프로세서 내부의 구성요소들을 그림 1.3.1의 가상적인 CPU 구조를 이용해서 살펴보자.

1) 레지스터 (Register)

프로그램 모델에 포함되는 레지스터와 프로그램 모델에 포함되지 않는 레지스터로 구분된다. 프로그램 모델에 포함되는 레지스터는 프로그램 작성 시 활용할 수 있는 레지스터이고 프로그램 모델에 포함되지 않는 레지스터는 프로그램 수행에 활용이 되기는 하지만 프로그래머가 프로그램 상에서 명시적으로 활용할 수 는 없는 프로그램카운터, 어드레스레지스터, 데이터레지스터 등이다.

2) 누산기 (Accumulator : ACC)

가장 많은 명령어에서 활용되는 특별한 레지스터이다. 다양한 연산명령에서 ACC값과 레지스터 값을 연산에 사용해서 다시 ACC에 저장하며, 메모리의 내용을 ACC로 전송 명령어, ACC내용을 0으로 클리어하는 명령들이 있을 수 있다.

3) 산술/논리 유니트 (ALU)

가산이나 승산 등의 산술연산이나 레지스터 내의 하나 혹은 두 개 값 사이의 AND 연산과 같은 논리연산을 수행한다.

4) Program Counter (PC)

다음에 읽어들일 명령어의 위치를 저장하는 역할을 하는 레지스터이다. Memory Address Register를 통해서 주소 값을 Address Bus에 전달한다. 8비트 CPU의 경우 16비트, 32비트 CPU의 경우 32비트 PC를 갖추는 것이 일반적이다.

5) 상태레지스터 (Status Register)

ALU를 사용한 연산결과가 양수인지, 음수인지, 자리올림이 발생하였는지 등을 표시하는 정보를 가지는 레지스터 임.

6) 스택포인터 (stack Pointer)

LIFO (Last In First Out) 형태로 운영하는 스택 메모리 공간을 활용할 때 마지막에 입력된 데이터가 들어 있는 곳을 가리키도록 사용하는 레지스터.

7) 제어장치

Instruction Decoder 및 Controller Sequencer를 포함하는 제어장치는 명령을 해석하고 실행하는데 필요한 CPU 내부의 각 유니트 사이의 데이터 흐름을 제어한다.

8) 버스 (Bus)

마이크로프로세서와 각 장치들이 서로 정보를 교환하기 위한 전송로를 버스(Bus)라고 표현한다. 메모리의 특정 장소나 입출력 장치의 특정 포트를 지정하는 주소가 실리는 주소버스(address bus), 각 장치 간에 주고받는 데이터(data) 실리는 데이터버스(data bus), CPU 내부 또는 외부메모리 등의 장치의 동작을 제어하기 위한 신호들이 실리는 제어버스(control bus) 등이 있다.

간단한 기계어 프로그램을 통해서 위에서 소개한 CPU의 각 부분들이 어떻게 유기적으로 동작하는지 살펴보기로 하자. 메모리의 0번지부터 5번지까지 다음 테이블과 같이 채워졌다고 가정하자. 여기서 왼쪽 칸은 메모리의 주소를 나타내며 오른쪽 칸은 메모리에 저장된 명령어 코드와 데이터이다.

00	LDA
01	7
02	ADD
03	10
04	STA
05	[10]

여기서 0번지에 저장된 'LDA'는 ACC에 데이터를 가져오라는 명령어 코드를 나타내고 1번지의 7은 LDA 명령에 따라서 ACC에 가져갈 데이터 값이다. 2번지와 3번지에 각각 저장된 'ADD'와 10은 ACC와 더하라는 명령어 코드와 ACC와 더할 값을 각각 나타낸다. 4-5번지의 STA [10]은 ACC의 값을 10번지에 저장하라는 명령어 코드를 나타낸다. 이 명령어들을 수행하는 과정을 단계별로 살펴보자.

① 'LDA' 명령어 가져오는 단계 (Fetch Cycle) - 그림 1.3.1 참조

프로그램 카운터(PC)에 0번지가 미리 저장되어 있다고 가정한다. 명령어를 가져오는 단계 즉 'Fetch Cycle'이 시작되면 (1) PC의 내용이 address register로 전달된다. (2) PC의 내용이 address register로 전달 될 때마다 PC 값은 1씩 증가한다. (3) address register의 내용이 address bus를 통해서 외부로 전달된다. (4) 메모리의 0번지에 저장되어 있는 'LDA'에 해당하는 명령어 코드가 data bus로 공급된다. (5) data bus를 통해서 data register로 'LDA' 명령어가 전달된다. (6) data register의 'LDA' 명령어 코드가 명령어 해석기(Instruction Decoder)로 전달된다.

② 'LDA' 명령어 실행단계 (Execution Cycle) - 그림 1.3.2 참조

명령어 해석기는 'LDA' 명령을 수행하기 위해서 (1) PC에 저장된 1번지를 address register로 전달한다. (2) PC의 내용이 address register로 전달 될 때마다 PC 값은 1씩 증가한다. (3) address register의 내용이 address bus를 통해서 외부로 전달된다. (4) 메모리 1번지에 있는 데이터 7이 data bus로 공급된다. (5) data bus를 통해서 data register로 7이 전달된다. (6) data register의 7이 ACC로 전달된다.

이 경우와 같이 명령어 실행을 위해서 필요한 데이터가 명령어 다음에 바로 저장되는 경우를 **즉치어드레싱(immediate addressing)**이라고 한다. 이상과 같이 LDA 명령의 실행이 끝나면 바로 다음 명령어를 읽어들이고(Fetch) 실행하는(Execution) 과정이 다음과 같이 계속된다.

③ 'ADD' 명령어 가져오는 단계 (Fetch Cycle) - 그림 1.3.3 참조

새롭게 명령어를 가져오는 단계 즉 'Fetch Cycle'이 시작되면 (1) PC의 내용이 address register로 전달된다. (2) PC의 내용이 address register로 전달 될 때마다 PC 값은 1씩 증가한다. (3) address register의 내용이 address bus를 통해서 외부로 전달된다. (4) 메모리의 2번지에 저장되어 있는 'ADD'에 해당하는 명령어가 data bus로 공급된다. (5) data bus를 통해서 data register로 'ADD' 명령어가 전달된다. (6) data register의 'ADD' 명령어 코드가 명령어 해석기(Instruction Decoder)로 전달된다.

④ ‘**ADD’ 명령어 실행단계 (Execution Cycle)** - 그림 1.3.4 참조

명령어 해석기는 ‘ADD’ 명령을 수행하기 위해서 (1) PC에 저장된 1번지를 address register로 전달한다. (2) PC의 내용이 address register로 전달 될 때마다 PC 값은 1씩 증가한다. (3) address register의 내용이 address bus를 통해서 외부로 전달된다. (4) 메모리 3번지에 있는 데이터 10이 data bus로 공급된다. (5) data bus를 통해서 data register로 10이 전달된다. (6) data register의 10과 ACC의 7이 ALU로 전달된다. (7) 10과 7을 더한 결과가 ACC에 저장된다.

이상과 같이 명령어 Fetch와 실행(Execution) cycle이 반복되면서 프로그램이 수행된다. ADD 명령의 경우도 연산에 사용할 데이터가 명령어 바로 다음에 저장되는 즉치 어드레싱을 사용하고 있음을 알 수 있다.

⑤ ‘**STA’ 명령어 가져오는 단계 (Fetch Cycle)** - 그림 1.3.5 참조

PC에 4(즉 0000 0100)가 저장된 상태에서 ‘Fetch Cycle’이 시작되면 (1) PC의 내용이 address register로 전달된다. (2) PC의 내용이 address register로 전달 될 때마다 PC 값은 1씩 증가한다. (3) address register의 내용이 address bus를 통해서 외부로 전달된다. (4) 메모리의 4번지에 저장되어 있는 ‘STA’에 해당하는 명령어가 data bus로 공급된다. (5) data bus를 통해서 data register로 ‘STA’ 명령어가 전달된다. (6) data register의 ‘STA’ 명령어 코드가 명령어 해석기(Instruction Decoder)로 전달된다.

⑥ ‘**ADD’ 명령어 실행단계 (Execution Cycle)** - 그림 1.3.6 참조

명령어 해석기는 STA [10] 명령을 수행하기 위해서 (1) PC에 저장된 1번지를 address register로 전달한다. (2) PC의 내용이 address register로 전달 될 때마다 PC 값은 1씩 증가한다. (3) address register의 내용이 address bus를 통해서 외부로 전달된다. (4) 메모리 5번지에 있는 데이터 10이 data bus로 공급된다. (5) data bus를 통해서 data register로 10이 전달된다. (6) data register의 10이 address register로 전달되고 (7) 이 값이 address bus를 통해서 메모리 10번지에 데이터를 저장할 준비를 한다. (8) ACC에 저장된 17이 data register로 전달되고 (9) data register의 값이 data bus를 통해 외부에 전달되어 메모리 10번지에 저장된다.

STA [10] 명령어의 경우 10이라는 값은 ACC의 내용을 저장할 주소를 가리키고 있다. 어떤 명령어의 수행에 필요한 데이터를 이를 저장할(또는 저장한) 주소로 지정하는 이러한 방식을 직접주소지정(Direct Addressing) 방식이라고 한다.

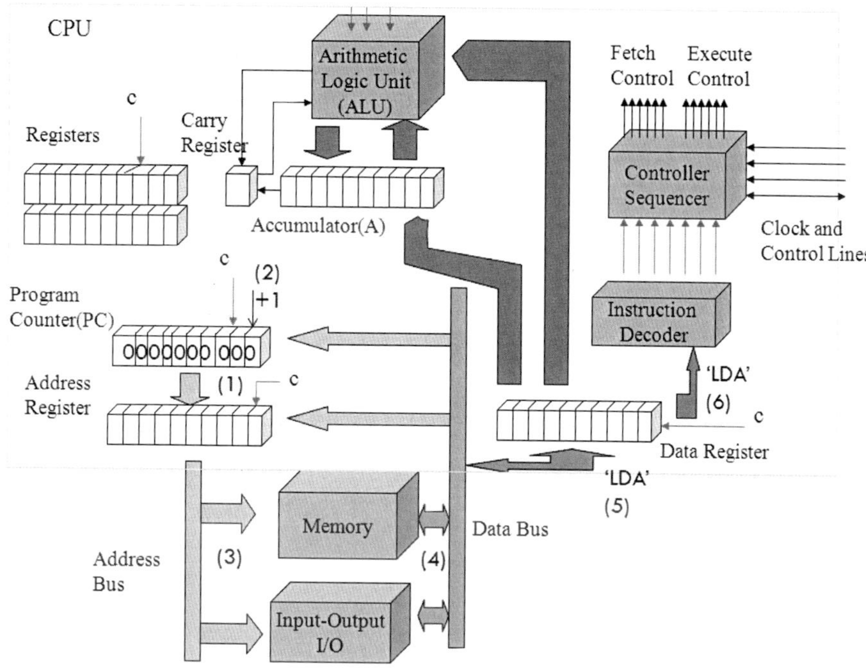

그림 1.3.1 'LDA' 명령어 가져오는 과정

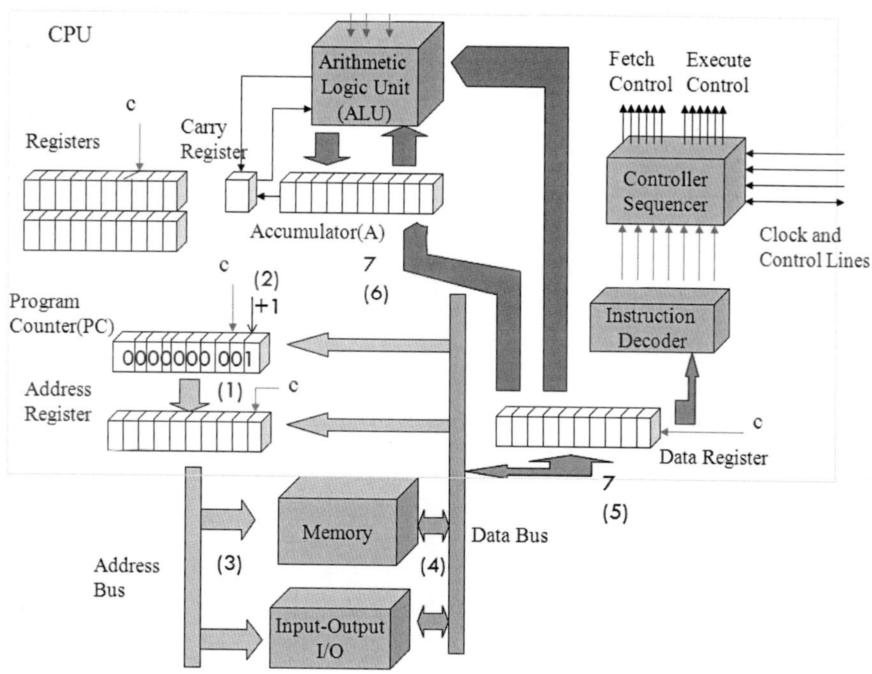

그림 1.3.2 LDA 명령어 실행하는 과정

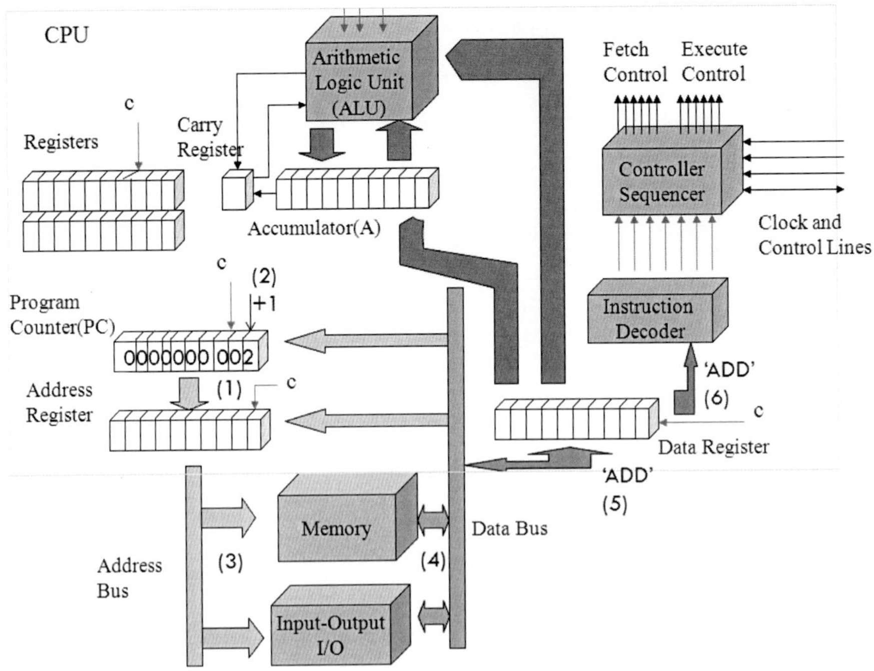

그림 1.3.3 'ADD' 명령어 가져오는 과정

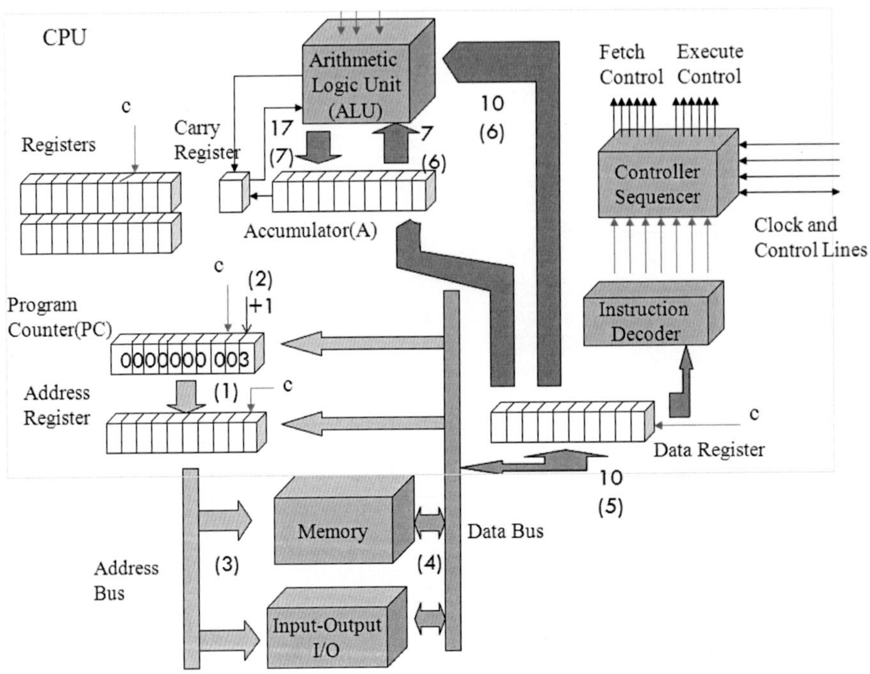

그림 1.3.4 ADD 명령어 실행과정

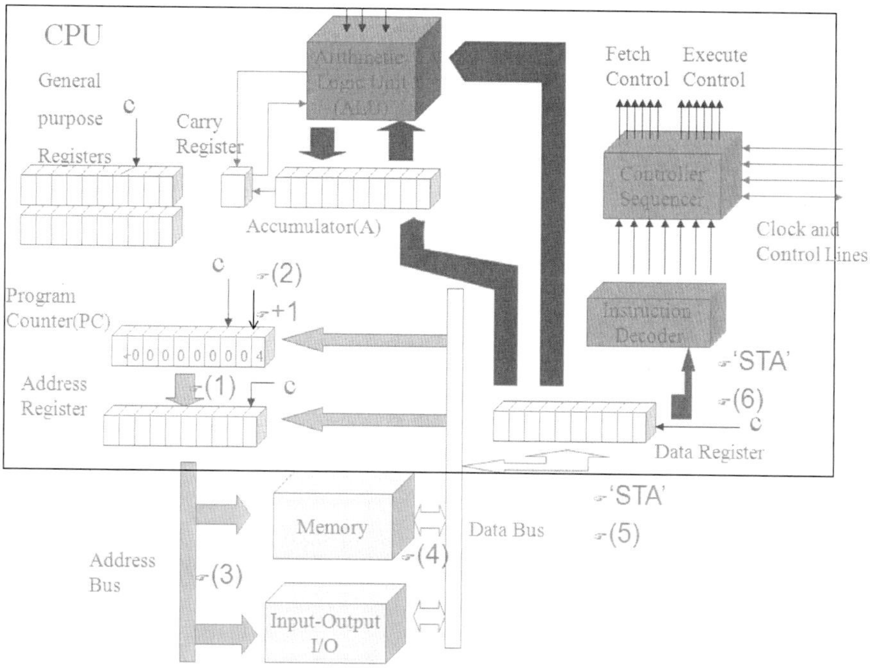

그림 1.3.5 'STA' 명령어 가져오는 과정

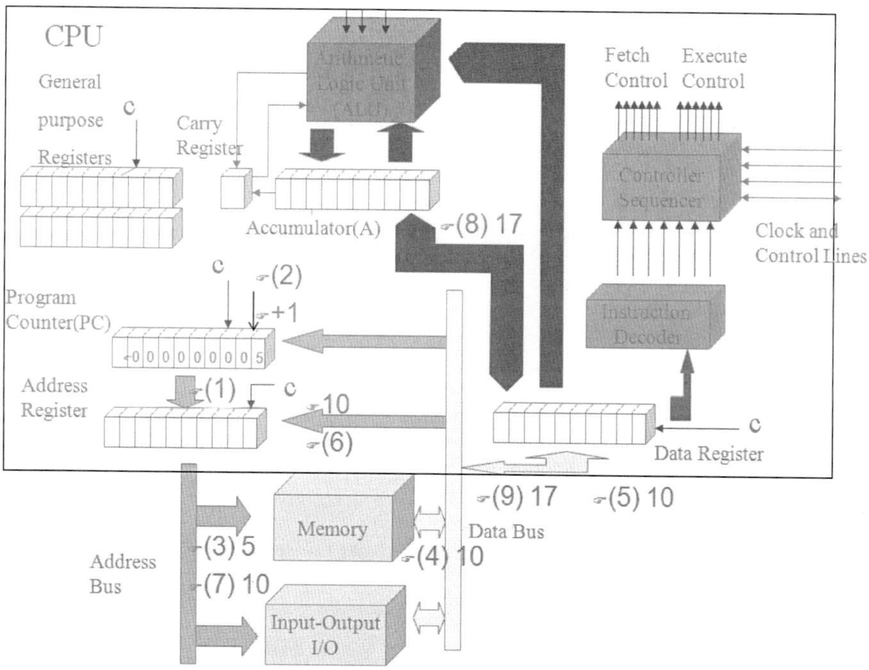

그림 1.3.6 STA [10] 명령어 수행하는 과정

마이크로프로세서를 버스 구조에 따라서 폰노이만 구조와 하버드 구조로 구분할 수 있다. 폰노이만 구조는 메모리와 CPU사이에 주소와 데이터 버스가 하나만 존재해서 메모리에 있는 프로그램 코드 및 데이터를 이 하나의 메모리와 데이터 버스를 이용해서 CPU로 읽어 들이게 되는 컴퓨터 구조이다. 하버드 구조는 프로그램을 저장하는 메모리와 데이터를 저장하는 메모리들이 구분되고 이들을 위한 주소와 데이터 버스가 각각 존재하는 구조이다. 폰노이만 구조가 하버드 구조에 비해서 먼저 사용되어 왔다. 하버드 구조의 경우 폰노이만 구조에 비해서 구성이 복잡한 반면 프로그램 코드를 읽어 들이는 동시에 데이터 입출력을 할 수 있어서 프로그램 수행시간을 줄일 수 있는 장점이 있다.

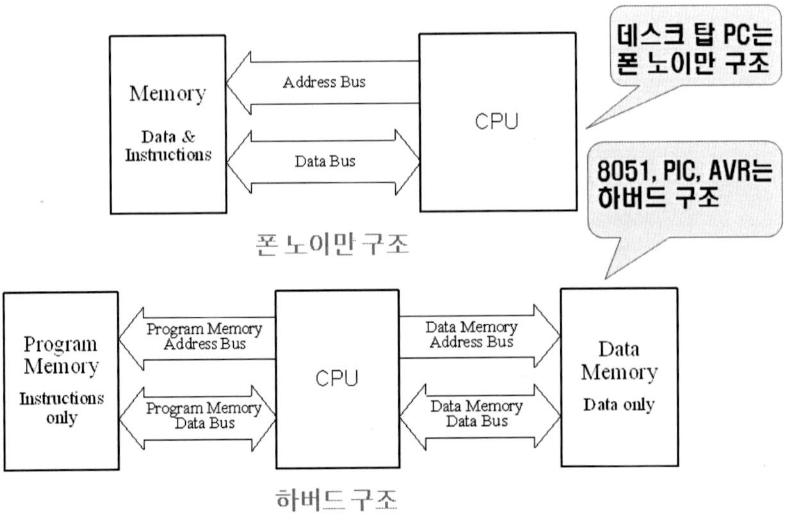

그림 1.37 폰노이만 구조와 하버드 구조

또한 수행 가능한 명령어의 다양성을 기준으로 CISC (Complex Instruction Set Computer)와 RISC (Reduced Instruction Set Computer)로 구분한다. CISC 프로세서의 대표적인 프로세서는 x86계열의 프로세서이다. IBM PC로 출발된 컴퓨터가 286, 386, 486, Pentium 등의 PC로 발전하면서 이전의 PC에서 동작하던 프로그램이 그대로 사용 가능하도록 프로세서가 발전해 왔다. 따라서 명령어의 종류와 형태가 다양하고 호환성은 뛰어나지만 CPU의 구조가 매우 복잡해졌다. RISC 프로세서에서는 명령어의 수를 줄이고 CPU의 구조를 단순화 하여서 빠른 처리속도를 가질 수 있도록 하였다. 90년대 이후에 개발되어서 휴대전화에 많이 사용되는 32비트 프로세서들이 RISC 구조의 대표적인 프로세서 들이다. RISC 형태의 프로세서들은 구조가 간단한 만큼 소비전력도 작아서 모바일 장치에 사용되기에 유리하다. 반면 다양한 명령어를 사용하는 CISC 프로세서의 경우에 비해서 프로그램 코드의 길이가 길어질 수 있다. 앞으로 배우게 될 ATmega128도 RISC 프로세서로 구분된다.

1.4 스택과 인터럽트

마이크로프로세서에서 많이 사용되는 스택과 인터럽트에 대해서 소개하도록 한다.

1) 스택 (Stack)

스택은 마이크로프로세서 시스템에서 자주 활용되는 메모리 구조의 하나로써 카드를 쌓아 두는 것과 같이 들어온 데이터를 차곡차곡 쌓아 두고 나중에 들어온 데이터부터 먼저 끄집어내는 LIFO (Last In First Out)으로 운영된다. 스택으로 운영할 메모리 공간을 정한 뒤 앞 절에서 설명한 스택포인터 레지스터(SP)에 스택의 시작 부분의 주소를 저장한다. 스택에 데이터를 넣는 동작을 하게 되면 스택 포인터가 가리키는 메모리 번지에 데이터가 들어가고 SP 값은 새 데이터를 집어넣을 수 있는 다음 번지를 자동적으로 가리키게 된다. 따라서 SP는 항상 가장 최근에 스택에 들어간 데이터가 있는 다음 번지를 가리키게 된다. 스택에서 데이터를 끄집어내는 동작을 하게 되면 SP의 값을 하나 변화시켜서 가장 나중에 스택에 들어간 데이터가 있는 번지를 가리키게 하고 그 번지에서 데이터를 읽어 낸다.

프로세서에 따라서, SP에 가장 최근에 스택에 들어간 데이터가 있는 다음 번지를 가리키는 것이 아니라 가장 최근에 스택에 들어간 데이터가 있는 번지 자체를 가리키기도 한다. 이 경우에는 스택에 데이터를 집어넣을 때는 먼저 SP 값을 새 데이터를 넣을 곳으로 변경 시킨 다음에 그 번지에 데이터를 넣고 스택에서 데이터를 빼 낼 때는 SP가 가리키는 곳에서 데이터를 먼저 뽑아 낸 다음에 SP를 그 전 데이터가 있는 곳을 가리키도록 수정한다. 또 데이터를 넣을 때 SP 값을 증가시켜서 데이터가 주소가 늘어나는 방향으로 저장되어 가게 할 수도 있고 반대로 데이터를 넣을 때 SP 값을 감소 시켜서 데이터가 주소가 줄어드는 방향으로 저장되어 가게 하는 경우도 있다. SP의 운용방법에 따라 스택의 종류를 다음과 같이 분류할 수 있다.

스택운영 방식	SP가 가리키는 곳	데이터 입력(출력) 시 SP변화
Full Ascending	가장 최근 데이터가 있는 번지	증가(감소)
Full Descending	가장 최근 데이터가 있는 번지	감소(증가)
Empty Ascending	가장 최근 데이터가 있는 번지 +1	증가(감소)
Empty Descending	가장 최근 데이터가 있는 번지 -1	감소(증가)

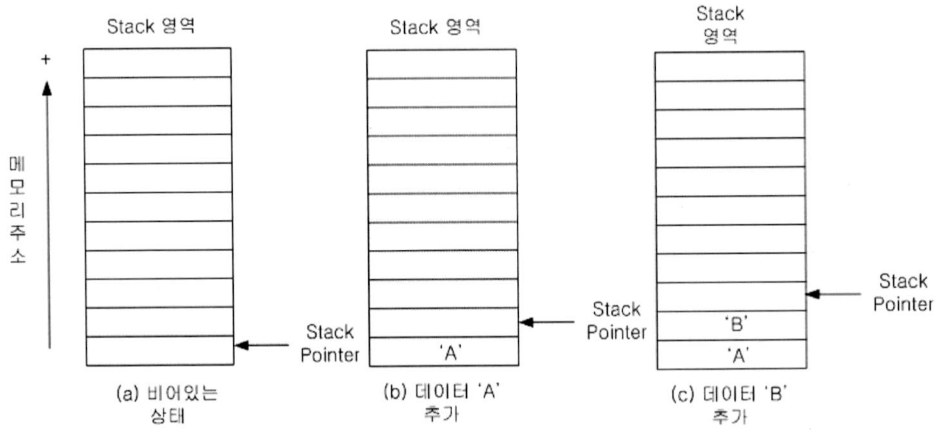

그림 1.4.1 Empty Ascending 스택운영방식에서의 데이터 추가

그림 1.4.1과 1.4.2에 Empty Ascending 방식으로 스택을 운영할 때 데이터를 스택에 넣고 뺌에 따라 나타나는 스택의 변화와 Stack Pointer (SP)의 변화를 각각 나타내었다.

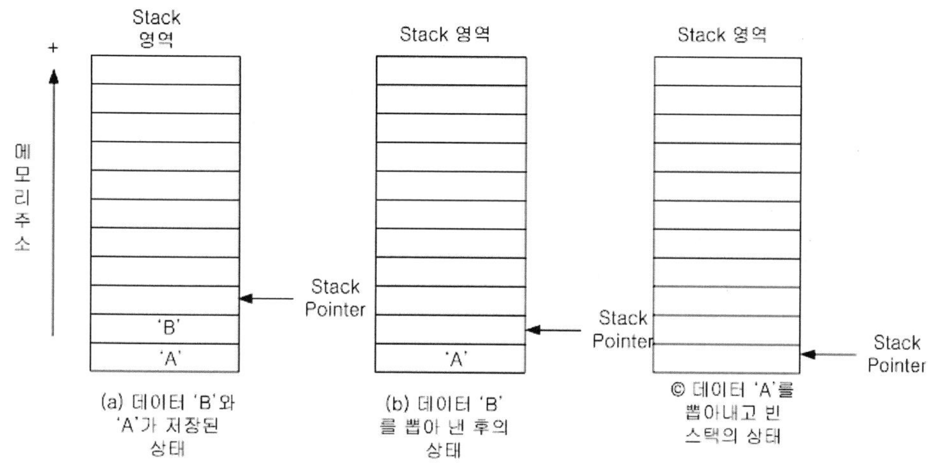

그림 1.4.2 Empty Ascending 스택운영방식에서의 데이터 빼기

2) 인터럽트 (Interrupt)

앞 절에서 설명한 것처럼 마이크로프로세서에서는 프로그램 카운터(PC)가 하나씩 증가 하면서 명령어들을 순차적으로 읽어들여서 수행해 나가는 것이 기본적인 프로그램 수행패턴이다. 그러나 경우에 따라서 PC 값을 명령어 또는 하드웨어적인 기능에 의해서 원하는 값으로 변화시킴으로써 프로그램의 수행 흐름을 바꿀 수 있는 기능들이 마이크로프로세서에는 갖추어져 있다. 인터럽트는 CPU외부에서 어떤 요구가 있을 때에 현재 수행하던 동작을 일시적으로 멈추고 그 요구에 부응하는 특정작업을 수행하기 위한 기능이다. 마치 우리가 책을 읽던 중에 전화가 와서 잠시 책읽기를 중단하고 전화 응대를 한 후 다시 책 읽기를 계속하는 경우와 유사하다. 대부분의 마이크로프로세서들은 한 종류 이상의 인터럽트를 처리할 수 있게 만들어져 있다. 프로세서에 인터럽트를 요구할 수 있는 것들로는 타이머, 시리얼통신장치 등이 있다. 여러 종류의 인터럽트 요구를 처리하기 위해서는 인터럽트 종류별로 각기 다른 처리프로그램(인터럽트 핸들러)이 필요하다. 인터럽트 처리과정의 개요를 그림 1.4.3과 같다.

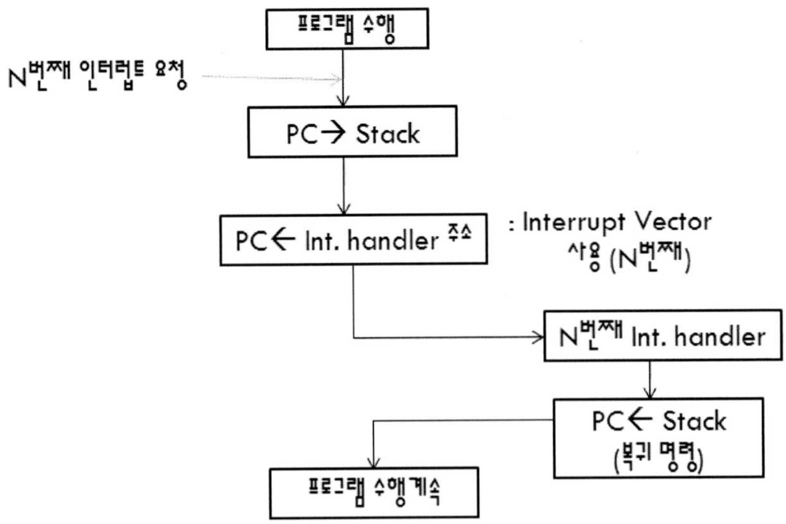

그림 1.4.3 인터럽트 수행 처리과정

CPU에 인터럽트를 요청하는 이유가 여러 가지 있을 수 있으므로 여러 가지 요인 중에 N번째 인터럽트 요청이 들어왔다고 하면 수행하고 있는 명령어의 실행을 마친 후에 그때의 PC값을 Stack에 저장한 뒤에 N번째 인터럽트가 요구하는 특정 작업을 위한 프로그램인 'N번째 인터럽트 핸들러(Int. handler)'가 있는 번지를 인터럽트 벡터로부터 찾아서 PC에 기록한다. 이에 따라 N번째 인터럽트 핸들러 프로그램이 이후에 수행된다. 인터럽트 핸들러로부터 원래 수행 중이던 곳으로 다시 돌아오기 위한 복귀명령을 만나면 Stack에 저장되어 있던 이전 PC 값을 회복함으로써 원래 프로그램의 수행을 계속하게 된다. 인터럽트 요청으로부터 원하는 인터럽트 핸들러 주소를 인터럽트 벡터로부터 가져와서 PC값을 바꾸는 과정은 CPU에 의해서 하드웨어적으로 일어나게 되어있다. 마이크로프로세서마다 각기 처리할 수 있는 인터럽트에 대한 벡터가 특정한 번지로 정해져 있다. 따라서 마이크로프로세서 시스템의 개발자는 인터럽트 핸들러가 저장된 주소 값을 미리 정해진 인터럽트 벡터에 기록해 놓아야 한다. CPU에서 아주 중요한 작업을 하고 있을 때 인터럽트 요구를 무시할 수 있도록 인터럽트를 차단(mask)할 수 있다. 또한 여러 인터럽트 요구가 동시에 일어나거나 하나의 인터럽트 요구를 처리하는 중에 다른 인터럽트 요구가 있을 때의 교통정리는 인터럽트 우선순위(priority)에 의해서 결정된다. 즉 동시에 여러 인터럽트 요구가 있을 때는 우선순위가 높은 인터럽트에 대한 처리 먼저 수행하고 그 후에 낮은 우선순위의 인터럽트 요구를 처리한다. 8051 마이크로프로세서의 경우 서비스 가능한 인터럽트 종류와 우선순위, 인터럽트 벡터 등은 다음 표와 같다.

우선순위	인터럽트 원인	인터럽트 벡터 주소
0	Reset	0000H
1	외부인터럽트 0	0003H
2	타이머/카운터 0	000BH
3	외부 인터럽트 1	0013H
4	타이머 카운터 1	001BH
5	시리얼 통신 입출력	0023H

Part Ⅰ ▶ Chapter 01

연/습/문/제/

1. CISC와 RISC 프로세서의 명령어 구조를 간단히 알아보고, 서로의 장단점을 비교해 보시오

2. 인터럽트 서비스의 흐름과 프로그램에서의 함수 호출의 흐름의 차이점을 기술해 보시오.

3. LDA [7] 명령이 7번지에 있는 데이터를 가져와서 ACC에 넣으라는 것이라면 명령수행 절차가 어떻게 될지 그림 1.3.1의 경우와 비교해서 설명해 보시오.

4. STA [7]이 ACC의 값을 7번지에 저장하라는 명령이라면 명령 수행 절차가 어떻게 될지 그림 1.3.1을 고쳐서 작성해 보시오.

5. 스택포인터(SP)의 초기 값이 16진수 값 500H 이었다면. 스택에 1 바이트짜리 데이터를 세 번 써넣은 후의 SP값이 얼마가 될지. 스택운영 방법이 Full Ascending 방법일 때와 Empty Descending일 때 각각 구해 보시오.(주소는 바이트 단위로 주어진다.)

6. 'Push'는 ACC의 데이터를 스택에 저장하라는 명령이고, 'POP'이 스택에서 데이터를 뽑아서 ACC에 저장하라는 명령이라면, PUSH와 POP 그리고 1, 2번 문제의 LDA [n]와 STA [n] 명령을 사용해서 100H번지와 101H의 내용을 서로 맞바꾸는 프로그램을 작성해 보시오.

임베디드 시스템

CHAPTER 02

2.1 임베디드 시스템 개요

임베디드 시스템은 마이크로프로세서를 내장하여 미리 정해진 특정한 기능을 수행하도록 프로그램이 내장된 디지털시스템을 일컫는다. 하드웨어와 소프트웨어의 적절한 결합을 통해서 원하는 기능을 수행하며 사용자가 더 이상의 프로그래밍을 할 필요가 없이 정해진 목적으로만 사용되는 경우가 많다. 로봇 등의 산업용 기기, 휴대전화, 디지털 TV 등의 가전기기에 사용되는 디지털장치들이 대표적인 임베디드 시스템이라 할 수 있다. 반도체 기술의 발달과 더불어서 메모리 용량이 늘어나고 고성능의 마이크로프로세서들이 개발되면서 임베디드 시스템의 활용범위도 점차 늘어나서 우리 생활의 구석구석에 사용되어서 지능화된 생활환경을 만들어 가는데 활용되고 있다.

임베디드 시스템은 그 자체가 상품이 되기보다는 다른 제품 안에 내장되는 경우가 많다. 요구되는 성능에 따라 적절한 성능을 가지는 임베디드 시스템을 사용함으로써 최종 제품의 가격이 높아지지 않도록 하는 것이 필요하다. 단순한 기능이 요구되는 경우에는 그다지 빠르지 않은 프로세서 성능과 적은 메모리 그리고 간단한 소프트웨어만으로도 필요한 기능을 구현 할 수 있을 것이고 멀티미디어 처리와 인터넷 접속 등 보다 복잡한 기능이 요구되는 경우라면 32비트 이상의 프로세서와 대용량의 메모리를 갖추고 임베디드 시스템용 운영체제(OS)를 기반으로 하는 소프트웨어 작성이 필요할 것이다. 반도체기술의 발전과 더불어서 메모리 용량이 커지고 프로세서 성능이 향상됨으로써 이전에 비해 고성능의 임베디드 시스템 구성이 가능하게 되었고 임베디드 시스템의 활용영역도 넓어지고 있다고 볼 수 있다.

간단한 임베디드 시스템과 OS를 포함하는 임베디드 시스템의 하드웨어(H/W)와 소프트웨어(S/W)의 대략적인 구성을 그림 2.1.1과 2.1.3에 각각 나타내었다. 두 가지 경우에 사용되는 메모리 용량에 차이가 크고 따라서 사용되는 메모리의 종류와 운용방법도 달라지게 된다. 소프트웨어에 있어서도 H/W 장치들을 사용하는 기본적인 루틴을 활용해서 작성하게 되는 응용프로그램의 경우는 그 크기가 수 KByte에서 수십 KByte 사이의 실행파일로 나타나는 정도다. 반면 OS 기반의 응용 프로그램은 OS에서 제공하는 통신 및 그래픽 기능들을 활용할 수 있어서 보다 다양한 S/W 작성이 가능하고 그 크기도 수 MByte 이상의 실행파일로 나타난다.

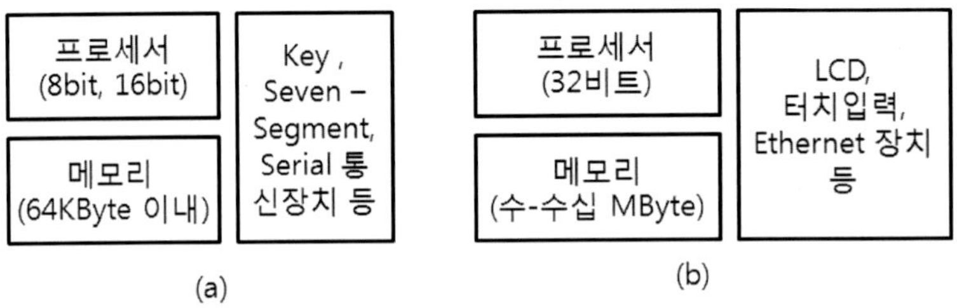

그림 2.1.1 (a) 간단한 임베디드 시스템의 H/W 구성 (b) OS를 포함하는 임베디드 시스템의 H/W 구성

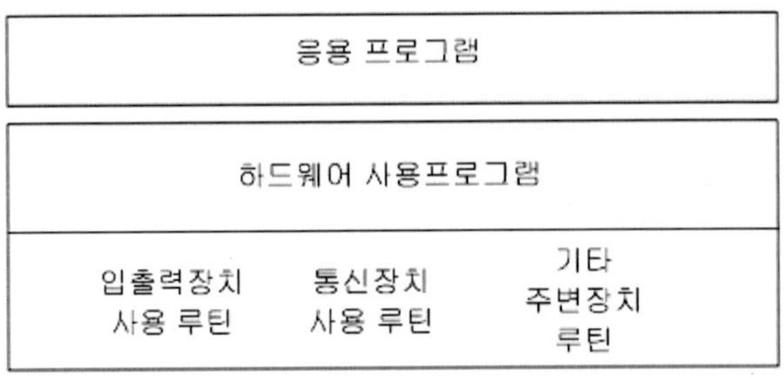

그림 2.1.2 (a) 간단한 임베디드 시스템의 S/W 구성

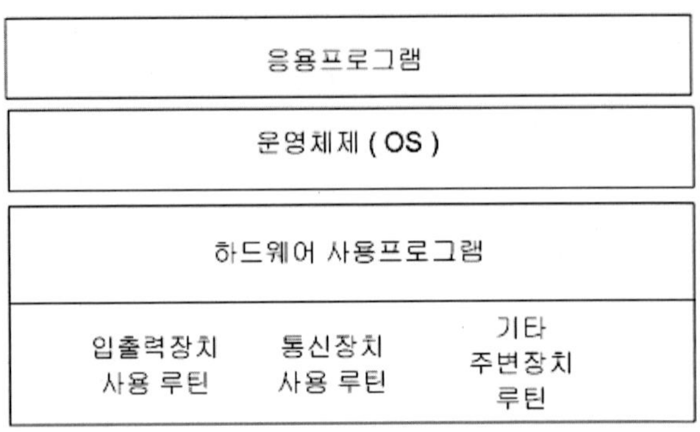

그림 2.1.3 (b) OS 기반 임베디드 시스템의 S/W 구성

2.2 메모리

임베디드 시스템은 전원을 켰을 때 제품이 원하는 동작을 수행하기 시작해야 한다. 따라서 전원이 없는 상태에서도 CPU가 수행해야 할 프로그램이 지워지지 않고 저장이 되어 있어야 함을 알 수 있다. 프로그램 수행 중에는 중간 중간 발생하는 데이터를 써 넣을 수 있는 공간도 필요하다. 이러한 데이터들 중에는 전원이 나가면 저장되지 않고 없어져도 되는 것들도 있지만 휴대전화의 전화번호와 같이 전원이 꺼지더라고 지워지지 않아야 하는 경우도 있다. 응용분야에 따라서 수 KByte 정도의 프로그램과 데이터면 충분한 경우가 있는 반면 수 Mbyte의 프로그램과 데이터가 필요한 경우도 있다. 임베디드 시스템의 메모리를 선정할 때는 임베디드 시스템이 수행하는 역할과 목적에 따라서 필요한 메모리 용량, 데이터의 휘발성 여부, 시스템 상에서의 내용 수정이 가능한지 여부, 동작속도, 가격 등을 고려하여야 한다. 대표적인 메모리의 종류를 소개하면 다음과 같다.

2.2.1 ROM (Read Only Memory)과 Static RAM (Random Access Memory)

ROM과 Static RAM은 80~90년대 까지만 해도 마이크로프로세서 기반의 임베디드 시스템에 기본적으로 들어가야 할 메모리 종류들로서 CPU가 수행할 명령어와 명령어 수행을 위해서 필요한 데이터를 각각 저장하는 메모리들이다. ROM은 사용 방법에 따라서 PROM (Programmable ROM), EPROM (Erasable PROM), EEPROM (Electrically Erasable PROM) 등으로 구분된다. PROM은 PROM Writer를 사용해서 데이터를 써 넣을 수 있지만 한 번 들어간 내용은 바꾸거나 지울 수 없다. EPROM과 EEPROM은 자외선 또는 높은 전압을 이용해서 기억된 내용을 지우고 다른 내용을 써넣을 수 있다. ROM에 디지털 데이터를 써 넣기 위해서는 ROM writer라는 기기를 사용해야 하고 시스템에 장착된 상태에서 CPU의 명령어를 통해서는 새 데이터를 써 넣을 수 없다. 반면에 Static RAM (SRAM)은 이름이 의미하는 바와 같이 CPU에서 임의로 SRAM의 데이터를 읽어 들일수도 있고 새 데이터를 SRAM에 써 넣을 수도 있다, 이와 같이 데이터를 읽고 쓰는 면에서 보면 ROM에 비해서 SRAM이 더 좋은 특성을 가지고 있다. 하지만 이들 메모리에 전원의 공급이 끊어지면 ROM에 저장된 데이터는 지워지지 않고 남아 있지만 SRAM의 데이터는 지워져서 다시 전원이 들어오더라도 이전의 내용은 전혀 남아 있지 않게 된다. 시중에서 구할 수 있는 ROM과 SRAM 소자들의 용량은 수 KByte에서 수십 KByte 정도로서 OS가 없는 간단한 임베디드 시스템에 주로 사용된다. ROM에는 프로그램이 저장되어서 전원공급이 끊어졌다 다시 재개 되더라도 임베디드 시스템의 동작에 문제가 없도록 하고 중간데이터 저장을 위해서 SRAM을 사용한다. 또한 임베디드 시스템의 개발과정에서는 프로그램을 여러 번 고치면서 디버깅을 해야 하므로 ROM을 사용한다면 매번 프로그램을 고칠 때 마다 ROM writer를 사용해서 바뀐 프로그램을 써넣어야 하므로 여러모로 불편한 점이 많게 된다. SRAM에는 CPU를 통해서 데이터를 써 넣을 수 있으므로 개발과정에서는 모니터 프로그램 등을 통해서, SRAM에 프로그램을 다운로드 해서 동작을 테스트 하는 것이 일반적이다. 실제 사용되는 경우는 드물지만 ROM 및 SRAM 소자의 핀 구성의 대략을 알기 위해서 1 KByte 용량의 ROM 소자의 구성을 살펴보면 대략 다음 그림과 같다.

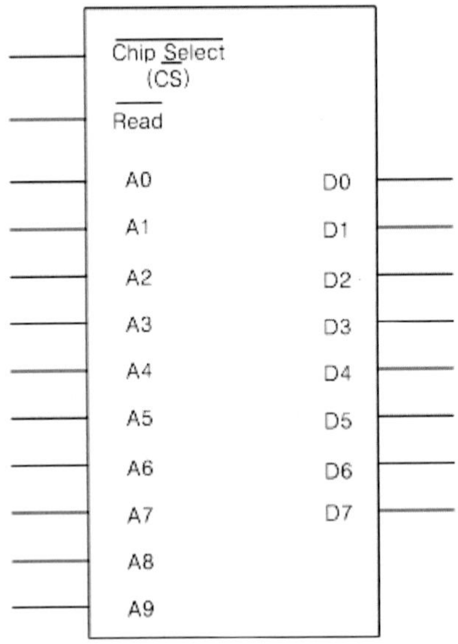

그림 2.2.1 1 KByte ROM의 구성

그림 2.2.1에서 1 KByte의 ROM이므로 A0로부터 A9의 10개의 주소선(address line)이 있다. 각 주소마다 1개 바이트씩의 데이터가 있으므로 D0부터 D7까지 8개의 데이터선이 있다. 마이크로프로세서와 메모리들에서 나오는 데이터 선들은 서로 연결되어서 데이터 버스를 이룬다. 따라서 각 소자의 데이터 선들은 데이터를

출력할 때가 아니면 고저항(High Impedance) 상태를 유지해야 다른 소자에서 나오는 데이터 값에 영향을 미치지 않게 된다. 데이터 출력 상태의 제어를 위해서 $\overline{CS}$와 $\overline{Read}$와 같은 신호들을 사용한다. ROM에서 데이터를 읽어 낼 때의 ROM 신호들의 타이밍도는 다음과 같다.

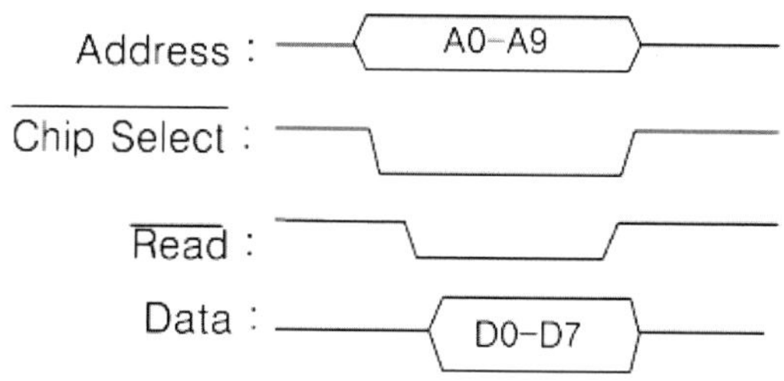

그림 2.2.2 1KByte ROM의 Read Cycle 타이밍도

먼저 주소데이터가 결정되어야 하고 $\overline{CS}$와 $\overline{Read}$가 둘 다 활성화 되면 ROM에서 데이터를 내어 놓게 된다. 그림 2.2.1에서 Address와 $\overline{CS}$, $\overline{Read}$는 ROM 소자에 대한 입력이고 Data는 ROM 소자에서 나오는 출력이다. CPU에서 ROM의 데이터를 읽어 들일 때에는 이와 같은 ROM의 Read Cycle 타이밍에 맞도록 Address와 $\overline{Read}$ 신호를 발생시켜 준다. $\overline{CS}$는 사용하고자 하는 메모리 맵에 맞도록 어드레스 디코더를 사용해서 만들어 낸다. 1 KByte RAM 소자의 구성은 다음과 같다.

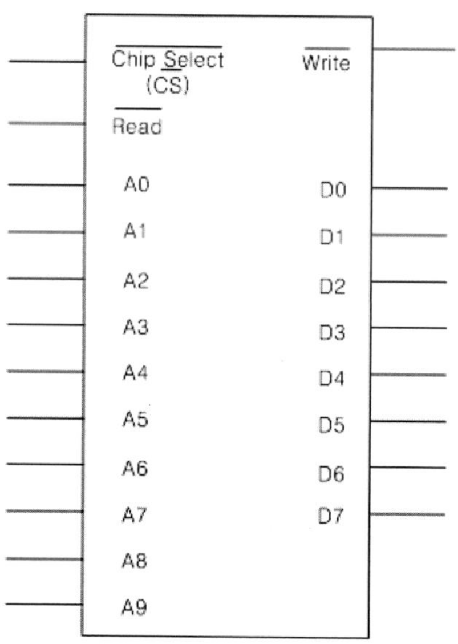

그림 2.2.3 1KByte SRAM의 구성

RAM 소자에서 데이터를 읽어 내는 경우의 타이밍도는 ROM의 경우와 같다. 반면 SRAM에 데이터를 써 넣는 경우의 타이밍도는 다음과 같다. Write 시에는 그림 2.2.3에 나타난 Address와 $\overline{CS}$, $\overline{Write}$ 및 데이터 신호 모두 RAM 소자에 대한 입력신호들이다. 주소와 $\overline{CS}$ 그리고 데이터가 준비된 상태에서 $\overline{Write}$를 활성화하면 데이터가 Address 신호에 의해서 지정된 번지에 저장된다.

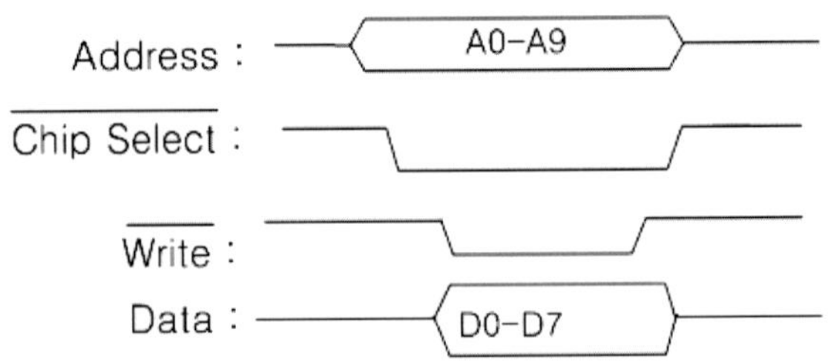

그림 2.2.4 1KByte RAM의 Write Cycle 타이밍도

2.2.2 SDRAM (Synchronous Dynamic RAM) 및 DDR (Double Data Rate) SDRAM

SDRAM은 SRAM과 같이 CPU에서 데이터를 자유롭게 읽고 쓸 수 있다. 그러나 데이터를 유지하기 위하여 콘덴서를 사용하므로 재충전(Refresh)이 필요하고, SRAM에 비해 데이터를 읽고 쓸 수 있는 속도가 느리다. 하지만 SRAM에 비해 약 4배 이상의 집적도를 가진다. 따라서 큰 기억용량의 RAM이 필요한 경우에 사용된다. SDRAM 인터페이스는 표준이므로, 표 2.2.1에서와 같은 핀들을 보게 된다.

표 2.2.1 SDRAM Signals

Signal	I/O	Description
CLK	O	Clock 프로세서에서 생성한다.
CKE	O	Clock enable
nCS	O	Chip selector
A0:A12	O	어드레스 신호
BA0:BA1	O	뱅크 어드레스 신호
DQ0:DQ15	O	데이터 신호
nRAS	O	Row 스트로브 신호
nCAS	O	Column 스트로브 신호
nWE	O	write enable
DQM	O	DQ input/output Mask

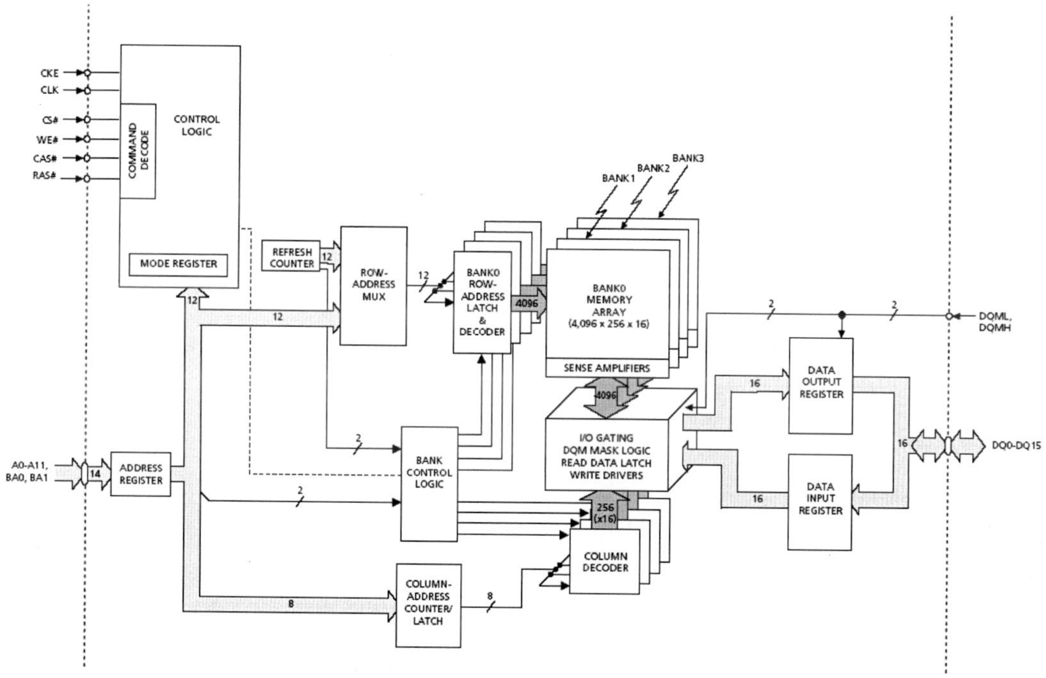

그림 2.2.5 SDRAM Block Diagram

그림 2.2.5에서 보는 바와 같이 SDRAM의 어드레싱 기본원리는 column address, row address, bank address가 바로 (x, y, z)가 되어 직육면체의 어느 한곳을 지정하게 되는 것이다. 프로세서가 메모리에 있는 정보를 읽거나 메모리에 정보를 기록할 때는 먼저 가로줄에 신호(RAS, Row Address Strobe)를 보내고 나서 세로줄에 신호(CAS, Column Address Strobe)를 보내어 주소를 확인한다.

SDRAM의 액세스 동작의 순서는 nCS와 RAS (Row Address Strobe)신호를 활성화 시켜서 Row Address를 주소버스에 실어준다. 그 다음 RAS를 비활성화 시키고 CAS (Column Address Strobe)신호를 활성화 후, 읽기나 쓰기 동작에 따라서 nWE 신호를 준다. 원하는 특정주소를 지정한 뒤, 거기서부터 Column Address를 하나씩 증가시켜가며 데이터를 버스트하게 액세스한다. 모든 동작은 CLK의 positive edge에 동기 되어 동작한다. 여기서 CAS latency 라는 용어가 대두되는데, read 커맨드와 첫 번째 유효한 데이터 사이의 딜레이이다. 단위는 clock cycle이고, 보통 2, 3의 값을 갖는다. 즉, 2, 3의 클럭 사이클 이후에 실제 데이터가 데이터 버스에 실린다는 뜻이다. SDRAM의 read, write 액세스 동작은 버스트(burst) 지향적이다. 이것은 특정 어드레스의 데이터를 액세스할 때, 한 바이트만을 액세스하는 것이 아니라 한 번에 여러 바이트를 액세스한다는 의미이다.

이상에서 살펴 본 바와 같이 SDRAM에서 데이터를 읽고 쓰는 과정은 SRAM에서 데이터를 읽고 쓰는 과정에 비해서 복잡하다. 따라서 CPU와 SDRAM 사이의 인터페이스를 도와주는 SDRAM 제어기가 필요하다.

SDRAM은 SRAM의 비해 집적도는 높으나 데이터 전송 속도가 SRAM에 비해서 많이 느리다. 하지만 SDRAM의 구조상 한 Row에 수천의 비트가 연속적으로 나열되어 있으므로 이를 활용하면 더 높은 데이터 전송율을 구현하는 것이 가능하다. 이를 위해 개발된 방식 DDR (Double Data Rate) SDRAM이다. SDRAM과 비교할 때 접근방법이나 조작 명령 등이 동일하지만 데이터를 읽고 쓰는 작업에서 2배의 효율을 얻을 수 있다. SDRAM의 경우 입력 클럭의 상승엣지나 하강엣지에서만 Read 또는 Write 작업을 수행하기 때문에 한 번의 명령에 1 Word에 해당하는 데이터만 접근 할 수 있다. 하지만 DDR SDRAM은 입력 클럭의 상승과 하강 엣지 모두 데이터 Read/Write가 가능하여 한 번의 명령에 2 Word 접근이 가능하며 SDRAM과 동일한 접근 방식으로 2배의 효율을 얻을 수 있다.

DDR (Double Data Rate) SDRAM이 개발되면서 SDRAM은 SDR (Single Data Rate) SDRAM이란 이름으로 불리게 되었다. 최근에는 이에 더 발전된 형식으로 DDR2, DDR3 가 개발되었으며, 데이터 전송효율 2배씩 증가하여 DDR2는 한 번의 명령에 4 Word, DDR3는 한 번의 명령에 8 Word의 데이터를 접근할 수 있게 되었다.

2.2.3 플래시 메모리

플래시 메모리는 RAM과는 달리 일정한 블록 단위로 읽거나 쓴다. 플래시 메모리에 데이터를 쓸 때, 초기화된 상태에서는 값을 쓸 때에 어떠한 값을 써도 상관없지만, 일단 한 번 값이 써진 이후에는 플래시 메모리 특성상 1에서 0으로의 내용 변경은 가능하지만, 0에서 1로의 내용변경이 불가능하기 때문에 다음 표에서 보는 바와 같은 현상이 나타나게 된다. 따라서 플래시 메모리에 값을 쓸 때에는 영역지우기라는 과정을 통해서 플래시의 내용을 모두 1로 초기화 한 후 데이터를 써야 한다.

표 2.2.2 RAM과 플래시 메모리의 비트 수정의 차이

처리내용	RAM	플래시 메모리
초기 값	어떤 값이 될지 알 수 없다.	1111 1111 (0xFF)
첫 번째로 0x34를 써 넣었을 때	0011 0100 (0x34)	0011 0100 (0x34)
두 번째로 0x9A를 써 넣었을 때	***1001 1010 (0x9A)***	***0001 0000 (0x10)***

영역 지우기는 플래시 메모리의 데이터를 모두 0xFF로 만들어 초기화 한다. 영역지우기(초기화)의 처리에서, 프로그래머는 특정 번지의 데이터 번지만을 지울 수가 없다. 따라서 특정 번지를 지우기 위해서는, 일정크기의 블록을 모두 지워야 한다. (이 지워지는 블록의 단위는 플래시를 생산하는 회사마다 다르고, 제품 종류마다 다르기 때문에 해당되는 디바이스의 매뉴얼을 보고 블록의 크기 정보를 확인해야 한다.) 영역지우기 후 플래시에 데이터를 써 넣을 때에도 항상 특정 명령을 플래시에 전달하고 데이터를 써 넣어야 하며, 플래시에 데이터를 쓴 다음에는 '데이터 고정' 이라는 단계를 거쳐야 한다. 위와 같이 플래시 메모리에 데이터를 쓰기위한 과정은 다음과 같다.

영역 지우기(block erase) → 쓰기(writing) → 데이터 고정(fusing or programming)

1) 플래시 메모리의 종류

① NOR형 플래시 메모리

- 펌웨어 프로그램의 저장용으로 사용한다.
- ROM이나 RAM과 같은 READ Cycle을 통해서 읽기가 가능하다.
- 데이터를 써넣는 시간과 영역지우기에 소모되는 시간이 길다.
- 용량이 커질수록 가격이 기하급수적으로 비싸진다.

② NAND형 플래시 메모리

- 하드디스크와 같은 보조기억장치 대용으로 사용한다.
- ROM 형태의 읽기가 불가능하다.
- 읽고 쓰는 속도가 빠르며, 영역지우기에 소모되는 시간이 짧다.
- 가격이 저렴하다.

2.2.4 메모리의 선택

앞의 절 들에서 살펴 본 바와 같이 다양한 형태의 메모리가 존재한다. 특정한 목적의 임베디드 시스템을 만들 때에는 목표로 하는 기능과 성능에 따라서 적절한 메모리를 선택해서 사용하는 것이 필요하다. 비교적 간단한 작업을 수행하는 임베디드 시스템의 경우 수십 KByte 이내의 프로그램 코드 정도로 필요한 작업을 수행할 수 있을 것이다. 이럴 경우는 EPROM과 SRAM 메모리를 사용하는 것이 가장 효율적일 것이다. 인터넷 연결과 그래픽 디스플레이를 해야 하는 임베디드 시스템의 경우 운영체제(OS)를 사용해야 하고 이 때문에 수 Mega 바이트 이상의 프로그램 코드가 필요하게 된다. 이런 시스템에 수십 KByte 수준의 EPROM이나 SRAM을 사용하는 것은 불가능하다. 따라서 보다 집적도가 높은 메모리인 Flash 메모리와 SDRAM을 사용해야 한다. 대신 Flash 메모리와 SDRAM은 사용하는 방법이 EPROM과 SDRAM에 비해서 복잡하기 때문에 메모리 제어를 위한 별도의 장치를 사용할 필요가 있게 된다.

2.3 주변장치

CPU는 명령어의 수행을 통해서 다양한 작업을 할 수가 있다. 특히 시간이나 이벤트 발생을 측정한다던지 병렬데이터를 직렬데이터로 변환하는 것과 같은 몇몇 특정한 작업을 수행하는 주변장치(Peripheral)를 사용하면 CPU의 부담을 덜어주면서 같은 작업을 더 빠르게 수행할 수 있다. 임베디드 시스템 설계 시에 어느 부분을 CPU의 기능을 사용하여 소프트웨어적으로 해결하고 어디까지를 이와 같은 주변장치를 사용해서 해결할 지를 결정하는 것은 필요한 성능과 비용 등을 고려해서 적절히 결정해야할 문제이다. 임베디드 시스템에서 많이 사용되는 주변장치들은 CPU와 함께 하나의 소자 안에 같이 집적되는 경우가 많다.

2.3.1 타이머, 카운터

타이머는 시간간격을 측정하는 장치로서 임베디드 시스템에서 가장 일반적으로 사용되는 주변장치이다. 타이머를 사용해서 특정한 시각에 이벤트를 발생시키거나 두 이벤트 사이의 시간간격을 측정할 수 있다. 실시간 특성이 요구되는 임베디드 시스템의 경우 정해진 시간마다 인터럽트를 발생시켜서 원하는 작업을 특정한 시간주기로 수행할 수 있도록 타이머를 사용할 수 있으며 모터의 인코더에서 들어오는 펄스사이의 시간을 측정함으로써 모터의 회전속도를 계산해내는데 사용되기도 한다. 타이머 카운터의 동작모드는 대개 다음과 같은 5가지로 구분할 수 있다.

1) 기본동작

그림 2.7에서는 4비트 타이머/카운터를 보이고 있다. 타이머/카운터는 펄스입력이 있을 때마다 Up/Down 설정에 따라서 하나씩 증가 하거나 감소한다. 증가하는 경우는 0000에서 출발하여 FFFF까지 갔다가 다시 0000으로 돌아간다. 감소하는 경우는 반대로 FFFF에서 0000까지 갔다가 FFFF으로 돌아간다. 매번 카운터 값이 한 바퀴 돌아올 때 마다 EOC (End of Count) 신호가 활성화 된다. 이 신호는 CPU에 대한 인터럽트 요구로 연결될 수 있다. CPU에서 재설정 입력을 통해서 특정 값을 써넣으면 카운트는 그 값에서부터 시작된다. 예를 들어 FFF0 값을 설정하면, UP 카운터의 경우, 펄스가 16개 더 들어온 후에 EOC가 발생하게 된다. 특별

히 설정 값을 지정하지 않는 경우에는 2^{16}개의 펄스가 들어올 때 마다 EOC가 활성화 된다. 타이머/카운터의 펄스 입력은 멀티플렉서를 통해서 선택할 수 있다. 일정한 주기의 클럭펄스를 선택하게 되면 설정 값을 지정하는 시점으로부터 EOC가 활성화 될 때까지의 시간을 계산할 수 있다. 따라서 이런 경우는 타이머/카운터를 타이머로 활용하는 셈이다. 반면에 그 발생 빈도를 알 수는 없이 나타나는 펄스를 입력으로 선택하는 경우는 EOC가 활성화 되면 설정 값을 지정한 이후에 몇 개의 펄스가 발생했는지를 헤아릴 수 있게 된다. 이 경우는 타이머/카운터를 카운터로 활용하는 것이다.

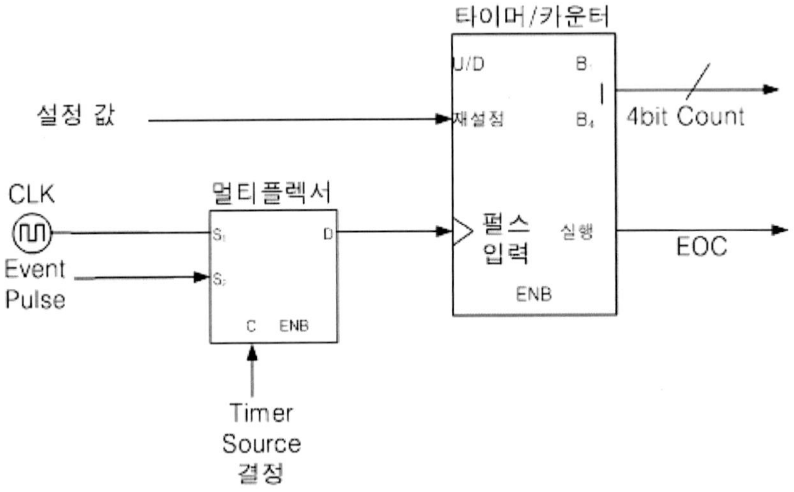

그림 2.3.1 기본동작 모드의 타이머/카운터

2) 자동 재설정 모드

재설정 레지스터를 이용해서 EOC가 활성화 될 때마다. 새로운 값을 타이머/카운터에 재설정 한다. 일정한 주기의 클럭펄스를 펄스 입력에 사용하게 되면 일정한 주기로 EOC가 발생한다. EOC 발생 주기는 재설정 레지스터에 써 넣는 값에 따라 달라진다. UP 카운팅의 경우 재설정레지스터의 값이 0000에 가까울수록 EOC 발생의 주기가 길어지고 FFFF에 가까울수록 EOC 발생의 주기는 짧아지는 것이다. 일정한 시간마다 제어알고리즘이 수행되어야 하는 실시간 제어가 필요한 경우에 이와 같은 타이머 카운터의 자동 재설정 모드가 유용하게 사용될 수 있다.

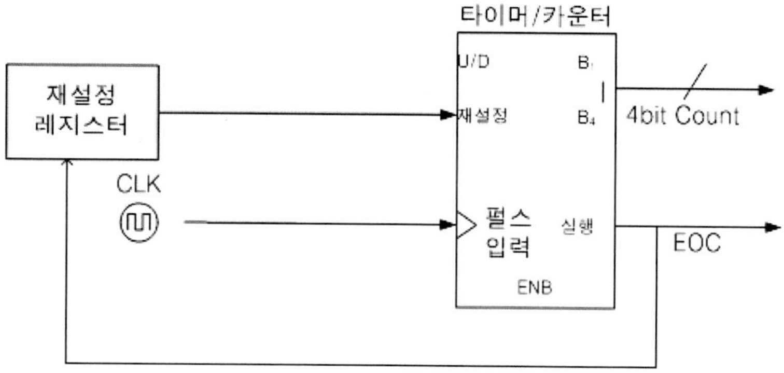

그림 2.3.2 자동재설정 모드의 타이머/카운터

3) PWM (Pulse Width Modulation) 모드

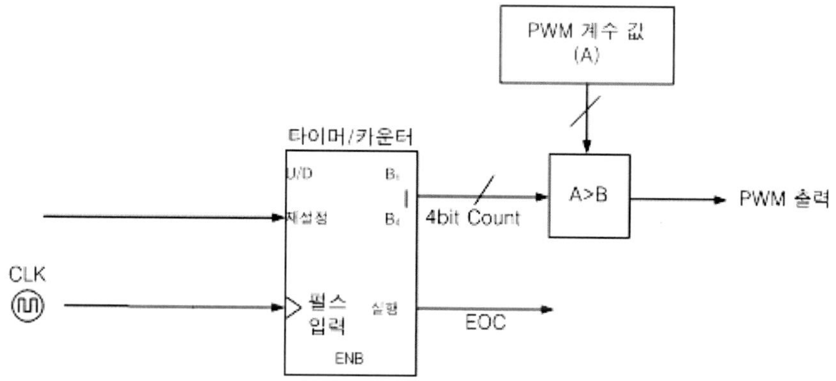

그림 2.3.3 PWM 모드의 타이머/카운터

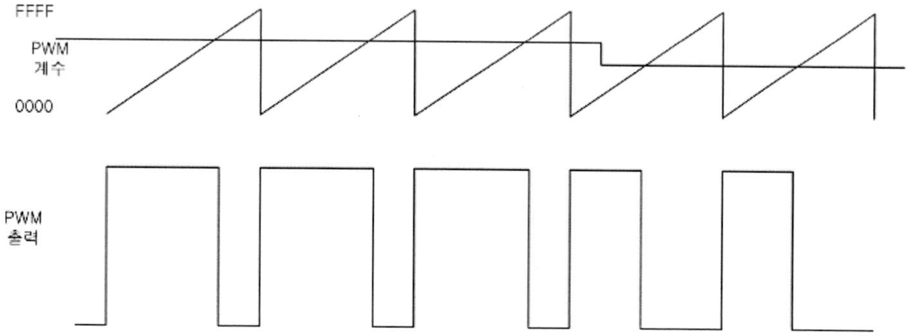

그림 2.3.4 PWM 계수 값에 따른 PWM 출력

PWM (Pulse Width Modulation)는 스위치 등 On-Off만 가능한 장치를 이용해서 0~1 사이의 연속적인 값을 표현하기 위해서 사용되는 방법이다. 즉 나타내야 하는 0~1 사이의 연속적인 값을 한 주기 동안에 On이 유지 되는 비율 즉 펄스 폭(Pulse Width)으로 변환시키는 것이다. 보다 구체적으로 보면, T 시간을 주기로 하는 On-Off 신호를 이용해서 $\frac{1}{n}(N \geq 1)$이라는 값을 나타내기 위해서, 각 주기의 $\frac{T}{n}$시간 동안 On 신호를 나머지 $T-\frac{T}{n}$시간 동안 Off가 되도록 한다. 예를 들어 전열기를 On-Off 시키면서 온도제어를 하는 경우 1이라는 값을 PWM으로 바꾸어서 스위치 조작을 하면 한 주기 내내 스위치가 On이 되어서 온도가 많이 올라가게 되고 0.5를 변환하면 각 주기의 절반만 스위치가 켜지게 되어 온도 상승이 둔화되게 된다. PWM 모드에서는 PWM 계수 값을 저장하기 위한 레지스터와 PWM 계수 값과 타이머/카운터의 카운트 값을 비교하기 위한 비교기가 사용된다. 타이머/카운터는 기본동작 모드에서와 같이 0000에서부터 FFFF까지 클럭펄스 입력에 따라 주기적으로 변한다. EOC는 이에 맞추어서 주기적으로 활성화 된다. 비교기는 타이머/카운터의 카운터 값(B)이 PWM 계수 값(A) 보다 작으면 PWM 출력을 1으로 만들고 반대로 카운터 값이 PWM 계수 값 보다 커지면 PWM 출력을 0로 만든다. 따라서 PWM 출력은 PWM 계수 값(A)에 따라서 Duty 비(1인 구간/전체 주기)가 결정된다. CPU에서 PWM 계수 값(A)을 바꿈으로써 PWM 출력의 진폭을 바꿀 수 있다. 이를 그림으로 나타내면 다음과 같다.

2.3.2 직렬통신장치

직렬통신장치는 병렬데이터를 시간적으로 나누어서 직렬데이터로 보내고 직렬데이터를 받아서 병렬데이터로 바꾸어 주는 통신장치이다. 직렬통신방식은 데이터를 주고받는 시스템 사이에 2~3가닥의 선만 연결이 되어 있어도 사용이 가능하기 때문에 원거리 통신에 많이 사용되고 있다.

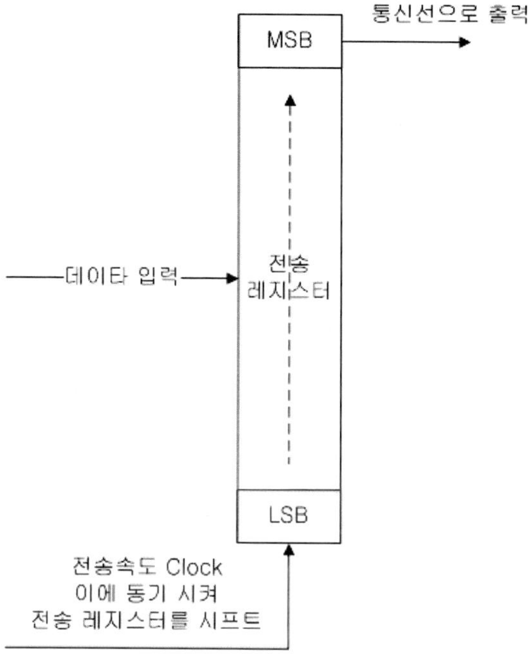

그림 2.3.5 병렬데이터를 직렬데이터로 변경

위의 그림에서 보는 바와 같이 병렬데이터를 직렬통신장치의 전송레지스터에 써넣으면 전송레지스터의 한 비트씩을 두 가닥의 선을 통해서 전압(또는 전류)의 형태로 보낸다. 각각의 비트를 보내는 시간은 일초에 몇 개의 비트를 보내는가를 나타내는 보드레이트(baud rate)를 bps (bit per second)로 표시한다. 직렬데이터를 보내는 쪽과 받는 쪽의 보드레이트가 서로 일치하여야 데이터를 주고받을 수 있을 것이다. 직렬통신방식은 크게 동기식 직렬통신과 비동기식 직렬통신으로 구분할 수 있다. 동기식 직렬통신에서는 데이터를 주고받는 시스템에 각각 보드레이트와 위상이 동기된 클럭을 사용한다. 비동기식 직렬통신방식에서는 같은 보드레이트를 가지되 위상은 서로 다를 수 있는 클럭을 사용한다. 서로 다른 두 시스템의 클럭 위상을 동기시키는 과정을 포함하는 동기식직렬통신 장치가 비동기식 직렬통신 장치에 비해서 더 복잡할 것이라는 것을 예상할 수 있다. 위상과 주기가 일치된 클럭을 데이터를 주고받는 양쪽에서 사용하는 동기식 직렬통신에서는 여러 바이트의 데이터를 이어서 한꺼번에 수십 내지 수백 바이트의 데이터를 효과적으로 전송할 수 있다. 반면에 비동기 직렬통신방식에서는 서로 데이터를 주고받는 양쪽 클럭의 미세한 불일치가 누적될 수 있으므로 한 번에 한 바이트씩 앞뒤에 시작과 끝을 알리는 신호를 덧붙여서 보내게 된다. 즉 보낼 데이터가 없는 상태일 때는 전송선 양단의 논리 값을 1로 유지하고 있다가 한 바이트의 데이터를 보내기 직전에 1~2 비트 길이만큼의 논리 0 값을 삽입해서 데이터 전송이 시작됨을 알린다. 시작 비트에 연이어서 보내게 되는 직렬데이터는 보통 8비트의 한 바이트 신호인 경우가 많고 거기에 패리티 비트를 추가할 수 있다. 한 바이트 데이터와 패리티 비트의 전송이 끝나면 적어도 1~2 비트 길이만큼의 논리 1을 유지시켜서 한 바이트 데이터 전송이 끝난다는 것을 알린다. 연이어 보낼 다른 바이트 데이터가 있으면 새로운 시작 비트 0을 삽입 한 후 같은 과정을 되풀이 한다. 원활한 비동기 직렬통신을 위해서는 데이터를 주고받을 양쪽의 bps, 시작과 끝 비트의 개수, 패리티의 종류와 사용여부 등을 서로 맞추어 주어야 한다.

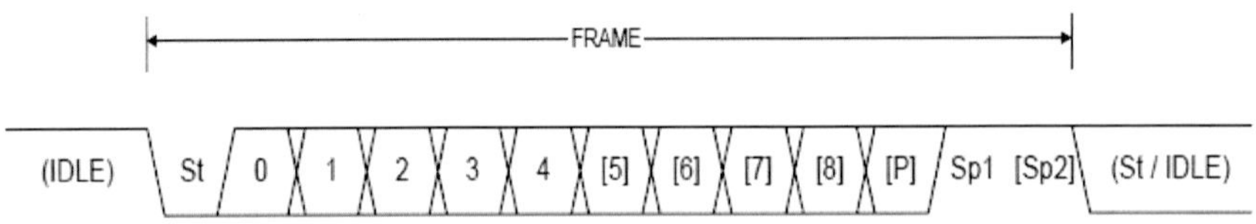

그림 2.3.6 시리얼 통신 데이터 전송 프레임

CPU와 UART와의 인터페이스는 송신할 데이터를 저장하는 레지스터(Transmit Buffer)와 수신한 데이터를 저장하는 레지스터(Receive Buffer)를 통해서 이루어진다. CPU에서 상대방으로 보낼 데이터 중의 한 바이트를 Transmit Buffer에 써 넣으면 UART는 이를 Transmit Shift Register에 옮겨서 미리 설정된 bps와 시작, 끝 비트, 패리티 등에 맞추어서 직렬데이터로 변환 전송한다. Transmit Shift Register가 전송을 끝내면 Transmit Buffer에서 새 데이터를 가져올 수 있다. Transmit Buffer에 써 넣은 데이터가 Transmit Shift Register로 전달되기 전에 새로운 데이터를 Transmit Buffer 또 쓰게 되면 전송에러가 생기게 된다. 따라서 CPU에서는 새로운 데이터를 써 넣기 전에 Transmit Buffer가 비어 있는지를 확인 하여야 한다. 또한 한 바이트의 데이터가 수신된 이후에 Receive Buffer로부터 이 값을 CPU에서 읽어 가기 전에 새로운 데이터가 더 들어와서 Receive Buffer에 겹쳐 써지게 되면 이전에 수신된 데이터를 잃어버리는 data overrun 에러가 발생하게 된다. UART에는 Transmit Buffer가 비어 있는지, Receive Buffer에 새 데이터가 들어 왔는지, 전송에러 및 data overrun 등의 수신 에러가 발생했는지 등을 표시하는 상태레지스터를 가지고 있으며 이와 같은 상황을 인터럽트를 통해서 CPU에 알릴 수 도 있다.

1) 물리적 통신규격

위에서 설명한 UART가 가지고 있는 TxD와 RxD로 들어오고 나가는 신호들은 CPU가 사용하는 것과 같은 레벨의 전압인 경우가 대부분이다. 이와 같은 3~5V 수준의 전압신호를 수~수십 m 떨어진 곳으로 바로 연결하면 노이즈 등의 문제로 제대로 통신이 이루어지기 어렵게 된다. 따라서 데이터를 서로 주고받기 위한 UART 사이에 적절한 변환장치를 두어서 보다 높은 전압이나 전류의 형태로 바꾸어 데이터를 송수신 하게 된다. 데이터를 직렬로 전송하기 위한 물리적 규격들이 표준화 되어 있는데 RS232C, RS422, RS485 같은 것들이 대표적이다. 이중 RS232C는 전압을 사용하는 방식으로서 전송거리가 15m 정도이며 전송속도가 20 Kbps이내지만 배선수가 적고 사용이 간단하다는 장점 때문에 마이크로프로세서 사이의 통신에 많이 사용되고 있다. RS232C는 1969년 미국의 CCITT 권고 V.24, V.28에 의해서 규정된 Serial Interface 규격이다. 사용되는 커넥터의 크기와 핀 수 등이 정의 되었고 전기적인 규정으로는 CPU에서 출력되는 직렬데이터는 5V 수준이며 통신선로 상의 신호는 −12 V ~ +12 V 전압을 가지게 된다. RS232C 규격에 맞는 전압변환장치로는 MAX사에서 제공하는 MAX232 등이 있다. 필요한 전송속도와 거리등에 맞추어서 적절한 전송표준을 선택하고 그에 맞는 변환소자 및 커넥터들을 사용하여야 한다.

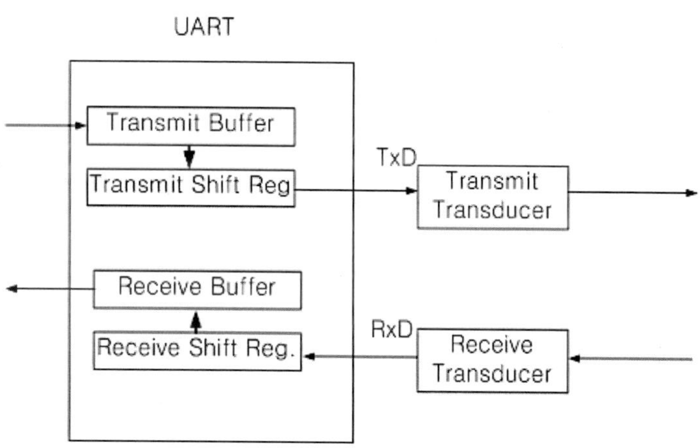

그림 2.3.7 UART 구조

2.3.3 A/D 변환기

A/D 변환기(analog-to-digital) 변환기는 아날로그 신호를 디지털 신호로 바꾸어 준다. 임베디드 시스템이 활용되는 환경에서 온도, 습도, 전압, 전류 등의 대부분의 외부 신호들은 아날로그 신호들이다. 이들을 임베디드 시스템에서 읽어 들여서 활용하기 위해서는 A/D 변환기가 필요하다. 예를 들어 0V에서 7.5V 사이의 전압을 4비트의 이진수로 변환하는 경우를 생각해 보자. 0V에서 7.5V 사이의 값을 4비트로 표현할 수 있는 16개의 구간으로 균일하게 나눈다면 그림 2.14와 같이 디지털 값을 할당할 수 있을 것이다. 7.5/16 = 0.5 V 사이의 값에 대해서 동일한 이진수를 할당하게 됨을 알 수 있다. 사용하는 비트 수를 늘인다면 좀 더 전압범위를 세분화해서 이진수 코드를 할당할 수 있을 것이다. 이와 같은 관계를 일반화해서 표현하면 다음과 같다.

$$D = \frac{a}{A_{max}} \times (2^n - 1)$$

여기서 D는 변환된 디지털 코드값, a는 변환하고자 하는 아날로그 신호의 값, n은 디지털데이터의 비트 수, A_{max}는 변환하고자 하는 아날로그 신호가 가질 수 있는 전체영역의 크기를 나타낸다. 위의 식에서 알 수 있듯이 A/D 변환을 위해서는 사용하는 비트 수 n과 아날로그 신호의 전체 크기 A_{max}가 정해져야 한다. D/A 변환은 A/D 변환과 반대로, 주어진 디지털코드에 해당하는 아날로그 신호를 만들어 주는 장치이다. D/A 변환기의 출력 a는 다음과 같이 주어진다.

$$a = A_{max} \times \frac{D}{2^n - 1}.$$

A/D 변환장치를 만드는 방식 중에 가장 널리 사용되는 방법이 Successive Approximation 방법이다. 이 방법에 따르면 디지털 코드의 MSB부터 LSB까지 한 비트씩을 결정해 나가게 된다. 즉 일단 전체비트를 0둔 상태에서 MSB만을 1로 만들고 이에 해당하는 아날로그 값과 변환하고자 하는 아날로그 신호 a를 비교한다. 이 결과 a가 더 크면 MSB를 1로 유지하고 반대면 MSB를 0으로 만든다. MSB가 결정되면 다음 비트를 1로 만들어서 이 값에 해당하는 아날로그 신호를 만들어 같은 a와 비교하고 이 비트를 1로 둘지 0으로 만들지를 결정한다. 이와 같은 과정을 LSB에 이르기 까지 반복한다. 예를 들어 0V에서 7.5V 사이의 값을 4비트로 변환할 때 아날로그 값 a가 3.2V로 주어졌다면 A/D 변환이 시작되면 먼저 $D = 1000$에

해당하는 아날로그 값 $7.5 \times \frac{1000}{1111} = 4V$이 a보다 크므로 MSB는 0으로 결정된다. 다음으로 $D = 0100$로 두면 이에 해당하는 $7.5 \times \frac{0100}{1111} = 2V$는 a보다 작다. 따라서 이 비트는 1로 고정한다. 이제 $D = 0110$에 대해서 이에 해당하는 아날로그 값을 구하면 $7.5 \times \frac{0110}{1111} = 3V$이다. 따라서 이 비트로 1로 결정한다. 다음으로 마지막 비트를 결정하기 위해서 $D = 0111$에 해당하는 아날로그 값을 구해보면 $7.5 \times \frac{0111}{1111} = 3.5V$로서 a보다 크다. 따라서 LSB는 0으로 결정되고 결과적인 디지털 코드는 $D = 0110$로 결정된다. Successive Approximation 방법에 따르면 A/D 변환기의 비트수가 늘면 A/D 변환의 시간도 같이 늘어나게 됨을 알 수 있다. Successive Approximation 방법을 사용하는 A/D 변환기의 입출력 구성은 대략 그림 2.3.9와 같다. CPU 측에서 주어진 Analog 입력에 대해서 변환을 시작시키기 위해서 SC (Start of Conversion) 신호를 활성화 시키면 A/D 변환기는 변환을 시작하면서 변환 중이라는 것을 나타내기 위해서 EOC (End of Conversion)을 비활성화 시킨다. 변환이 끝나면 A/D 변환기가 EOC를 활성화 시킨다. 이 신호는 CPU에 대한 인터럽트로 들어가기도 하는데 하여간 CPU는 이 신호가 활성화 된 것을 확인하고 난 후 OE 신호를 활성화 시켜서 A/D 변환기로 하여금 A/D 변환 값을 외부로 출력 하도록 한 후 메모리에서 데이터를 읽어 가듯이 가져가서 활용하면 된다.

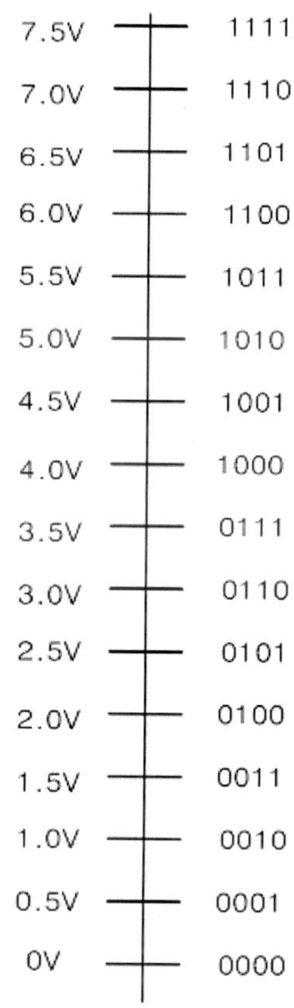

그림 2.3.8 0-7V 전압 A/D변환

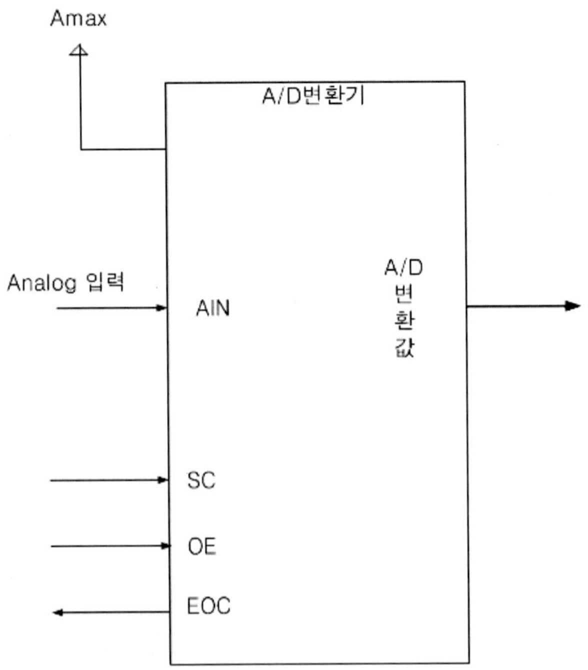

그림 2.3.9 A/D 변환기 입출력

Part Ⅰ ▶ Chapter 02

연/습/문/제/

1. 그림 2.2.3의 1 KByte짜리 SRAM을 4개 사용해서 4 KByte × 8 비트 메모리를 구성하려고 한다. 전체 Address Line이 A0에서 A13까지라고 할 때 적절한 메모리 디코딩 회로를 만들고 이로 인해서 SRAM들이 차지하게 되는 주소공간을 메모리 맵상에 표시해 보시오.

2. 그림 2.3.1의 카운터에서 Event Pulse가 7번 들어왔을 때 EOC가 활성화 되게 하고 싶다면 Time Source와 설정 값을 어떻게 지정해야 하겠는가?(단 Up 카운터로 가정)

3. Transmit Buffer가 비었다는 것을 'Status'라는 Character Type 변수의 0번 비트가 1이 되는 것으로 알 수 있고, 'TxD'가 Transmit Buffer를 나타내는 Character Type 변수이다. 한 바이트의 데이터를 UART를 통해서 보내는 C 함수를 작성해 보시오.

4. 0℃에서 100℃ 사이의 전압을 0 ~ 3 V 사이의 전압으로 변환해 주는 Thermometer가 있다. 이 Thermometer의 출력을 0 ~ 5 V 전압을 변환하는 10 비트짜리 A/D 변환기로 연결해서 온도를 측정하고자 한다. 온도가 30℃일 때 A/D 변환 값이 얼마일지 계산해 보시오.

5. 2 K × 8 Bit SRAM의 핀 구성을 그려보시오.

6. 휴대전화의 경우 어떤 메모리들을 사용해야할지 생각해 보시오.

7. 어떤 디지털 신호의 주기를 측정하고 싶다. 두 개의 타이머/카운터를 이 작업을 수행하기 위한 구성을 생각해 보시오.

Part Ⅱ

AVR 프로세서

ATmega128 프로세서

CHAPTER 03

앞선 1장과 2장에서는 마이크로프로세서의 기본적인 구조와 동작원리를 다루었고, 마이크로프로세서를 사용한 임베디드 시스템의 구성요소인 메모리와 주요한 주변장치들의 구성과 기능들을 살펴보았다. 마이크로프로세서와 주변장치의 동작원리를 쉽게 이해할 수 있도록 하기 위해서 단순한 구조의 가상적인 마이크로프로세서와 주변기기의 구조를 고려하였었다. 이제 1장과 2장에서 다룬 내용 들이 산업현장에서 많이 쓰이고 있는 8비트 마이크로프로세서인 AVR 프로세서에서는 구체적으로 어떻게 구현되었고 어떤 추가적인 기능과 이에 필요한 구조들을 가지고 있는지를 살펴본다.

3.1 ATmega128의 특징

AVR은 ATMEL사에서 제조한 modified harvard architecture 8-bit RISC 마이크로컨트롤러로서 1996년에 개발되었다. AVR은 다른 마이크로프로세서들이 EEPROM, EPROM을 프로그램 적재공간으로 사용할 때, 처음으로 이를 프로세서 안의 플래시 메모리로 사용한 마이크로프로세서 중 하나이다.

AVR (Alf (Bogen) Vergard (Wollan) Risc)은 처음에 노르웨이의 Norweigan Institute of Tech의 학생인 Alf-Egil Bogen과 Vegard Wollan에 의해 개발되었으며, 이를 ATMEL 사에서 사들임으로써 제품으로 출시되었다. 처음 출시된 AVR은 기존 시장을 파고들기 위해 가장 많이 사용되던 8051과 PIN 구조를 똑같이 제작하여 회로 변경 없이 대체 할 수 있도록 출시하였다. 이후에 출시 된 AVR 제품군들은 8051의 핀 구조를 따르진 않지만 높은 성능과 편리한 개발환경 등을 이유로 소형 임베디드 시장에서 많은 수요를 가지고 있다.

이 장에서는 AVR 제품군 중에서 가장 많이 사용되고 있는 제품 중의 하나인 AVR ATmega128 프로세서를 다룬다. ATmega128은 저전력 8비트 마이크로컨트롤러로 특징을 정리하면 다음과 같다.

① 개량된 RISC 아키텍처

- 대부분 1클럭 사이클로 실행되는 133개의 강력한 명령어
- 32 × 8 범용 워킹 레지스터 및 패리패럴 컨트롤 레지스터
- 완전히 정적인 동작
- ATmega128L은 8 [MHz], ATmega128은 16 [MHz]까지 동작
- 2사이클로 실행되는 곱셈기

② 데이터 메모리 및 프로그램 메모리

- 플래시 메모리 128 [KB] 내장
- 읽기 · 쓰기가 가능한 4 [KB]의 EEPROM
- 4 [KB]의 SRAM 내장, 외부 메모리를 64 [KB]까지 확장 가능
- 잠금(lock) 기능, ISP (In-System Programming) 써 넣기 가능

③ JTAG 인터페이스

- 플래시 메모리, EEPROM, 럭 비트 써 넣기 가능 및 디버깅 기능 지원

④ 주변장치

- 프리스케일러 및 비교 모드 기능이 있는 2개의 8비트 타이머/카운터
- 프리스케일러 및 비교 모드, 캡처 모드 기능이 있는 2개의 16비트 타이머/카운터
- RTC (Real Time Counter), 워치독 타이머
- 8비트 PWM 채널 2개 및 2~16비트 분해능이 가능한 PWM 채널 6개, 비교기 출력 가능
- 10비트 ADC 8채널(단독 (8채널) 혹은 차동 채널 (7채널)) 및 아날로그 비교기
- 마스터/슬레이브 SPI, I2C, USART 2개

⑤ 특별한 기능

- 파워-온 리셋, 브라운-아웃(Brown-out) 검출
- RC 오실레이터 내장 및 클럭 주파수 선택 가능
- 슬립 모드 : 아이들(Idle), ADC 잡음 감소, 파워-절약, 파워-다운, 스탠바이, 확장된 스탠바이

- ATmega103과 호환성 모드 선택 가능 및 전체 풀업 동작 불가능 선택 가능
- ATmega128L은 2.7~5.5[V], 0~8[MHz], ATmega128은 4.5~5.5[V], 0~16[MHz] 동작 가능

3.2 ATmega128의 내부구조

ATmega128은 프로그램 수행을 담당하는 CPU뿐만이 아니라 프로그램과 데이터 저장을 위한 메모리 및 타이머, 시리얼통신장치 등의 주변장치를 하나의 칩 안에 포함하고 있는 마이크로컨트롤러이다. AVR 계열의 마이크로프로세서들은 동일한 구조의 CPU를 활용하며 특성에 따라 조금씩 다른 메모리 구조와 용량 주변장치들을 갖추고 있다.

3.2.1 CPU 코어

CPU코어의 역할은 프로그램을 정확히 수행하는 것이다. 따라서 메모리에 접근하고 연산을 수행하며 주변장치들을 제어하고 인터럽트를 처리할 수 있어야 한다. AVR CPU코어의 Block Diagram은 그림 3.2.1과 같다.

AVR은 성능과 병행성의 극대화를 위해 하버드 구조를 선택하여, 프로그램 메모리 버스와 데이터 메모리 버스를 나누었다(프로그램 메모리에 있는 명령어가 단일 레벨 파이프라인을 통해 실행된다.). 한 명령어가 실행될 때 다음 명령어는 미리 프로그램 메모리로부터 패치 된다. 이러한 개념은 매 클럭 사이클에서 명령어가 실행될 때 마다 이루어진다.

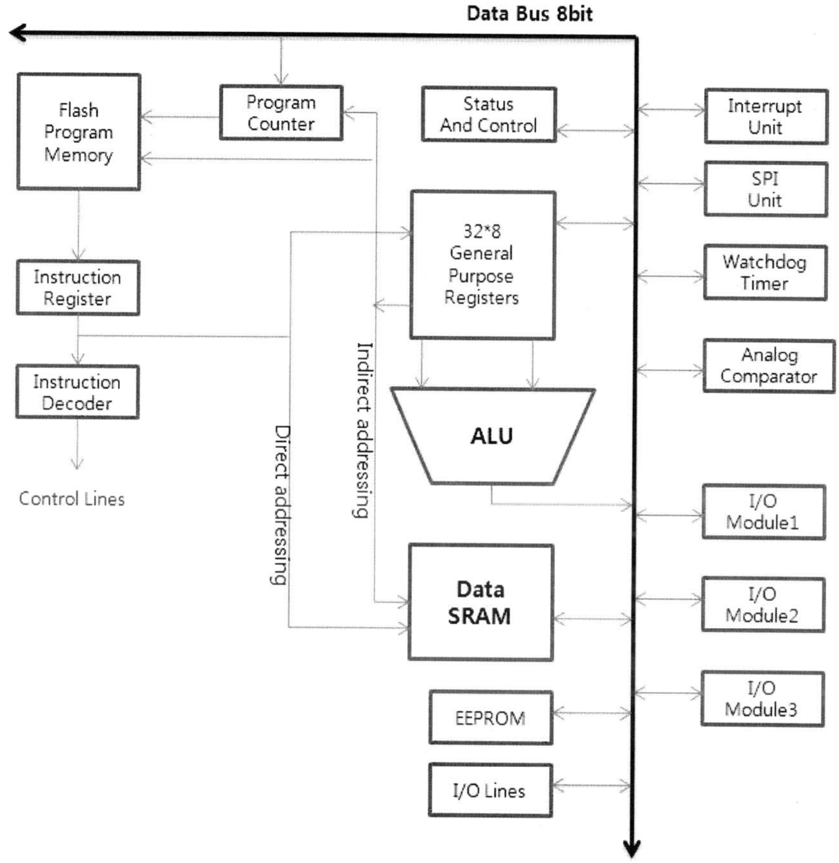

그림 3.2.1 Block Diagram of AVR Architecture

① ALU

AVR의 ALU (Arithmetic Logic Unit)는 그림 3.2.1에서도 볼 수 있듯이 32개의 범용 레지스터와 직접 연결되어 동작한다. 범용 레지스터 끼리의 산술연산이나 레지스터와의 직접 연산은 한 클럭 사이클에 처리가 된다. 이 ALU의 동작은 크게 3 부류로 나눌 수 있는데 산술연산, 논리연산 그리고 비트연산이다. 또한 하드웨어로 제공되는 강력한 곱셈기가 부호 있는 곱셈과 부호 없는 곱셈을 모두 지원한다.

② 상태레지스터 (Status Register)

상태레지스터는 최근 시행된 연산의 결과에 대한 정보를 포함한다. 예를 들어, 덧셈을 하는 명령어가 하나 실행되면 그 덧셈에서 Carry가 발생 했으면 Carry 발생을 표시하는 비트가 활성화된다. 이 정보는 조건에 의해 수행되는 연산의 흐름을 바꾸는데 사용되어질 수 있다.

Bit	7	6	5	4	3	2	1	0	
	I	T	H	S	V	N	Z	C	SREG
Read/Write	R/W	R/W	R/W	R/W	R/W	R/W	R/W	R/W	
Initial Value	0	0	0	0	0	0	0	0	

그림 3.2.2 상태레지스터 구성

Bit 7-I : Global Interrupt Enable

인터럽트를 사용하기 위해서는 Global Interrupt Enable을 set(1) 시켜야 한다. (개별적인 인터럽트의 enable은 개별적인 control register에서 수행된다.) 만약 Global Interrupt Enable이 clear(0) 되면 어떠한 interrupt도 사용할 수 없다. 이 Global Interrupt Enable I-bit는 인터럽트가 수행된 뒤에 clear(0) 되고 RETI 명령(표 3.3.1 명령어 테이블 참조)을 사용하면 다시 set(1) 시킬 수 있다.

Bit 6-T : Bit Copy Storage

Bit Copy Storage는 BST 명령에 의해서 Register file에 있는 한 Register의 한 bit값을 Bit Copy Storage T-bit에 복사 할 수 있고 BLD 명령에 의해서 Bit Copy Storage T-bit에 있는 bit값을 Register file에 있는 한 Register의 한 bit에 복사 할 수 있다.

Bit 5-H : Half Carry Flag

Half Carry FlagH-bit는 산술 연산들의 half carry의 발생 여부를 표시하는 신호비트. Half carry는 하위 4비트 연산에서 발생하는 carry를 말함.

Bit 4-S : Sign Bit, S = N⊕V

Sign Bit는 항상 Negative Flag N-bit와 Two's Complement Overflow Flag V-bit의 exclusive or 값이 들어간다.

Bit 3-V : Two's Complement Overflow Flag

Two's Complement Overflow Flag는 2'complement 연산들을 지원한다. 부호가 있는 수의 연산에서 over flow의 발생 여부를 표시하는 신호비트.

Bit 2-N : Negative Flag

Negative Flag는 산술연산이나 논리연산에서의 음수 결과 값을 나타낸다.

Bit 1-Z : Zero Flag

Zero Flag는 산술연산이나 논리연산에서 0의 결과 값이 나타났을 때 1로 설정되는 신호 비트.

Bit 0-C : Carry Flag(자리올림 신호)

Carry Flag는 산술연산이나 논리연산에서 carry가 발생했는지 여부를 나타내는 신호비트.

③ 범용레지스터 (General Purpose Register)

General Purpose Register는 CPU에서 좀 더 빠르게 접근할 수 있는 AVR의 RISC 명령어에 최적화 되어 있는 저장 공간으로 다음과 같은 명령어의 input / output을 지원한다.

* 1개의 8-bit output operand와 1개의 8-bit result input
* 2개의 8-bit output operand와 1개의 8-bit result input
* 2개의 8-bit output operand와 1개의 16-bit result input
* 1개의 16-bit output operand와 1개의 16-bit result input

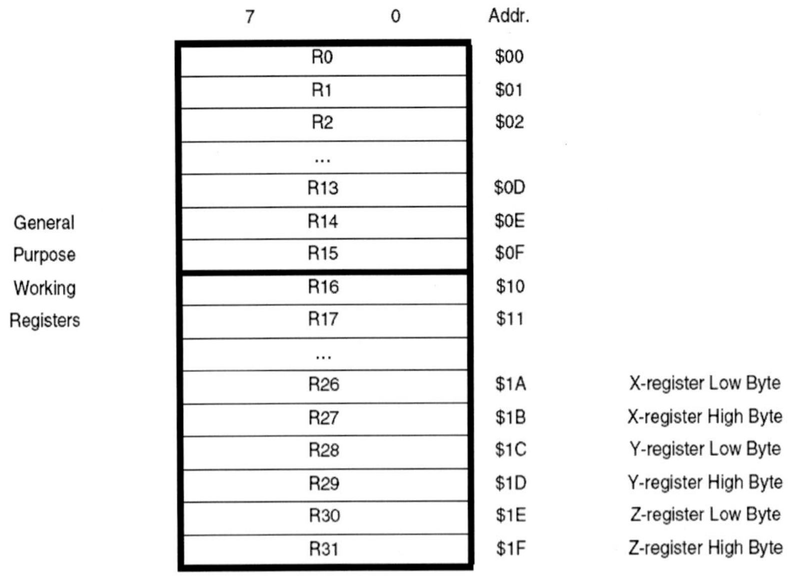

그림 3.2.3 AVR의 범용레지스터

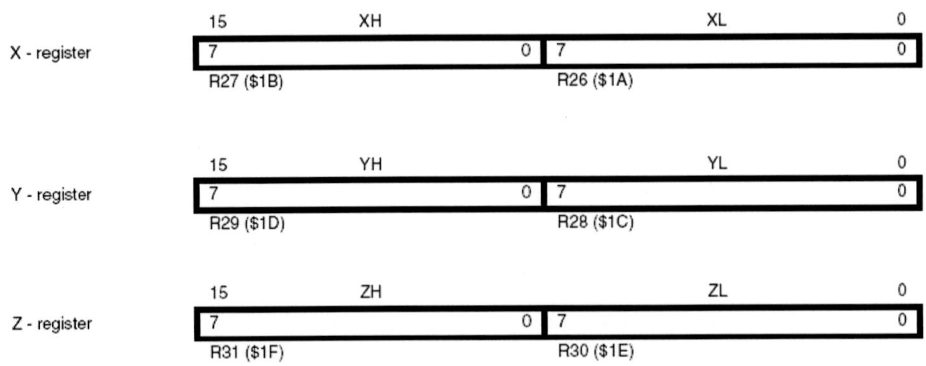

그림 3.2.4 16비트 어드레스 포인터 구성

또 R26..R31까지의 X-register, Y-register, Z-register를 활용하는 추가적인 명령들이 준비되어 있다. Indirect addressing(간접 주소지정, 3.3.1절 주소지정방식 및 명령어구조 참조)에서 이 register들은 16-bit의 address pointer로 사용되고 다른 주소지정방법에서는 이 주소 레지스터들은 고정 변위, 자동증분, 자동감소 같은 함수를 갖고 있다.

3.2.2 메모리 구조

그림 3.2.1에서 보는 바와 같이 프로그램 메모리와 데이터 메모리가 분리되어 있다. 또한 작동 중 데이터 저장을 위한 EEPROM 메모리가 추가로 장착되어 있다. AVR 시리즈는 프로그램을 저장하기 위한 프로그램 메모리 공간으로 Flash 메모리를 지원한다. Flash 메모리의 용량 AVR 칩의 파트네임에 숫자를 덧붙여 표기하고 있다. ATmega128의 경우 128Kbyte의 Flash 메모리가 있다. 이 Flash 메모리는 비휘발성의 NOR Flash로써 ROM과 같은 역할을 한다. 또한 데이터 메모리 공간으로서 어느 정도 규모의 SARM을 갖추고 있어서 별도의 외부 메모리를 사용하지 않더라고 사용이 가능하다. 필요에 따라서 외부 어드레스/데이터 핀을 이용하여 최대 64KBytes까지 확장이 가능하다. 프로그램 메모리와 데이터 메모리 외에 임의의 디지털데이터를 Chip의 외부와 주고받거나 타이머 등의 주변장치를 조작하는데 사용하는 레지스터 영역을 I/O 메모리 영역이라고 한다.

① 프로그램 메모리

ATmega128은 프로그램 영역으로 128K 바이트의 플래시 · 메모리를 내장하고 있고, 모든 명령은 16비트 혹은 32비트로 되어 있기 때문에, 플래시 · 메모리의 크기는 64K × 16(64K 워드 혹은 128K바이트)이 된다.

- ATmega128의 PC (Program Counter)는 16 비트이므로, 프로그램 영역은 64K 워드의 어드레스를 지정할 수 있다.
- 부트 프로그램 영역과 응용 프로그램 영역으로 나누어진다.
- SPI를 이용한 ISP 방법 혹은 JTAG 또는 병렬로 써 넣을 수 있다.
- 플래시 · 메모리는 10,000번 써 넣기 · 지우기를 할 수 있다.

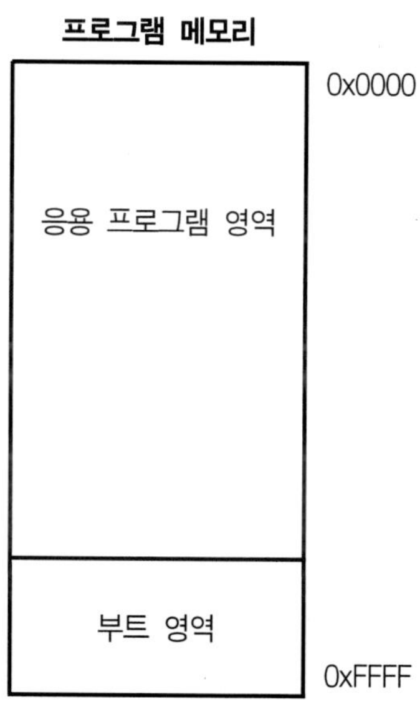

그림 3.2.5 프로그램 메모리 맵

② 데이터 메모리

ATmega128은 아래 표와 같이 2개의 다른 데이터 메모리 구조를 지원한다.

▌ 메모리 구조

구조	내부 SRAM	외부 SRAM
보통 모드	4096 바이트	64K 바이트까지 가능
ATmega103 호환 모드	4000 바이트	64K 바이트까지 가능

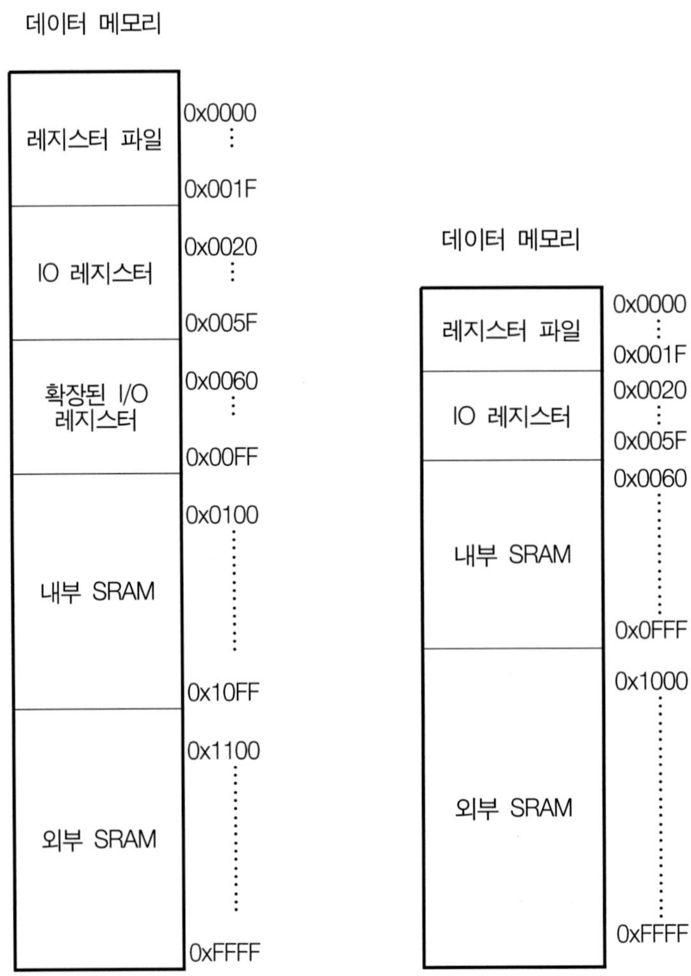

(a) ATmega128 모드　　(b) ATmega103 호환 모드

- I/O 영역은 ATmega128안에 포함된 주변장치들을 제어하기 위해서 CPU 코어에서 접근할 수 있는 레지스터들을 포함하고 있으며 그 상세한 내용은 표 3.2.1과 같다.
- 확장된 I/O 영역은 ATmega103 호환 모드에서는 존재하지 않는다.
- 외부에 SRAM을 사용할 경우는 IO 영역에 포함된 MCU Control Resister (MCRCR)의 SRE 비트를 '1'로 설정하면 외부 SRAM을 액세스할 수 있으며, 읽기/쓰기 제어 신호로 PG0과 PG1을 (그림 3.2.8의 ATmega128 핀 구성 참조) 사용하며, 내부 데이터 메모리처럼 액세스할 수 있다.

그림 3.2.6 데이터 메모리 맵

표 3.2.1 ATmega128의 I/O 레지스터들- I

I/O 어드레스 (SRAM 어드레스)	이름	비트 이름							
		7	6	5	4	3	2	1	0
(0xFF)~(0x9E)	사용안함	–	–	–	–	–	–	–	–
(0x9D)	CSR1C	–	UMSEL1	UPM11	UPM10	USBS1	UCSZ11	UCSZ10	UCPOL1
(0x9C)	UDR1	USART1 송·수신 레지스터							

표 3.2.1 ATmega128의 I/O 레지스터들-II

I/O 어드레스 (SRAM 어드레스)	이름	비트 이름							
		7	6	5	4	3	2	1	0
(0x9B)	UCSR1A	RXC1	TXC1	UDRE1	FE1	DOR1	UPE1	U2X1	MPCM1
(0x9A)	UCSR1B	RXCIE1	TXCIE1	UDRIE1	RXEN1	TXEN1	UCSZ12	RXB81	TXB81
(0x99)	UBRR1L	USART1 통신 속도 설정 레지스터 하위							
(0x98)	UBRR1H	–	–	–	–	USART1 통신 속도 설정 레지스터 상위			
(0x97)~(0x96)	사용안함	–	–	–	–	–	–	–	–
(0x95)	UCSR0C	–	UMSEL0	UPM01	UPM00	USBS0	UCSZ01	UCSZ00	UCPOL0
(0x94)~(0x91)	사용안함	–	–	–	–	–	–	–	–
(0x90)	UBRR0H	–	–	–	–	USART0 통신 속도 설정 레지스터 상위			
(0x8F)~(0x8D)	사용안함	–	–	–	–	–	–	–	–
(0x8C)	TCCR3C	FOC3A	FOC3B	FOC3C	–	–	–	–	–
(0x8B)	TCCR3A	COM3A1	COM3A0	COM3B1	COM3B0	COM3C1	COM3C0	WGM31	WGM30
(0x8A)	TCCR3B	ICNC3	ICES3	–	WGM33	WGM32	CS32	CS31	CS30
(0x89)	TCN1H	Timer/Counter3– Counter Register High Byte							
(0x88)	TCN1L	Timer/Counter3– Counter Register Low Byte							
(0x87)	OCR3AH	Timer/Counter3– Output Compare Register A High Byte							
(0x86)	OCR3AL	Timer/Counter3– Output Compare Register A Low Byte							
(0x85)	OCR3BH	Timer/Counter3– Output Compare Register B High Byte							
(0x84)	OCR3BL	Timer/Counter3– Output Compare Register B Low Byte							
(0x83)	OCR3CH	Timer/Counter3– Output Compare Register C High Byte							
(0x82)	OCR3CL	Timer/Counter3– Output Compare Register C Low Byte							
(0x81)	ICR3H	Timer/Counter3– Input Capture Register High Byte							
(0x80)	ICR3L	Timer/Counter3– Input Capture Register Low Byte							
(0x7F)~(0x7E)	사용안함	–	–	–	–	–	–	–	–
(0x7D)	ETIMSK	–	–	TICIE1	OCIE3A	OCIE3B	TOIE3	OCIE3C	OCIE1C
(0x7C)	ETIFR	–	–	ICF3	OCF3A	OCF3B	TOV3	OCF3C	OCF1C
(0x7B)	사용안함	–	–	–	–	–	–	–	–
(0x7A)	TCCRC1	FOC1A	FOC1B	FOC1C	–	–	–	–	–
(0x79)	OCR1CH	Timer/Counter1– Output Compare Register C High Byte							
(0x78)	OCR1CL	Timer/Counter1– Output Compare Register C Low Byte							

표 3.2.1 ATmega128의 I/O 레지스터들-III

I/O 어드레스 (SRAM 어드레스)	이름	비트 이름							
		7	6	5	4	3	2	1	0
(0x77)~(0x75)	사용안함	–	–	–	–	–	–	–	–
(0x74)	TWCR	TWINT	TWEA	TWSTA	TWSTO	TWWC	TWEN	–	TWIE
(0x73)	TWDR	2-wire Serial Interface Data Register							
(0x72)	TWAR	TWA6	TWA5	TWA4	TWA3	TWA2	TWA1	TWA0	TWGCE
(0x71)	TWSR	TWS7	TWS6	TWS5	TWS4	TWS3	–	TWPS1	TWPS0
(0x70)	TWBR	2-wire Serial Interface Bit Rate Register							
(0x6F)	OSCCAL	Oscillator Calibration Register							
(0x6E)	사용안함	–	–	–	–	–	–	–	–
(0x6D)	XMCRA	–	SRL2	SRL1	SRL0	SRW01	SRW00	SRW11	–
(0x6C)	XMCRB	XMBK	–	–	–	–	XMM2	XMM1	XMM0
(0x6B)	사용안함	–	–	–	–	–	–	–	–
(0x6A)	EICRA	ISC31	ISC30	ISC21	ISC20	ISC11	ISC10	ISC01	ISC00
(0x69)	사용안함	–	–	–	–	–	–	–	–
(0x68)	SPMCR	SPMIE	RWWSB	–	RWWSRE	BLBSET	PGWRT	PGERS	SPMEN
(0x67)~(0x66)	사용안함	–	–	–	–	–	–	–	–
(0x65)	PORTG	–	–	–	PORTG4	PORTG3	PORTG2	PORTG1	PORTG0
(0x64)	DDRG	–	–	–	DDG4	DDG3	DDG2	DDG1	DDG0
(0x63)	PING	–	–	–	PING4	PING3	PING2	PING1	PING0
(0x62)	PORTF	PORTF7	PORTF6	PORTF5	PORTF4	PORTF3	PORTF2	PORTF1	PORTF0
(0x61)	DDRF	DDF7	DDF6	DDF5	DDF4	DDF3	DDF2	DDF1	DDF0
(0x60)	사용안함	–	–	–	–	–	–	–	–
0x3F(0x5F)	SREG	I	T	H	S	V	N	Z	C
0x3E(0x5E)	SPH	SP15	SP14	SP13	SP12	SP11	SP10	SP9	SP8
0x3D(0x5D)	SPL	SP7	SP6	SP5	SP4	SP3	SP2	SP1	SP0
0x3C(0x5C)	XDIV	XDIVEN	XDIV6	XDIV5	XDIV4	XDIV3	XDIV2	XDIV1	XDIV0
0x3B(0x5B)	RAMPZ	–	–	–	–	–	–	–	RAMPZ0
0x3A(0x5A)	EICRB	ISC71	ISC70	ISC61	ISC60	ISC51	ISC50	ISC41	ISC40
0x39(0x59)	EIMSK	INT7	INT6	INT5	INT4	INT3	INT2	INT1	INT0
0x38(0x58)	EIFR	INTF7	INTF6	INTF5	INTF4	INTF3	INTF2	INTF1	INTF0

표 3.2.1 ATmega128의 I/O 레지스터들-IV

I/O 어드레스 (SRAM 어드레스)	이름	비트 이름 7	6	5	4	3	2	1	0
0x37(0x57)	TIMSK	OC1E2	TOIE2	TICIE1	OCIE1A	OCIE1B	TOIE1	OCIE0	TOIE0
0x36(0x56)	TIFR	OCF2	TOV2	ICF1	OCF1A	OCF1B	TOV1	OCF0	TOV0
0x35(0x55)	MCUCR	SRE	SRW10	SE	SM1	SM0	SM2	IVSEL	IVCE
0x34(0x54)	MCUSR	JTD	–	–	JTRF	WDRF	BORF	EXTRF	PORF
0x33(0x53)	TCCR0	FOC0	WGM00	COM01	COM00	WGM01	CS02	CS01	CS00
0x32(0x52)	TCNT0	Timer/Counter0(8 bit)							
0x31(0x51)	OCR0	Timer/Counter0 Output Compare Register							
0x30(0x50)	ASSR	–	–	–	–	AS0	TCN0UB	OCR0UB	TCR0UB
0x2F(0x4F)	TCCR1A	COM1A1	COM1A0	COM1B1	COM1B0	COM1C1	COM1C0	WGM11	WGM10
0x2E(0x4E)	TCCR1B	ICNC1	ICES1	–	WGM13	WGM12	CS12	CS11	CS10
0x2D(0x4D)	TCN1H	Timer/Counter1– Counter Register High Byte							
0x2C(0x4C)	TCN1L	Timer/Counter1– Counter Register Low Byte							
0x2B(0x4B)	OCR1AH	Timer/Counter1– Output Compare Register A High Byte							
0x2A(0x4A)	OCR1AL	Timer/Counter1– Output Compare Register A Low Byte							
0x29(0x49)	OCR1BH	Timer/Counter1– Output Compare Register B High Byte							
0x28(0x48)	OCR1BL	Timer/Counter1– Output Compare Register B Low Byte							
0x27(0x47)	ICR1H	Timer/Counter1– Input Capture Register High Byte							
0x26(0x46)	ICR1L	Timer/Counter1– Input Capture Register Low Byte							
0x25(0x45)	TCCR2	FOC2	WGM20	COM21	COM20	WGM21	CS22	CS21	CS20
0x24(0x44)	TCNT2	Timer/Counter2(8bit)							
0x23(0x43)	OCR2	Timer/Counter2 Output Compare Register							
0x22(0x42)	OCDR	IDRD/ OCDR7	OCDR6	OCDR5	OCDR4	OCDR3	OCDR2	OCDR1	OCDR0
0x21(0x41)	WDTCR	–	–	–	WDCE	WDE	WDP2	WDP1	WDP0
0x20(0x40)	SFIOR	TSM	–	–	ADHSM	ACME	PUD	PSR0	PSR321
0x1F(0x3F)	EEARH	–	–	–	–	EEAR11	EEAR10	EEAR9	EEAR8
0x1E(0x3E)	EEARL	EEAR7	EEAR6	EEAR5	EEAR4	EEAR3	EEAR2	EEAR1	EEAR0
0x1D(0x3D)	EEDR	EEPROM 데이터 레지스터							
0x1C(0x3C)	EECR	–	–	–	–	EERIE	EEMWE	EEWE	EERE
0x1B(0x3B)	PORTA	PORTA7	PORTA6	PORTA5	PORTA4	PORTA3	PORTA2	PORTA1	PORTA0

표 3.2.1 ATmega128의 I/O 레지스터들-V

I/O 어드레스 (SRAM 어드레스)	이름	비트 이름 7	6	5	4	3	2	1	0
0x1A(0x3A)	DDRA	DDA7	DDA6	DDA5	DDA4	DDA3	DDA2	DDA1	DDA0
0x19(0x39)	PINA	PINA7	PINA6	PINA5	PINA4	PINA3	PINA2	PINA1	PINA0
0x18(0x38)	PORTB	PORTB7	PORTB6	PORTB5	PORTB4	PORTB3	PORTB2	PORTB1	PORTB0
0x17(0x37)	DDRB	DDB7	DDB6	DDB5	DDB4	DDB3	DDB2	DDB1	DDB0
0x16(0x36)	PINB	PINB7	PINB6	PINB5	PINB4	PINB3	PINB2	PINB1	PINB0
0x15(0x35)	PORTC	PORTC7	PORTC6	PORTC5	PORTC4	PORTC3	PORTC2	PORTC1	PORTC0
0x14(0x34)	DDRC	DDC7	DDC6	DDC5	DDC4	DDC3	DDC2	DDC1	DDC0
0x13(0x33)	PINC	PINC7	PINC6	PINC5	PINC4	PINC3	PINC2	PINC1	PINC0
0x12(0x32)	PORTD	PORTD7	PORTD6	PORTD5	PORTD4	PORTD3	PORTD2	PORTD1	PORTD0
0x11(0x31)	DDRD	DDD7	DDD6	DDD5	DDD4	DDD3	DDD2	DDD1	DDD0
0x10(0x30)	PIND	PIND7	PIND6	PIND5	PIND4	PIND3	PIND2	PIND1	PIND0
0x0F(0x2F)	SPDR	SPI Data Register							
0x0E(0x2E)	SPSR	SPIE	WCOL	–	–	–	–	–	–
0x0D(0x2D)	SPCR	SPIE	SPE	DORD	MSTR	CPOL	CPHA	SPR1	SPR0
0x0C(0x2C)	UDR0	USART0 송·수신 레지스터							
0x0B(0x2B)	UCSR0A	RXC0	TXC0	UDRE0	FE0	DOR0	UPE0	U2X0	MPCM0
0x0A(0x2A)	UCSR0B	RXCIE0	TXCIE0	UDRIE0	RXEN0	TXEN0	UCSZ02	RXB80	TXB80
0x09(0x29)	UBRR0L	USART0 통신 속도 설정 레지스터 하위							
0x08(0x28)	ACSR	ACD	ACBG	ACO	ACI	ACIE	ACIC	ACIS1	ACIS0
0x07(0x27)	ADMUX	REFS1	REFS0	ADLAR	MUX4	MUX3	MUX2	MUX1	MUX0
0x06(0x26)	ADCSRA	ADEN	ADSC	ADFR	ADIF	ADIE	ADPS2	ADPS1	ADPS0
0x05(0x25)	ADCH	AD 변환 결과 레지스터 상위							
0x04(0x24)	ADCL	AD 변환 결과 레지스터 하위							
0x03(0x23)	PORTE	PORTE7	PORTE6	PORTE5	PORTE4	PORTE3	PORTE2	PORTE1	PORTE0
0x02(0x22)	DDRE	DDE7	DDE6	DDE5	DDE4	DDE3	DDE2	DDE1	DDE0
0x01(0x21)	PINE	PINE7	PINE6	PINE5	PINE4	PINE3	PINE2	PINE1	PINE0
0x00(0x20)	PINF	PINF7	PINF6	PINF5	PINF4	PINF3	PINF2	PINF1	PINF0

③ EEPROM 메모리

1바이트 단위로 읽기/쓰기 할 수 있는, 4K 바이트의 EEPROM 데이터 메모리를 갖고 있으며, 다음과 같은 I/O 영역 레지스터를 이용하여 읽기 및 쓰기를 한다.

❶ EEARH, EEARL(EEPROM Address Register High, Low) 레지스터

4K 바이트의 EEPROM 어드레스를 지정하며 읽기/쓰기가 가능하다.

비트 번호→	7	6	5	4	3	2	1	0
EEARH	-	-	-	-	EEAR11	EEAR10	EEAR9	EEAR8
EEARL	EEAR7	EEAR6	EEAR5	EEAR4	EEAR3	EEAR2	EEAR1	EEAR0
리셋값 →	x	x	x	x	x	x	x	x

EEPROM 어드레스 레지스터

❷ EEDR(EEPROM Data Register) 레지스터

지정된 어드레스로 써 넣을 데이터 혹은 읽은 데이터가 저장되며 읽기/쓰기가 가능하다.

비트 번호→	7	6	5	4	3	2	1	0
EEDR	EEDR7	EEDR6	EEDR5	EEDR4	EEDR3	EEDR2	EEDR1	EEDR0
리셋값 →	0	0	0	0	0	0	0	0

EEPROM 데이터 레지스터

❸ EECR(EEPROM Control Register) 레지스터

EEPROM 읽기/쓰기 동작을 제어하는 레지스터로 읽기/쓰기가 가능하다.

비트 번호→	7	6	5	4	3	2	1	0
EECR	-	-	-	-	EERIE	EEMWE	EEWE	EERE
리셋값 →	0	0	0	0	0	0	0	0

- EERIE(EEPROM Ready Interrupt Enable) : 1 - EEWE = 0일 때 EEPROM 레디 인터럽트 요청 허용
- EEMWE(EEPROM Master Write Enable) : 1 - EEWE = 1인 경우 선택된 어드레스로 데이터를 써 넣어진다.
- EEMWE = 0인 경우, 아무런 영향을 주지 않으며, 이 비트에 '1'을 쓰면, 4 클럭 사이클 후에, '0'이 된다.
- EEWE (EEPROM Write Enable) : EEMWE = 1이고, EEWE = 1이면 선택된 어드레스로 데이터가 써 넣어지며, 써 넣기 절차는 다음과 같다.

  ① EEWE가 '0'이 될 때까지 기다린다.

  ② SPMCSR[SPMEN]이 '0'이 될 때까지 기다린다.

③ 어드레스를 EEARL, EEARH에 써 넣는다(옵션).

④ 써 넣을 데이터를 EEDR에 써 넣는다.

⑤ EEMWE로 "1"로 한다.

⑥ EEMWE로 "1"로 한 후, 4클럭 이내에 EEWE에 "1"로 한다.

- 써 넣는 시간은 보통 8.5[ms]가 걸린다.
- EERE(EEPROM Read Enable) : 1 - 읽기를 해서, 읽은 데이터가 EEDR 레지스터에 로드되면, 이 비트는 자동으로 '0'이 된다.

3.2.3 ATmega128 내부구조 및 핀 구성

CPU 코어와 주변장치들을 포함한 ATmega128의 내부블록도는 그림 3.2.7과 같다.

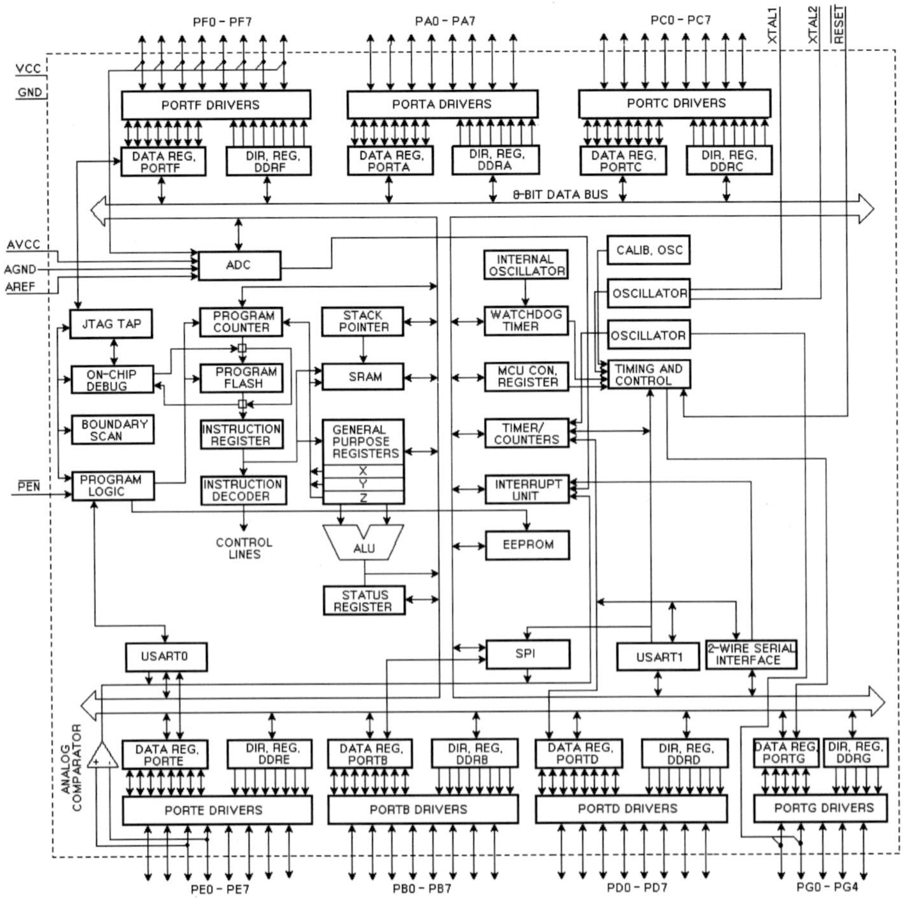

그림 3.2.7 ATmega128의 내부 블록도

ATmega128은 64핀 TQFP (Thin Profile Plastic Quad Flat Package), QFN/ MLF (Quad Flat No-Lead/Micro Lead Frame Package) 형태로 되어 있으며, QFN/MLF를 사용할 경우 패키지 밑면은 그라운드가 되어야 한다.

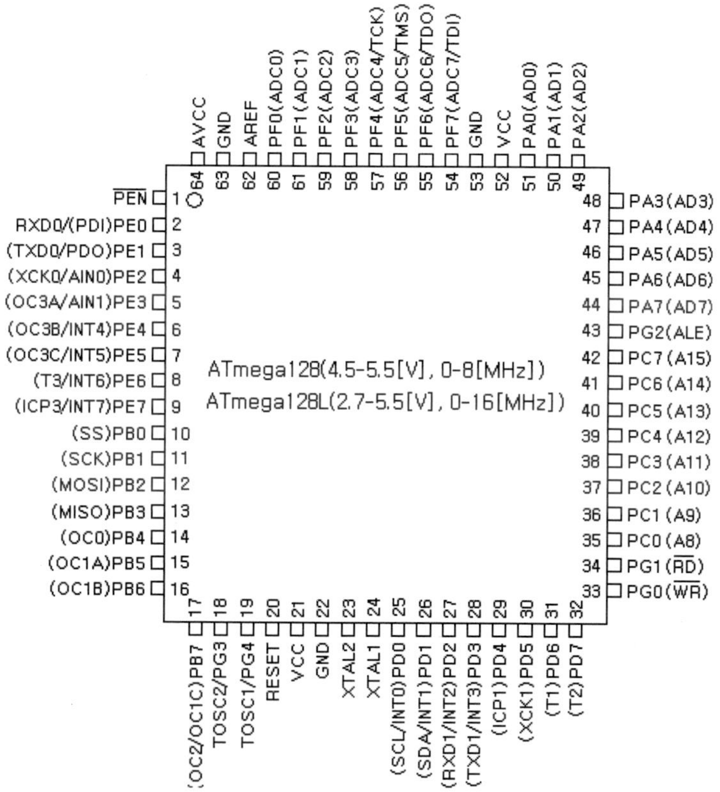

그림 3.2.8 ATmega128의 핀 구성

대부분의 핀들은 한 가지 이상의 용도로 활용된다. 예를 들어 44~51번 핀의 경우 Port A의 입출력 포트로 활용되거나 외부주소 및 데이터 0~7번 비트로 활용될 수 있다. 이들 핀이 어떤 용도로 활용될 지는 IO 영역에 포함된 MCU Control Resister (MCRCR)의 SRE 비트를 어떻게 설정하는가에 따라서 달라진다. 이를 '1'로 설정하면 외부 SRAM을 액세스하기 위해서 외부주소 및 데이터 핀으로 활용될 것이고 '0'으로 설정하면 Port A의 입출력 포트로 사용된다. 그 외의 다기능 핀들에 대한 설정은 주변장치 사용과 관련한 IO 영역 레지스터들을 통해서 수행할 수 있다. 보다 상세한 내용은 주변장치들을 다룰 때 다루어 질 것이다. 그림 3.2.7과 3.2.8을 비교하면서 각 핀이 내부와 어떻게 연결되어 있는지 확인해 보기 바란다.

포트 A~G핀(PAx~PGx)은 내부에 풀업(pull-up) 저항이 연결되어 있으며, 풀업 저항의 사용 관계를 비트 단위로 선택할 수 있고, 리셋 상태에서는 하이임피던스(high-impedance) 상태가 된다.

① 포트 A : PA7~PA0

- 8비트 양·방향 I/O 포트
- 외부 메모리를 인터페이스 할 경우 어드레스/데이터 버스(AD7~AD0)로 사용한다.

▌ 포트 A의 다른 기능

포트 핀	다른 기능
PA7	AD7(외부 메모리 어드레스/데이터 비트7)
PA6	AD6(외부 메모리 어드레스/데이터 비트6)
PA5	AD5(외부 메모리 어드레스/데이터 비트5)
PA4	AD4(외부 메모리 어드레스/데이터 비트4)
PA3	AD3(외부 메모리 어드레스/데이터 비트3)
PA2	AD2(외부 메모리 어드레스/데이터 비트2)
PA1	AD1(외부 메모리 어드레스/데이터 비트1)
PA0	AD0(외부 메모리 어드레스/데이터 비트0)

② 포트 B : PB7~PB0

- 8비트 양·방향 I/O 포트

▌ 포트 B의 다른 기능

포트 핀	다른 기능
PB7	OC2/OC1C (타이머/카운터2의 비교 출력 및 PWM 출력 혹은 타이머/카운터1의 비교 출력 및 PWM 출력 C)
PB6	OC1B(타이머/카운터1의 비교 출력 및 PWM 출력 B)
PB5	OC1A(타이머/카운터1의 비교 출력 및 PWM 출력 A)
PB4	OC0(타이머/카운터0의 비교 출력 및 PWM 출력)
PB3	MISO(SPI 버스의 마스터 입력/슬레이브 출력)
PB2	MOSI(SPI 버스의 마스터 출력/슬레이브 입력)
PB1	SCK(SPI 버스의 시리얼 출력)
PB0	$\overline{SS}$(SPI 슬레이브 선택 입력)
• OC1C는 ATmega103 호환 모드에서는 사용할 수 없다.	

③ 포트 C : PC7~PC0

- 8비트 양 · 방향 I/O 포트
- 외부 메모리를 인터페이스할 경우 상위 어드레스 버스(A15~A8)로 사용한다.

포트 C의 다른 기능

포트 핀	다른 기능
PC7	A15(외부 메모리 어드레스 비트15)
PC6	A14(외부 메모리 어드레스 비트14)
PC5	A13(외부 메모리 어드레스 비트13)
PC4	A12(외부 메모리 어드레스 비트12)
PC3	A11(외부 메모리 어드레스 비트11)
PC2	A10(외부 메모리 어드레스 비트10)
PC1	A9(외부 메모리 어드레스 비트9)
PC0	A8(외부 메모리 어드레스 비트8)

- ATmega128은 처음 ATmega103 호환 모드로 설정되어 있으며, ATmega103 호환 모드를 동작 불가능으로 설정할 때 까지 포트 C는 출력 포트로 동작한다.

④ 포트 D : PD7~PD0

- 8비트 양 · 방향 I/O 포트

포트 D의 다른 기능

포트 핀	다른 기능
PD7	T2(타이머/카운터2 클럭 입력)
PD6	T1(타이머/카운터1 클럭 입력)
PD5	XCK1(USART1 외부 클럭 입력/출력)
PD4	ICP1(타이머/카운터1 캡처 입력)
PD3	INT3/TXD1(외부 인터럽트3 입력 혹은 UART1 송신 출력)
PD2	INT2/RXD1(외부 인터럽트2 입력 혹은 UART1 수신 입력)
PD1	INT1/SDA(외부 인터럽트1 입력 혹은 TWI 시리얼 데이터)
PD0	INT0/SCL(외부 인터럽트0 입력 혹은 TWI 시리얼 클럭)
• XCK1, TXD1, RXD1, SDA, SCL은 ATmega103 호환 모드에서는 사용할 수 없다.	

⑤ 포트 E : PE7~PE0

- 8비트 양·방향 I/O 포트

포트 E의 다른 기능

포트 핀	다른 기능
PE7	INT7/ICP3(외부 인터럽트7 입력 혹은 타이머/카운터3 캡처 입력)
PE6	INT6/T3(외부 인터럽트6 입력 혹은 타이머/카운터3 클럭 입력)
PE5	INT5/OC3C(외부 인터럽트5 입력 혹은 타이머/카운터3의 비교 출력 및 PWM 출력 C)
PE4	INT4/OC3B(외부 인터럽트4 입력 혹은 타이머/카운터3의 비교 출력 및 PWM 출력 B)
PE3	AIN1/OC3A(아날로그 비교기 -입력 혹은 타이머/카운터3의 비교 출력 및 PWM 출력 A)
PE2	AIN0/XCK0(아날로그 비교기 +입력 혹은 USART0 외부 클럭 입력/출력)
PE1	PDO/TXD0(ISP 프로그래밍 데이터 출력 혹은 UART0 송신 출력)
PE0	PDI/RXD0(ISP 프로그래밍 데이터 입력 혹은 UART0 수신 입력)

- ICP3, T3, OC3C, OC3B, OC3B, OC3A, XCK0은 ATmega103 호환 모드에서는 사용할 수 없다.

⑥ 포트 F : PF7~PF0

- 8 비트 양·방향 I/O 포트
- A/D 컨버터 입력 혹은 JTAG 인터페이스로 사용할 수도 있다.

포트 F의 다른 기능

포트 핀	다른 기능
PF7	ADC7/TDI(ADC 채널7 입력 혹은 JTAG 테스트 데이터 입력)
PF6	ADC6/TDO(ADC 채널6 입력 혹은 JTAG 테스트 데이터 출력)
PF5	ADC5/TMS(ADC 채널5 입력 혹은 JTAG 테스트 모드 선택 입력)
PF4	ADC4/TCK(ADC 채널4 입력 혹은 JTAG 테스트 클럭 입력)
PF3	ADC3(ADC 채널3 입력)
PF2	ADC2(ADC 채널2 입력)
PF1	ADC1(ADC 채널1 입력)
PF0	ADC0(ADC 채널0 입력)

- JTAG 인터페이스가 동작하면, PF7(TDI), PF5(TMS), PF4(TCK) 풀업 저항이 활성화되고, TDO는 시프트 클럭이 없으면 하이-임피던스 상태가 된다.
- ATmega103 호환 모드에서는 포트 F는 입력만 된다.

⑦ 포트 G : PG4~PG0

- 8비트 양 · 방향 I/O 포트
- RTC 오실레이터 입력 혹은 외부 메모리 제어 신호로 사용할 수도 있다.

포트 G의 다른 기능

포트 핀	다른 기능
PG4	TOSC1(RTC 오실레이터 타이머/카운터0)
PG3	TOSC2(RTC 오실레이터 타이머/카운터0)
PG2	ALE(외부 메모리 인터페이스에서 사용하는 어드레스 래치 인에이블 출력)
PG1	$\overline{\text{RD}}$(외부 메모리 인터페이스에서 사용하는 읽기 제어 신호)
PG0	$\overline{\text{WR}}$(외부 메모리 인터페이스에서 사용하는 쓰기 제어 신호)

- ATmega103 호환 모드에서는 포트 G의 기능은 RTC 오실레이터 입력 혹은 외부 메모리 제어 신호로만 사용할 수 있다.

⑧ 그 밖의 핀

- $\overline{\text{RESET}}$: 액티브 로우(low) 입력으로, 이 핀에 'L'이 입력되면 ATmega128은 리셋된다.
- $\overline{\text{PEN}}$(Programming ENable) : 액티브 로우(low) 입력으로, 내부에 풀업되어 있으며 SPI 프로그래밍 모드에서 사용한다.
  파워-온 리셋동안 이 핀에 'L'이 입력되면 ATmega128은 SPI 시리얼 프로그래밍 모드로 들어가며, 보통 동작에서는 아무 기능이 없다.
- XTAL1, XTAL2 : 클럭 입력(XTAL1) 및 출력(XTAL2) 핀
- VCC, GND : 디지털 전원
- AVCC : 포트 F와 A/D 컨버터의 전원 입력 단자. A/D 컨버터를 사용하지 않을 경우는 VCC에 연결하고, A/D 컨버터를 사용할 경우는 필터를 거쳐서 VCC에 연결한다.
- AREF : A/D 컨버터의 아날로그 기준 전압.

3.3 AVR 명령어

AVR의 CPU 코어는 약 120종의 명령어를 수행할 수 있다. 이와 같은 다양한 명령어들을 활용함으로써 PIC 등의 다른 계열의 프로세서에 비해서 빠른 처리속도를 나타낼 수 있다. AVR 명령어를 직접 사용해서 어셈블리어 프로그램을 작성하면 같은 일을 함에 있어서 C 등의 고급언어를 사용하는 경우에 비해서 효율적인 코드를 작성할 수 있으나 작업의 규모가 커질수록 코드작성과 관리가 어려워진다. 또한 컴파일러의 성능이 향상되면서 어셈블리어 코딩에 의해서 얻을 수 있는 효율성이 미미해지고 있기 때문에 AVR 프로세서의 활용을 위한 프로그램 작업은 대부분의 경우 C언어를 사용해서 이루어진다. 그럼에도 불구하고 AVR 명령어를 알아두는 것은 AVR의 동작을 보다 깊이 이해하고 효율적인 C 코드를 작성하기 위해서 필요하다.

3.3.1 주소지정 방식과 명령어 구조

RISC프로세서들은 CISC 프로세서들에 비해서 명령어의 구조를 표준화 시켜서 각 명령어가 비슷한 구조를 가지면서 효율적으로 수행이 될 수 있도록 설계된다. AVR의 경우 대부분의 명령어들이 16비트 길이를 가지며 각 명령어는 명령어 코드인 'OP code'와 명령어 수행을 위해서 필요한 데이터를 가리키기 위한 'Operand' 부분으로 구성된다. 오퍼란드(operand)들은 AVR 내부의 레지스터, 외부 데이터 메모리, 내부 프로그램 메모리, 입출력 장치 등에서 가져올 수 있는데 오퍼란드를 이들 메모리들로부터 가져오는 방식을 주소지정방식(addressing mode)라고 한다. 명령어에 따라서 사용할 수 있는 주소지정 방식이 제한되어 있다. AVR에서 제공하는 주소지정 방식과 이에 따른 명령어의 구성을 다음과 같이 분류할 수 있다.

1) Register Direct Addressing

그림 3.3.1에서 OP는 명령어 코드를 나타낸다. 내부의 레지스터 32개를 구분하기 위해서 0에서 4번 비트까지의 5개 비트가 레지스터를 어드레싱하기 위해서 사용된다. 두 개의 레지스터 데이터를 사용해야 하는 경우에는 5~8번 비트 까지 두 번째 내부 레지스터를 어드레싱하는데 사용된다. 'ADD' 명령어와 'COM' 명령어는 두 개의 내부레지스터와 하나의 내부 레지스터를 각각 오퍼란드를 필요로 하며

Register Direct Addressing 방법을 사용할 수 있는 명령어들이며 명령어 설명 테이블에는 다음과 같이 기술되어 있다.

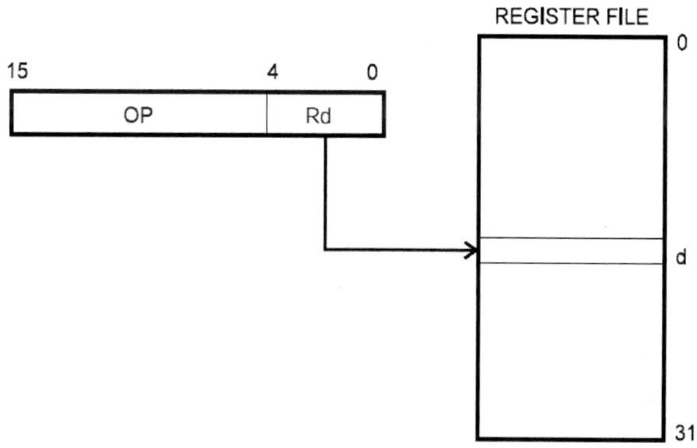

그림 3.3.1 Register Direct 방식을 사용한 명령어 구조

Mnemonics	Operands	Description	Operation	Flags	#Clocks
ADD	Rd, Rr	Add without Carry	Rd ← Rd + Rr	Z,C,N,V,S,H	1
COM	Rd	One's Complement	Rd ← $FF - Rd	Z,C,N,V,S	1

그림 3.3.1의 OP 코드에 따라 ADD나 COM 또는 다른 동작을 수행하게 된다. 위의 테이블에서 Flag 부분은 각 명령 수행의 결과에 따라 갱신되는 3.2.2에서 소개한 상태레지스터의 비트들을 나타낸다. ADD와 COM 명령어는 AVR 내부의 범용레지스터만을 오퍼란드로 사용할 수 있음을 알 수 있다.

2) I/O Direct Addressing

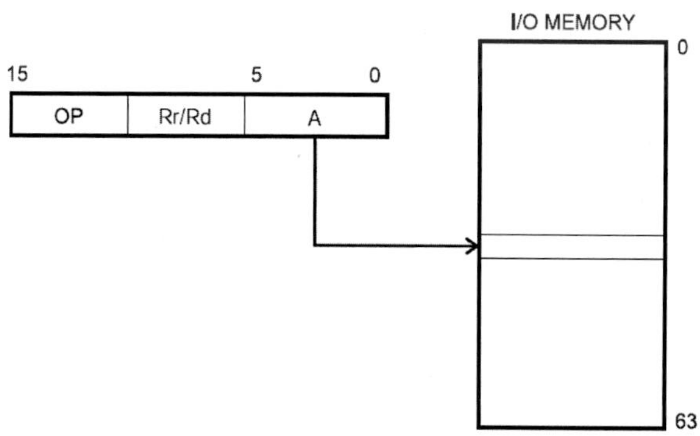

그림 3.3.2 I/O Direct 방식을 사용한 명령어 구조

내부레지스터 값과 I/O 장치의 데이터를 같이 사용하는 경우의 명령어 구조가 그림 3.3.2에 나타나 있다. 0~5번 비트는 I/O 어드레스를 나타내고 6~9번 비트는 내부레지스터 번호를 표시한다. 6개 비트를 이용해서 I/O를 어드레싱 하므로 64개 바이트의 I/O 정보를 어드레싱 할 수 있음을 알 수 있다. 'In'과 'Out' 명령어는 I/O Direct addressing을 사용하는 명령으로서 다음과 같이 그 기능을 정리할 수 있다.

Mnemonics	Operands	Description	Operation	Flags	#Clocks
IN	Rd, A	From I/O Location Rd	Rd ← I/O(A)	None	1
OUT	A, Rr	Out To I/O Location	I/O(A) ← Rr	None	1

3) Direct Data Addressing

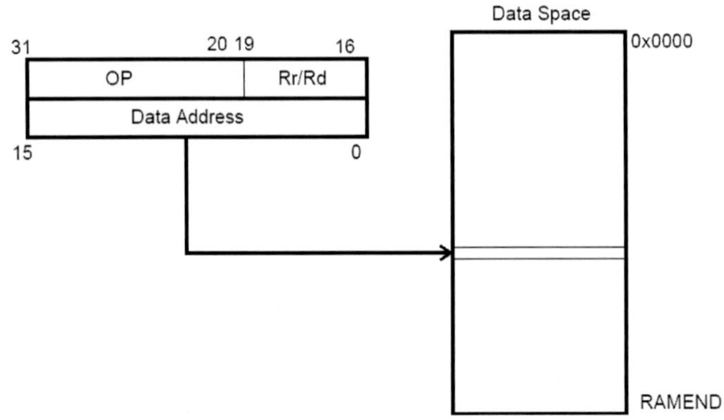

그림 3.3.3 Direct Data Addressing 방식을 사용한 명령어 구조

내부 레지스터와 더불어서 외부 데이터 메모리의 데이터를 명령어 수행에 사용하는 경우의 명령어 구조이다. 2개의 워드 즉 32비트로 명령어가 구성되며 0~15번 비트의 하위 16개 비트에 명령어 수행에 사용할 데이터가 들어 있는 외부테이터 메모리의 주소가 표시된다. 'LDS'와 'STS' 명령이 Direct Data Addressing을 사용할 수 있는 명령어 들이다.

Mnemonics	Operands	Description	Operation	Flags	#Clocks
LDS	Rd, K	Load Direct from data space	Rd ← (K)	None	1
STS	K, Rr	Store Direct to Data Space	(K) ← Rd	None	1

4) Data Indirect with Displacement Addressing

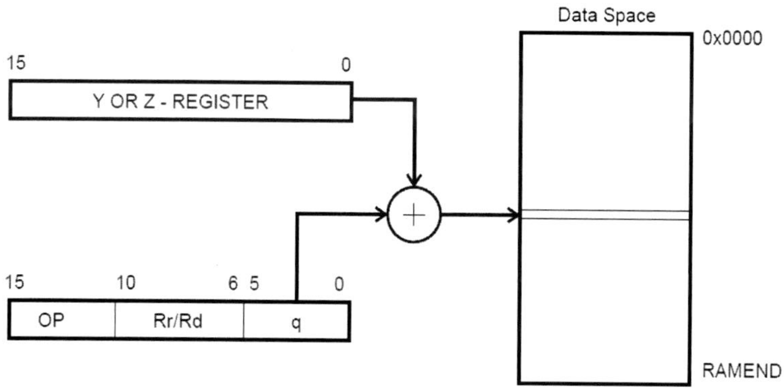

그림 3.3.4 Data Indirect with Displacement Addressing 방식을 사용한 경우의 명령어구조

내부 레지스터와 더불어서 외부 데이터 메모리의 데이터를 명령어 수행에 사용하는 경우의 명령어 구조이다. 16비트로 명령어가 구성되며 0~5번 비트의 displacement 값을 Y 또는 Z에 더해서 명령어 수행에 필요한 데이터가 저장된 외부 데이터 메모리의 주소를 만들어 낸다. 'LDD'와 'STD'는 Data Indirect with Displacement Addressing 방법을 지원되는 명령어들이다.

Mnemonics	Operands	Description	Operation	Flags	#Clocks
LDD	Rd, Y+q	Load Indirect with Displacement	Rd← (Y+q)	None	2
STD	Y+q, Rr	Store Indirect with Displacement	(Y+q) ← Rr	None	2

5) Data Indirect Addressing

명령어 수행에 필요한 데이터가 외부 데이터 메모리에 저장되어 있으면 그 번지가 내부 레지스터인 X 또는 Y 레지스터에 저장 되어 있다. 'LD' 명령이 Data Indirect 명령을 사용할 수 있는 명령어 이다. 또한 X 또는 Y 레지스터에 1을 더하거나 빼서 데이터를 가져올 주소를 변경하는 것도 가능하다.

Mnemonics	Operands	Description	Operation	Flags	#Clocks
LD	Rd, X	Load Indirect	Rd ← (X)	None	1
LD	Rd, X+	Load Indirect and Post-Increment	Rd←(X) X ← X+1	None	1
LD	Rd, -X	Load Indirect and Pre-Decrement	X ← X-1 Rd←(X)	None	1

6) Program Memory Constant Addressing

내부의 Flash Memory의 내용을 내부 레지스터로 가져 오는 명령에 사용되는 어드레싱 방법으로서 Z레지스터에 저장된 번지의 내부 플래시 메모리로부터 바이트 데이터를 읽어들이는데 사용된다. LPM, ELPM, SPM 명령들에 적용되는 주소지정방식이다.

Mnemonics	Operands	Description	Operation	Flags	#Clocks
LPM		Load Program Memory	R0 ← (Z)	None	3
LPM	Rd, Z	Load Program Memory	Rd←(Z)	None	3

7) Direct Program Addressing

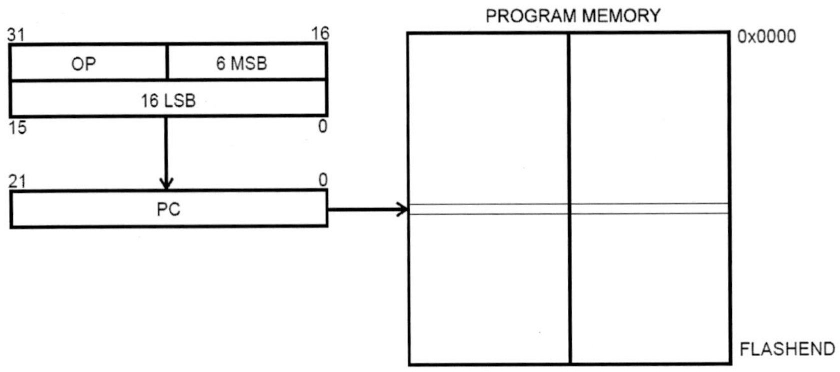

그림 3.3.5 Direct Program Addressing 방식을 사용하는 명령어의 구조

JMP나 CALL 명령어 수행 시 사용되는 어드레싱 기법으로서 명령어는 두 바이트로 이루어지며 명령어의 0~21번 비트를 내용을 프로그램 카운터(PC)로 전달한다. 이 방법을 통하면 22개 비트로 표현할 수 있는 임의의 번지로 프로그램 점프가 가능하다.

8) Indirect Program Addressing

IJUMP나 ICALL 명령시 사용되는 어드레싱 방법으로서 명령어는 한 바이트로 이루어지며 Z 레지스터의 16비트 데이터가 PC로 전달된다. 따라서 16비트로 표현할 수 있는 임의 번지로의 프로그램 점프가 가능하다.

9) Relative Program Addressing

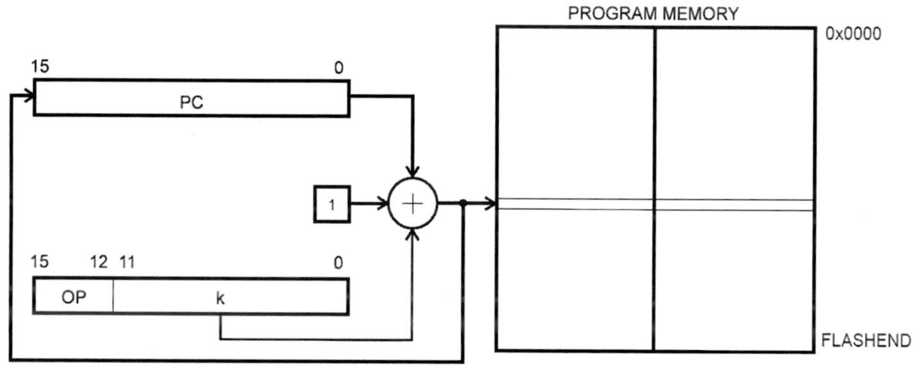

그림 3.3.6 Relative Program Addressing을 사용하는 명령어의 구조

현재 PC 값에 일정한 offset 'k'를 더해서 새로운 PC 값을 설정하는 주소지정 방식. RJMP나 RCALL 명령어에 사용되는 어드레싱 방식으로서 현재 수행하고 있는 코드로부터 12비트로 표현할 수 있는 주소만큼 점프할 수 있게 된다.

3.3.2 AVR 명령어 총괄

AVR은 133개의 명령어를 가지고 있다. 대부분의 명령어가 16비트로 구성되며 1개의 클럭 사이클 만에 수행이 완료 된다. 명령어에 따라서 사용할 수 있는 주소지정 방식이 정해져 있다. 133개의 명령어들은 Arithmetic and Logic 명령어, Branch 명령어, 데이터 전송 명령어, Bit and Bit Test 명령어, MPU 제어 명령어 등으로 구분할 수 있다. Arithmetic 명령어들은 Register Direct Addressing 만을 사용할 수 있으며 그 실행 결과에 따라 상태레지스터가 변화한다. 데이터 전송명령어에는 다양한 형태의 주소지정방식이 적용 가능하다. 보다 상세한 명령어 종류과 기능들을 다음 표에 정리 하였다. 표에서 Flags 항목은 각 명령어의 실행결과에 따라 영향을 받는 상태레지스터(Status Register)의 비트들을 나타내고 있다. (3.2.1절 참조)

표 3.3.1 AVR 명령어

Mnemonics	Operands	Description	Operation	Flags	#Clocks
ARITHMETIC AND LOGIC INSTRUCTIONS					
ADD	Rd, Rr	Add two Registers	Rd ← Rd + Rr	Z,C,N,V,H	1
ADC	Rd, Rr	Add with Carry two Registers	Rd ← Rd + Rr + C	Z,C,N,V,H	1
ADIW	Rdl,K	Add Immediate to Word	Rdh:Rdl ← Rdh:Rdl + K	Z,C,N,V,S	2
SUB	Rd, Rr	Subtract two Registers	Rd ← Rd - Rr	Z,C,N,V,H	1
SUBI	Rd, K	Subtract Constant from Register	Rd ← Rd - K	Z,C,N,V,H	1
SBC	Rd, Rr	Subtract with Carry two Registers	Rd ← Rd - Rr - C	Z,C,N,V,H	1
SBCI	Rd, K	Subtract with Carry Constant from Reg.	Rd ← Rd - K - C	Z,C,N,V,H	1
SBIW	Rdl,K	Subtract Immediate from Word	Rdh:Rdl ← Rdh:Rdl - K	Z,C,N,V,S	2
AND	Rd, Rr	Logical AND Registers	Rd ← Rd • Rr	Z,N,V	1
ANDI	Rd, K	Logical AND Register and Constant	Rd ← Rd • K	Z,N,V	1
OR	Rd, Rr	Logical OR Registers	Rd ← Rd v Rr	Z,N,V	1
ORI	Rd, K	Logical OR Register and Constant	Rd ← Rd v K	Z,N,V	1
EOR	Rd, Rr	Exclusive OR Registers	Rd ← Rd ⊕ Rr	Z,N,V	1
COM	Rd	One's Complement	Rd ← $FF – Rd	Z,C,N,V	1
NEG	Rd	Two's Complement	Rd ← $00 – Rd	Z,C,N,V,H	1
SBR	Rd,K	Set Bit(s) in Register	Rd ← Rd v K	Z,N,V	1
CBR	Rd,K	Clear Bit(s) in Register	Rd ← Rd • ($FF - K)	Z,N,V	1
INC	Rd	Increment	Rd ← Rd + 1	Z,N,V	1
DEC	Rd	Decrement	Rd ← Rd – 1	Z,N,V	1
TST	Rd	Test for Zero or Minus	Rd ← Rd • Rd	Z,N,V	1
CLR	Rd	Clear Register	Rd ← Rd ⊕ Rd	Z,N,V	1
SER	Rd	Set Register	Rd ← $FF	None	1
MUL	Rd, Rr	Multiply Unsigned	R1:R0 ← Rd x Rr	Z,C	2
MULS	Rd, Rr	Multiply Signed	R1:R0 ← Rd x Rr	Z,C	2
MULSU	Rd, Rr	Multiply Signed with Unsigned	R1:R0 ← Rd x Rr	Z,C	2
FMUL	Rd, Rr	Fractional Multiply Unsigned	R1:R0 ← (Rd x Rr) << 1	Z,C	2
FMULS	Rd, Rr	Fractional Multiply Signed	R1:R0 ← (Rd x Rr) << 1	Z,C	2
FMULSU	Rd, Rr	Fractional Multiply Signed with Unsigned	R1:R0 ← (Rd x Rr) << 1	Z,C	2

표 3.3.1 AVR 명령어 (계속)

BRANCH INSTRUCTIONS					
RJMP	k	Relative Jump	PC ← PC + k + 1	None	2
IJMP		Indirect Jump to (Z)	PC ← Z	None	2
JMP	k	Direct Jump	PC ← k	None	3
RCALL	k	Relative Subroutine Call	PC ← PC + k + 1	None	3
ICALL		Indirect Call to (Z)	PC ← Z	None	3
CALL	k	Direct Subroutine Call	PC ← k	None	4
RET		Subroutine Return	PC ← STACK	None	4
RETI		Interrupt Return	PC ← STACK	I	4
CPSE	Rd,Rr	Compare, Skip if Equal	if (Rd = Rr) PC ← PC + 2 or 3	None	1 / 2 / 3
CP	Rd,Rr	Compare	Rd – Rr	Z, N,V,C,H	1
CPC	Rd,Rr	Compare with Carry	Rd – Rr – C	Z, N,V,C,H	1
CPI	Rd,K	Compare Register with Immediate	Rd – K	Z, N,V,C,H	1
SBRC	Rr, b	Skip if Bit in Register Cleared	if (Rr(b)=0) PC ← PC + 2 or 3	None	1 / 2 / 3
SBRS	Rr, b	Skip if Bit in Register is Set	if (Rr(b)=1) PC ← PC + 2 or 3	None	1 / 2 / 3
SBIC	P, b	Skip if Bit in I/O Register Cleared	if (P(b)=0) PC ← PC + 2 or 3	None	1 / 2 / 3
SBIS	P, b	Skip if Bit in I/O Register is Set	if (P(b)=1) PC ← PC + 2 or 3	None	1 / 2 / 3
BRBS	s, k	Branch if Status Flag Set	if (SREG(s) = 1) then PC←PC+k + 1	None	1 / 2
BRBC	s, k	Branch if Status Flag Cleared	if (SREG(s) = 0) then PC←PC+k + 1	None	1 / 2
BREQ	k	Branch if Equal	if (Z = 1) then PC ← PC + k + 1	None	1 / 2
BRNE	k	Branch if Not Equal	if (Z = 0) then PC ← PC + k + 1	None	1 / 2
BRCS	k	Branch if Carry Set	if (C = 1) then PC ← PC + k + 1	None	1 / 2
BRCC	k	Branch if Carry Cleared	if (C = 0) then PC ← PC + k + 1	None	1 / 2
BRSH	k	Branch if Same or Higher	if (C = 0) then PC ← PC + k + 1	None	1 / 2
BRLO	k	Branch if Lower	if (C = 1) then PC ← PC + k + 1	None	1 / 2
BRMI	k	Branch if Minus	if (N = 1) then PC ← PC + k + 1	None	1 / 2
BRPL	k	Branch if Plus	if (N = 0) then PC ← PC + k + 1	None	1 / 2
BRGE	k	Branch if Greater or Equal, Signed	if (N ⊕ V= 0) then PC ← PC + k + 1	None	1 / 2
BRLT	k	Branch if Less Than Zero, Signed	if (N ⊕ V= 1) then PC ← PC + k + 1	None	1 / 2
BRHS	k	Branch if Half Carry Flag Set	if (H = 1) then PC ← PC + k + 1	None	1 / 2
BRHC	k	Branch if Half Carry Flag Cleared	if (H = 0) then PC ← PC + k + 1	None	1 / 2
BRTS	k	Branch if T Flag Set	if (T = 1) then PC ← PC + k + 1	None	1 / 2
BRTC	k	Branch if T Flag Cleared	if (T = 0) then PC ← PC + k + 1	None	1 / 2
BRVS	k	Branch if Overflow Flag is Set	if (V = 1) then PC ← PC + k + 1	None	1 / 2
BRVC	k	Branch if Overflow Flag is Cleared	if (V = 0) then PC ← PC + k + 1	None	1 / 2

표 3.3.1 AVR 명령어

Mnemonics	Operands	Description	Operation	Flags	#Clocks
BRIE	k	Branch if Interrupt Enabled	if (I = 1) then PC ← PC + k + 1	None	1 / 2
BRID	k	Branch if Interrupt Disabled	if (I = 0) then PC ← PC + k + 1	None	1 / 2
DATA TRANSFER INSTRUCTIONS					
MOV	Rd, Rr	Move Between Registers	Rd ← Rr	None	1
MOVW	Rd, Rr	Copy Register Word	Rd+1:Rd ← Rr+1:Rr	None	1
LDI	Rd, K	Load Immediate	Rd ← K	None	1
LD	Rd, X	Load Indirect	Rd ← (X)	None	2
LD	Rd, X+	Load Indirect and Post-Inc.	Rd ← (X), X ← X + 1	None	2
LD	Rd, - X	Load Indirect and Pre-Dec.	X ← X - 1, Rd ← (X)	None	2
LD	Rd, Y	Load Indirect	Rd ← (Y)	None	2
LD	Rd, Y+	Load Indirect and Post-Inc.	Rd ← (Y), Y ← Y + 1	None	2
LD	Rd, - Y	Load Indirect and Pre-Dec.	Y ← Y - 1, Rd ← (Y)	None	2
LDD	Rd,Y+q	Load Indirect with Displacement	Rd ← (Y + q)	None	2
LD	Rd, Z	Load Indirect	Rd ← (Z)	None	2
LD	Rd, Z+	Load Indirect and Post-Inc.	Rd ← (Z), Z ← Z+1	None	2
LD	Rd, -Z	Load Indirect and Pre-Dec.	Z ← Z - 1, Rd ← (Z)	None	2
LDD	Rd, Z+q	Load Indirect with Displacement	Rd ← (Z + q)	None	2
LDS	Rd, k	Load Direct from SRAM	Rd ← (k)	None	2
ST	X, Rr	Store Indirect	(X) ← Rr	None	2
ST	X+, Rr	Store Indirect and Post-Inc.	(X) ← Rr, X ← X + 1	None	2
ST	- X, Rr	Store Indirect and Pre-Dec.	X ← X - 1, (X) ← Rr	None	2
ST	Y, Rr	Store Indirect	(Y) ← Rr	None	2
ST	Y+, Rr	Store Indirect and Post-Inc.	(Y) ← Rr, Y ← Y + 1	None	2
ST	- Y, Rr	Store Indirect and Pre-Dec.	Y ← Y - 1, (Y) ← Rr	None	2
STD	Y+q,Rr	Store Indirect with Displacement	(Y + q) ← Rr	None	2
ST	Z, Rr	Store Indirect	(Z) ← Rr	None	2
ST	Z+, Rr	Store Indirect and Post-Inc.	(Z) ← Rr, Z ← Z + 1	None	2
ST	-Z, Rr	Store Indirect and Pre-Dec.	Z ← Z - 1, (Z) ← Rr	None	2
STD	Z+q,Rr	Store Indirect with Displacement	(Z + q) ← Rr	None	2
STS	k, Rr	Store Direct to SRAM	(k) ← Rr	None	2
LPM		Load Program Memory	R0 ← (Z)	None	3
LPM	Rd, Z	Load Program Memory	Rd ← (Z)	None	3
LPM	Rd, Z+	Load Program Memory and Post-Inc	Rd ← (Z), Z ← Z+1	None	3
ELPM		Extended Load Program Memory	R0 ← (RAMPZ:Z)	None	3
ELPM	Rd, Z	Extended Load Program Memory	Rd ← (RAMPZ:Z)	None	3
ELPM	Rd, Z+	Extended Load Program Memory and Post-Inc	Rd ← (RAMPZ:Z), RAMPZ:Z ← RAMPZ:Z+1	None	3
SPM		Store Program Memory	(Z) ← R1:R0	None	-
IN	Rd, P	In Port	Rd ← P	None	1
OUT	P, Rr	Out Port	P ← Rr	None	1
PUSH	Rr	Push Register on Stack	STACK ← Rr	None	2
POP	Rd	Pop Register from Stack	Rd ← STACK	None	2
BIT AND BIT-TEST INSTRUCTIONS					
SBI	P,b	Set Bit in I/O Register	I/O(P,b) ← 1	None	2
CBI	P,b	Clear Bit in I/O Register	I/O(P,b) ← 0	None	2
LSL	Rd	Logical Shift Left	Rd(n+1) ← Rd(n), Rd(0) ← 0	Z,C,N,V	1
LSR	Rd	Logical Shift Right	Rd(n) ← Rd(n+1), Rd(7) ← 0	Z,C,N,V	1
ROL	Rd	Rotate Left Through Carry	Rd(0)←C,Rd(n+1)← Rd(n),C←Rd(7)	Z,C,N,V	1
ROR	Rd	Rotate Right Through Carry	Rd(7)←C,Rd(n)← Rd(n+1),C←Rd(0)	Z,C,N,V	1
ASR	Rd	Arithmetic Shift Right	Rd(n) ← Rd(n+1), n=0..6	Z,C,N,V	1
SWAP	Rd	Swap Nibbles	Rd(3..0)←Rd(7..4),Rd(7..4)←Rd(3..0)	None	1
BSET	s	Flag Set	SREG(s) ← 1	SREG(s)	1
BCLR	s	Flag Clear	SREG(s) ← 0	SREG(s)	1
BST	Rr, b	Bit Store from Register to T	T ← Rr(b)	T	1
BLD	Rd, b	Bit load from T to Register	Rd(b) ← T	None	1
SEC		Set Carry	C ← 1	C	1
CLC		Clear Carry	C ← 0	C	1
SEN		Set Negative Flag	N ← 1	N	1
CLN		Clear Negative Flag	N ← 0	N	1
SEZ		Set Zero Flag	Z ← 1	Z	1
CLZ		Clear Zero Flag	Z ← 0	Z	1
SEI		Global Interrupt Enable	I ← 1	I	1
CLI		Global Interrupt Disable	I ← 0	I	1
SES		Set Signed Test Flag	S ← 1	S	1
CLS		Clear Signed Test Flag	S ← 0	S	1
Mnemonics	**Operands**	**Description**	**Operation**	**Flags**	**#Clocks**
SEV		Set Twos Complement Overflow.	V ← 1	V	1
CLV		Clear Twos Complement Overflow	V ← 0	V	1
SET		Set T in SREG	T ← 1	T	1
CLT		Clear T in SREG	T ← 0	T	1
SEH		Set Half Carry Flag in SREG	H ← 1	H	1
CLH		Clear Half Carry Flag in SREG	H ← 0	H	1
MCU CONTROL INSTRUCTIONS					
NOP		No Operation		None	1
SLEEP		Sleep	(see specific descr. for Sleep function)	None	1
WDR		Watchdog Reset	(see specific descr. for WDR/timer)	None	1
BREAK		Break	For On-chip Debug Only	None	N/A

3.4 AVR의 스택(Stack)과 인터럽트(Interrupt)

3.4.1 Stack Pointer

AVR의 경우 스택은 상위 메모리영역부터 하위 메모리 영역으로 늘어나게 된다. 스택포인터는 스택의 끝을 항상 가리킨다. 따라서 AVR의 스택운용은 Full Descending 방식에 해당하며. 스택에 새로운 데이터를 PUSH 하면 스택포인터는 감소하게 된다.

스택포인터는 데이터 SRAM영역을 가리키는데 이 스택 영역은 반드시 서브루틴이 호출 되거나, 인터럽트가 enable 되기 전에 SRAM영역을 가리키도록 초기화 되어야 한다. 또한 인터럽트 벡터 등을 고려해서 60H 이상의 값을 가지도록 해야 한다. 이 스택포인터는 일반 데이터가 PUSH명령어에 의해 스택에 저장될 때 하나씩 감소하고, 서브루틴 호출이나 인터럽트가 걸려 복귀 주소를 스택에 저장할 때는 두 개씩 감소한다. 반대로 일반 데이터를 POP명령어로 스택에서 꺼내오면 포인터가 하나 증가하고, 서브루틴에서 RET명령이나, 인터럽트에서 RETI명령에 의해 복귀 주소를 가져올 때는 두 개가 증가하게 된다. AVR의 스택포인터는 2개의 8비트 입출력 영역의 레지스터에 다음과 같이 할당되어있다.

15	14	13	12	11	10	9	8	
SP15	SP14	SP13	SP12	SP11	SP10	SP9	SP8	SPH
SP7	SP6	SP5	SP4	SP3	SP2	SP1	SP0	SPL
7	6	5	4	3	2	1	0	

그림 3.4.1 AVR의 스택포인터 레지스터

3.4.2 인터럽트(Interrupt)

ATmega128의 인터럽트 벡터 테이블은 다음과 같다. 다양한 기능을 가지고 있는 MCU인 만큼 지원하는 인터럽트 소스도 다양하여 인터럽트 발생 시 서비스할 루틴을 작성하기 위해선 인터럽트 벡터 테이블을 숙지하는 것이 중요하다. 그리고 인터럽트 벡터 테이블의 위치를 변경하거나 외부 인터럽트 서비스를 어떤 방식으로 인식할 지 결정하는 것도 필요하며 이를 위해 필요한 레지스터들을 아래에서 살펴본다.

먼저 인터럽트 벡터 테이블은 아래 표와 같이 배치 되어있다.

표 3.4.1 인터럽트 벡터(Interrupt Vector)

Vector No.	Program Address	Source	Interrupt Definition
1	0x0000	RESET	Watchdog Reset, and JTAG AVR Reset
2	0x0002	INT0	External Interrupt Request 0
3	0x0004	INT1	External Interrupt Request 1
4	0x0006	INT2	External Interrupt Request 2
5	0x0008	INT3	External Interrupt Request 3
6	0x000A	INT4	External Interrupt Request 4
7	0x000C	INT5	External Interrupt Request 5
8	0x000E	INT6	External Interrupt Request 6
9	0x0010	INT7	External Interrupt Request 7
10	0x0012	TIMER2 COMP	Timer/Counter2 Compare Match
11	0x0014	TIMER2 OVF	Timer/Counter2 Overflow
12	0x0016	TIMER1 CAPT	Timer/Counter1 Capture Event
13	0x0018	TIMER1 COMPA	Timer/Counter1 Compare Match A
14	0x001A	TIMER1 COMPB	Timer/Counter1 Compare Match B
15	0x001C	TIMER1 OVF	Timer/Counter1 Overflow
16	0x001E	TIMER0 COMP	Timer/Counter0 Compare Match
17	0x0020	TIMER0 OVF	Timer/Counter0 Overflow
18	0x0022	SPI, STC	SPI Serial Transfer Complete
19	0x0024	USART0, RX	USART0, Rx Complete
20	0x0026	USART0, UDRE	USART0 Data Register Empty
21	0x0028	USART0, TX	USART0, Tx Complete
22	0x002A	ADC	ADC Conversion Complete
23	0x002C	EE READY	EEPROM Ready
24	0x002E	ANALOG COMP	Analog Comparator
25	0x0030	TIMER1 COMPC	Timer/Counter1 Compare Match C
26	0x0032	TIMER3 CAPT	Timer/Counter3 Capture Event
27	0x0034	TIMER3 COMPA	Timer/Counter3 Compare Match A
28	0x0036	TIMER3 COMPB	Timer/Counter3 Compare Match B
29	0x0038	TIMER3 COMPC	Timer/Counter3 Compare Match C
30	0x003A	TIMER3 OVF	Timer/Counter3 Overflow
31	0x003C	USART1, RX	USART1, Rx Complete
32	0x003E	USART1, UDRE	USART1 Data Register Empty
33	0x0040	USART1, TX	USART1, Tx Complete
34	0x0042	TWI	Two-wire Serial Interface
35	0x0044	SPM READY	Store Program Memory Ready

위와 같은 인터럽트 벡터 테이블의 위치는 다음 레지스터들을 설정함으로써 위치를 조정할 수 있는 기능도 제공된다. 다음 표는 레지스터 설정에 따라 인터럽트 벡터의 위치가 어디에 위치하는지를 나타낸다. 그리고 이를 설정하기 위한 레지스터 대해 아래에 설명하였다. 이 레지스터들은 펌웨어 작성 시 설정하는 것이 아니라 ISP 등의 장비를 통해 이 비트들만 따로 설정한다.

표 3.4.2 인터럽트 벡터 테이블 위치

BOOTRST	IVSEL	Reset Address	Interrupt Vectors Start Address
1	0	$0000	$0002
1	1	$0000	Boot Reset Address + $0002
0	0	Boot Reset Address	$0002
0	1	Boot Reset Address	Boot Reset Address + $0002

1) BOOTRST (Fuse Bit)

Fuse Bits는 시스템을 설정하는 비트로 ATmega128에는 3byte의 Fuse byte가 있다. 그중 BOOTRST 비트가 1로 설정되어 있으면 Reset Vector의 위치가 Interrupt Vector table에 명시된 것과 같이 0x0000이 되고 BOOTRST 비트가 0으로 설정되어 있으면 Reset Vector의 위치가 Boot Reset Address가 된다(Boot Reset Address 또한 Fuse Bits의 설정에 따라 바뀐다).

2) IVSEL (Interrupt Vector Select)

Bit	7	6	5	4	3	2	1	0	
	SRE	SRW10	SE	SM1	SM0	SM2	IVSEL	IVCE	MCUCR
Read/Write	R/W	R/W	R/W	R/W	R/W	R/W	R/W	R/W	
Initial Value	0	0	0	0	0	0	0	0	

MCU Control Register의 MCUCR의 1번 비트인 Interrupt Vector Select 비트 IVSEL이 clear(0) 되어 있으면 Interrupt Vectors는 Flash Memory의 시작부분(0x0002)에 위치하게 되고 set(1)되어 있으면 Boot Loader Section의 시작부분(Boot Reset Address + 0x0002)에 위치하게 된다.

(※ Interrupt Vector Select 비트인 IVSEL을 바꾸기 위해서는 MCUCR 0번 비트인

Interrupt Vector Change Enable 비트인 IVCE를 set(1)시켜야 한다. IVCE은 자동으로 clear(0) 되기 때문에 set(1)시키고 4 cycles 이내로 IVSEL을 바꿔야 한다.)

다음으로 내부 인터럽트가 아닌 External Interrupt (외부 인터럽트)의 경우에는 어떤 상황에서 인터럽트 서비스 루틴이 호출 될 것인지 대해 먼저 결정을 해야 한다. External Interrupts는 INT0~INT7pins에 의해서 호출된다. ATmega128에서 External Interrupt는 핀에 falling edge, rising edge 그리고 low level이 들어올 때 작동하게 되는데 이 반응 방식은 EICRA (INT0~3)와 EICRB(INT4~7)에서 설정한다. 특별히 INT0~3는 Interrupt 입력에 대한 반응을 비동기식으로 한다.

3) EICRA (External Interrupt Control Register A)

Bit	7	6	5	4	3	2	1	0	
	ISC31	ISC30	ISC21	ISC20	ISC11	ISC10	ISC01	ISC00	EICRA
Read/Write	R/W	R/W	R/W	R/W	R/W	R/W	R/W	R/W	
Initial Value	0	0	0	0	0	0	0	0	

비트 설정에 따라서 0~3번 interrupt의 detecting 방식(low level, rising edge, falling edge detect)이 아래 표와 같이 바뀐다.

4) Interrupt Sense Control (n=0~3)

ISCn1	ISCn0	Description
0	0	The low level of INTn generates an interrupt request.
0	1	Reserved
1	0	The falling edge of INTn generates asynchronously an interrupt request.
1	1	The rising edge of INTn generates asynchronously an interrupt request.

5) EICRB (External Interrupt Control Register B)

Bit	7	6	5	4	3	2	1	0	
	ISC71	ISC70	ISC61	ISC60	ISC51	ISC50	ISC41	ISC40	EICRB
Read/Write	R/W	R/W	R/W	R/W	R/W	R/W	R/W	R/W	
Initial Value	0	0	0	0	0	0	0	0	

비트 설정에 따라서 4~7번 interrupt의 detecting 방식(low level, logical

change, rising edge, falling edge detect)이 아래 표와 같이 바뀐다.

6) Interrupt Sense Control (n=4~7)

ISCn1	ISCn0	Description
0	0	The low level of INTn generates an interrupt request.
0	1	Any logical change on INTn generates an interrupt request
1	0	The falling edge between two samples of INTn generates an interrupt request.
1	1	The rising edge between two samples of INTn generates an interrupt request.

인터럽트를 사용하기 위해서는 Status Register의 I bit (Global Interrupt Enable)를 set시키고 외부 인터럽트의 경우에는 External Interrupt Mask Register (EIMSK)에서 각각의 0~7번 인터럽트 enable 비트를 set시켜야 한다. 만약 Interrupt가 enable되어 있고 interrupt 입력이 들어오면 MCU는 해당 interrupt vector로 점프한다.

7) EIMSK (External Interrupt Mask Register)

Bit	7	6	5	4	3	2	1	0	
	INT7	INT6	INT5	INT4	INT3	INT2	INT1	IINT0	EIMSK
Read/Write	R/W	R/W	R/W	R/W	R/W	R/W	R/W	R/W	
Initial Value	0	0	0	0	0	0	0	0	

비트 설정에 따라서 0~7 external interrupt의 개별 enable을 설정할 수 있다.(set(1) : enable , clear(0) : disable)

8) EIFR (External Interrupt Flag Register)

Bit	7	6	5	4	3	2	1	0	
	INTF7	INTF6	INTF5	INTF4	INTF3	INTF2	INTF1	IINTF0	EIFR
Read/Write	R/W	R/W	R/W	R/W	R/W	R/W	R/W	R/W	
Initial Value	0	0	0	0	0	0	0	0	

External interrupt (0~7)가 요구되면 그 interrupt에 해당하는 INTFn이 set(1) 된다. interrupt routine이 실행되면 이 flag는 clear(0)되고 논리적으로 1이 입력될 때나 level interrupt로 설정되어 있을 때 clear(0)된다.

ATmega128 메모리 및 주변장치

CHAPTER 04

본 장에서는 3장에서 설명한 Atmel 사의 AVR 시리즈 중에서 ATmega128을 기준으로 내부 메모리와 주변 장치를 사용하는 방법과 실습 방법을 소개한다. 이 장에서 설명하는 주변장치들은 AVR이 아닌 다른 프로세서를 사용함에 있어서도 가장 기본적으로 파악해야 하는 부분이다. 프로세서 종류에 따라 프로세서 마다 세부적인 사용방법은 다르지만 개념 또는 방식이 비슷하므로 AVR ATmega128을 통해 사용방법을 익히면 다른 프로세서에서도 응용이 가능할 것이라 생각된다. 더 상세한 내용을 알고자 하면 Atmega128의 데이터 시트를 참조해야 할 것이다.

4.1 ATmega128 개발환경

4.1.1 AVR 개발환경 개요

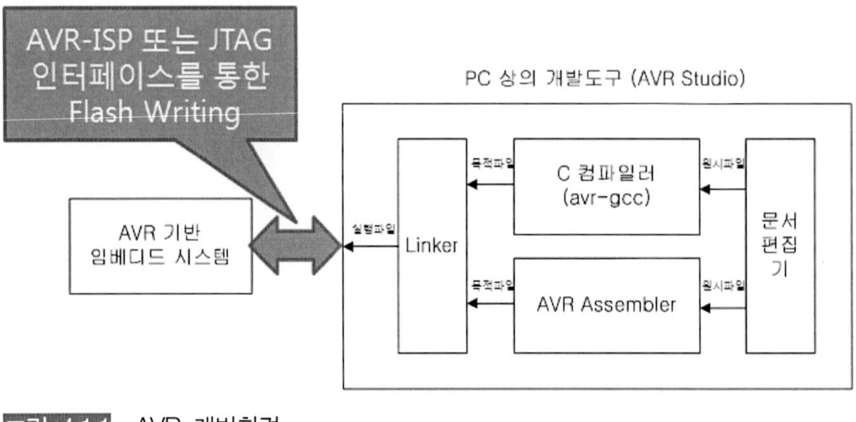

그림 4.1.1 AVR 개발환경

ATmega128의 메모리와 주변장치를 다루기 전에 먼저 AVR 시스템의 개발환경에 대해서 살펴보고자 한다. 이와 같은 개발도구를 다룰 수 있어야 이후에 나올 프로그래밍 실습 등을 수행할 수 있다. ATmega128 기반의 임베디드 시스템에서 동작하는 프로그램을 작성하기 위해서는 개인용 컴퓨터(PC)에서 동작하는 프로그램의 경우보다 좀 더 복잡한 개발 환경을 설정할 필요가 있다. 그 이유는 PC에서는 프로그램을 작성하는 환경과 실행하는 환경이 동일하지만 AVR 기반 임베디드 시스템의 경우에는 두 환경이 다르기 때문이다. 임베디드 시스템용 프로그램을 작성할 때는 소스 코드 작성 및 컴파일과 링크 작업을 PC에서 진행하고 이로 부터 얻을 결과물 -실행 파일- 을 임베디드 보드에 다운로드한 뒤 실행시키는 과정을 거친다. 여기서 프로그램 개발을 진행하는 PC 환경을 호스트 PC라 부르고 프로그램이 실제로 실행되는 임베디드 환경을 타켓 보드라 부른다.

AVR 개발도구들은 여러 가지가 있지만 WinAVR을 활용하는 AVR Studio 통합환경 도구를 사용한다. WinAVR은 GNU 재단에서 만든 개발환경으로서 AVR용 C 언어 컴파일러인 avr-gcc 및 다양한 개발도구들을 포함하고 있다. AVR Studio는 ATMEL 사에서 제공하는 AVR 칩용 통합 개발환경으로써 무료로 배포되고 있으며, 다양한 편집환경 및 손쉬운 프로젝트 관리를 제공하며, WinAVR을 사용하는데 필요한 다양한 옵션들을 자동으로 생성해 주는 통합개발환경이다. 링커를 통해서 만들어진 실행파일을 AVR 칩의 프로그래밍 방법인 ISP 툴을 이용하여 ATmega128의 Flash 메모리에 기록한다. ISP 툴은 다양한 제품이 생산되고 있다. 본 교재에서는 FTDI Chip에서 제공하는 VCP (Virtual COM port) 드라이버와 관련된 인터페이스 장치를 사용한다. 그 외에 ATMEL 사에서 직접 제조/판매하는 USB 방식의 AVR-ISP MKII 모델이 있으며, 개인 개발자의 경우는 간단한 회로를 구성하여 PC의 병렬통신포트를 이용하는 저렴한 ISP 툴을 직접 제작할 수 있다. Host PC 상에 AVR 개발환경을 설치하는 절차는 다음과 같다.

4.1.2 AVR 개발환경 설치

다음과 같은 절차로 EzAVR 기반의 개발환경을 설치한다.

① WinAVR 설치

WinAVR은 http://winavr.sourceforge.net/ 사이트에서 무료로 최신버전을 내려

받을 수 있다. WinAVR-20100110-install.exe 파일을 위의 사이트에서 내려 받아 실행하고 특별한 설정 변경 없이 계속 진행하면 설치가 완료된다.

② AVR Studio 설치

AVR Studio는 ATMEL (http://www.atmel.com) 사에서 무료로 배포된다. AVR Studio 개발환경만을 제공하며, 컴파일러를 기본적으로 포함하지 않으므로 WinAVR과 같이 설치하여 사용해야 한다. 이 또한 설치과정에서 특별한 설정은 필요치 않으므로 간단히 설치할 수 있다.
(http://www.atmel.com/tools/STUDIOARCHIVE.aspx) 이 링크에 들어가 'AVR Studio 4.19 (build 730)'를 받도록 하자. 간단한 양식 작성 후, 자신의 메일로 들어가 다운로드 링크를 확인할 수 있다.

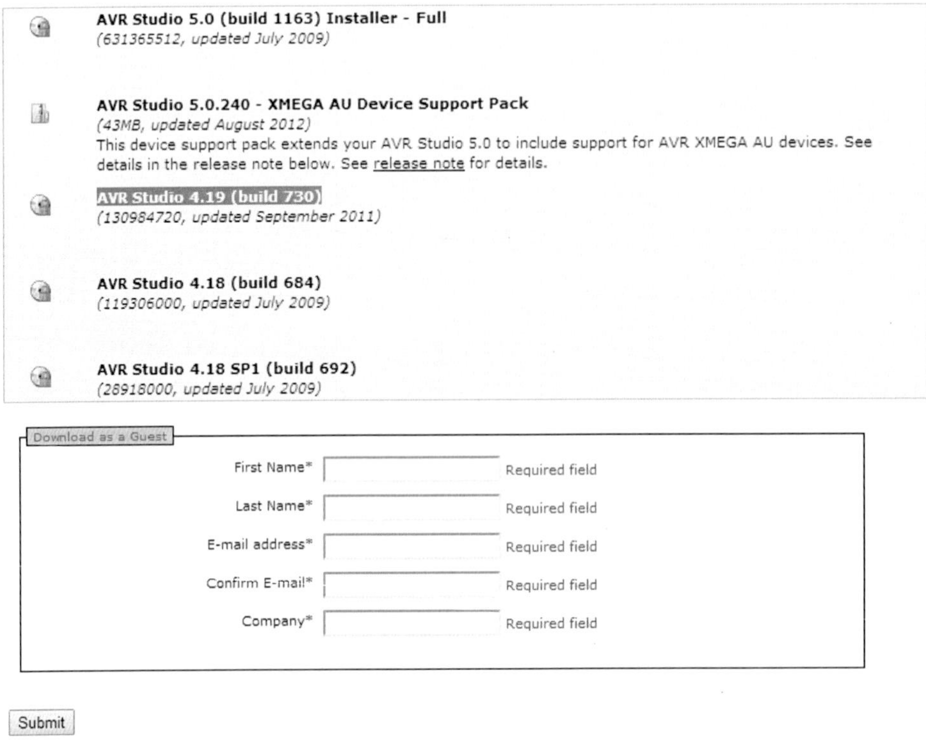

③ AVR-Toolchain 설치

(http://www.atmel.com/tools/atmelavrtoolchainforwindows.aspx) 이 링크에 들어가 'Atmel AVR 8-bit and 32-bit Toolchain 3.4.2 - Windows'를 위와 같은 방

법으로 다운받을 수 있다.

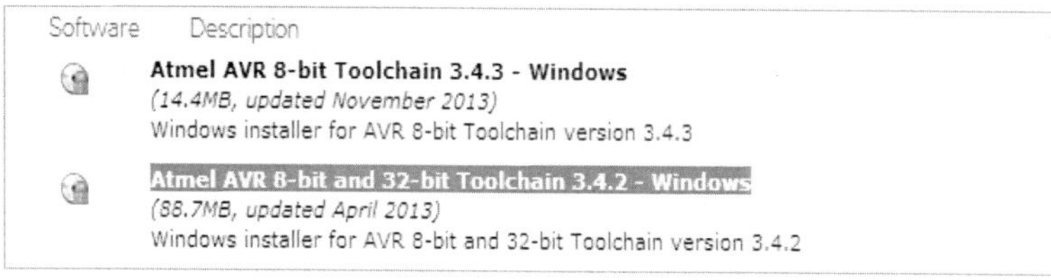

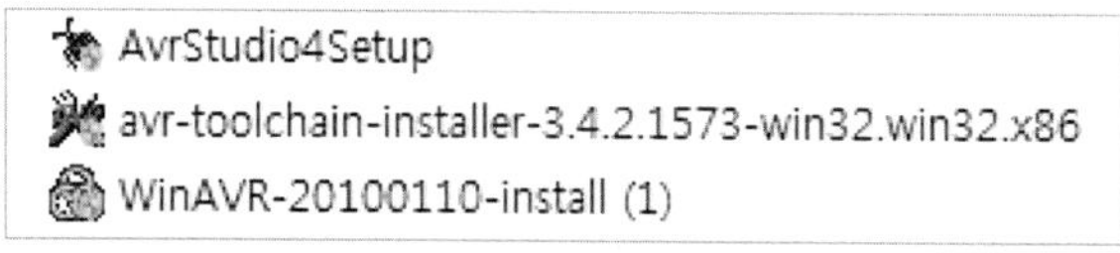

3개 파일을 설치하면 AVR Studio 실행 할 수 있다.

④ 설치방법

❶ AvrStudio4Setup

- 체크 후 Next.

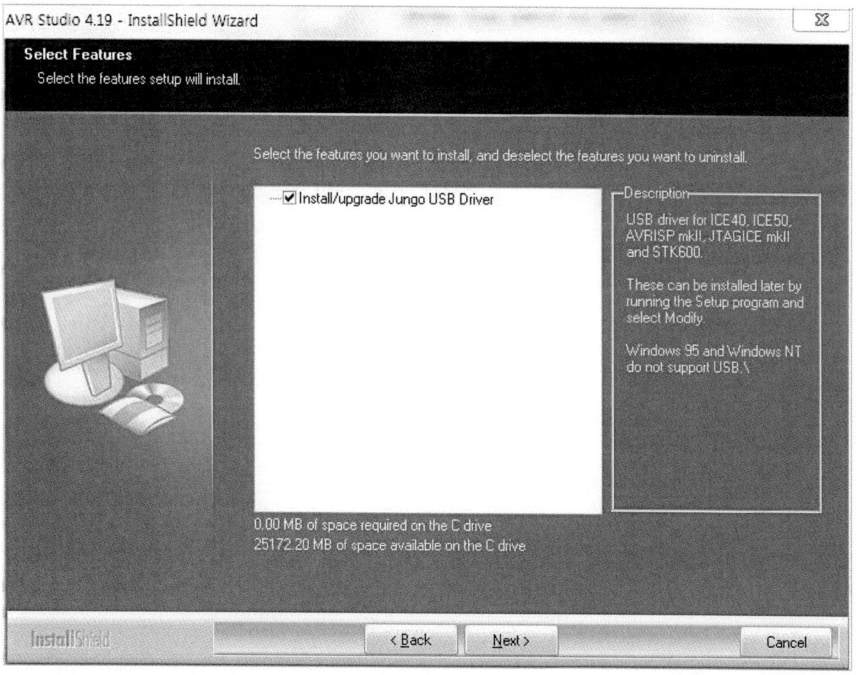

- 설치 완료 후 Finish.

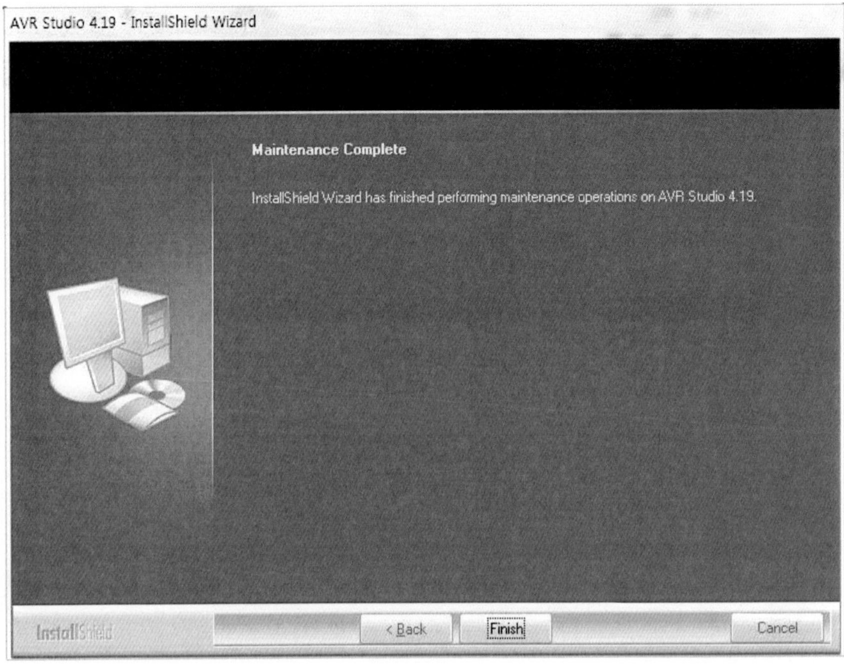

❷ Avr-Toolchain

- 마찬가지로 모두 체크 한다.

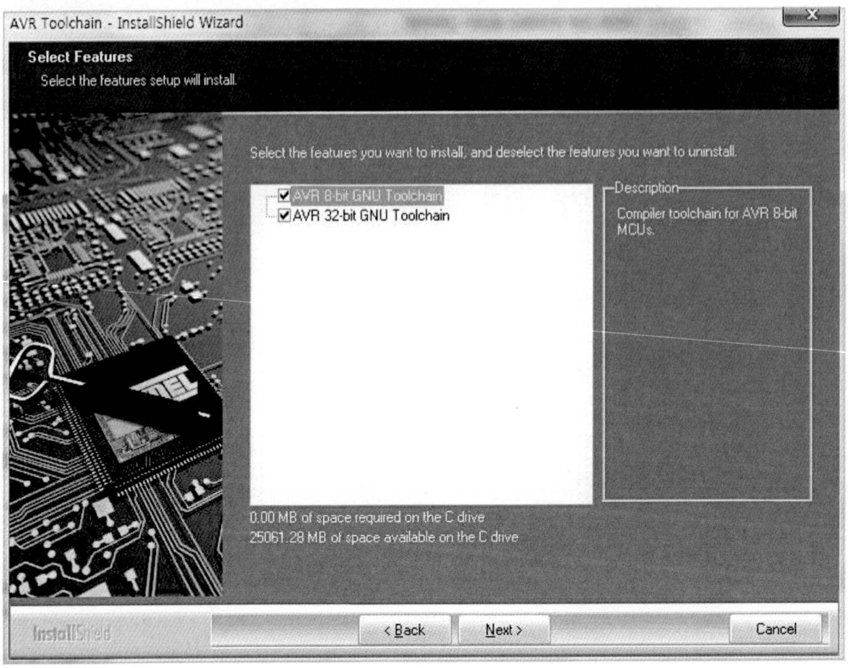

- 설치 완료 후 Finish.

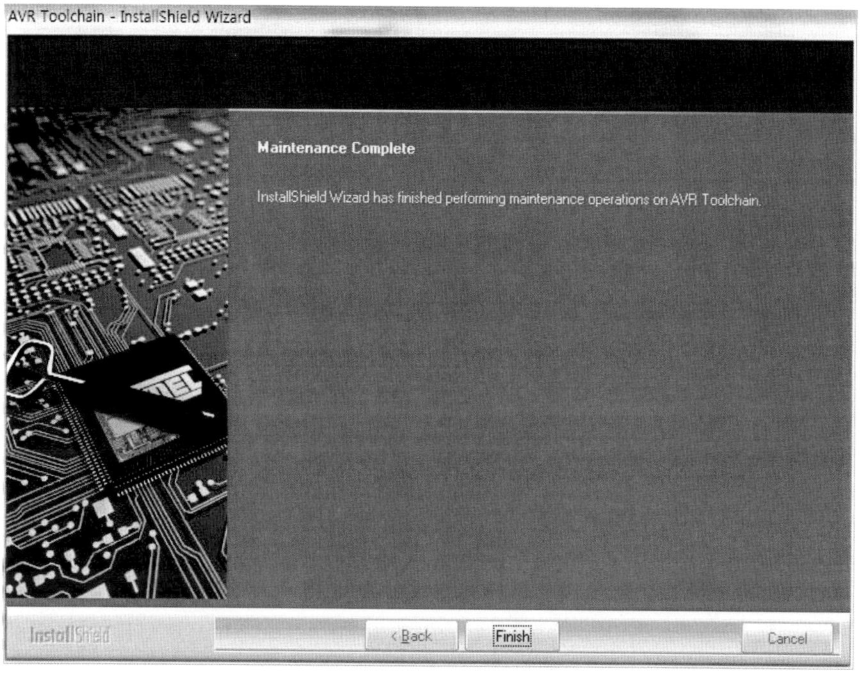

❸ WINAVR

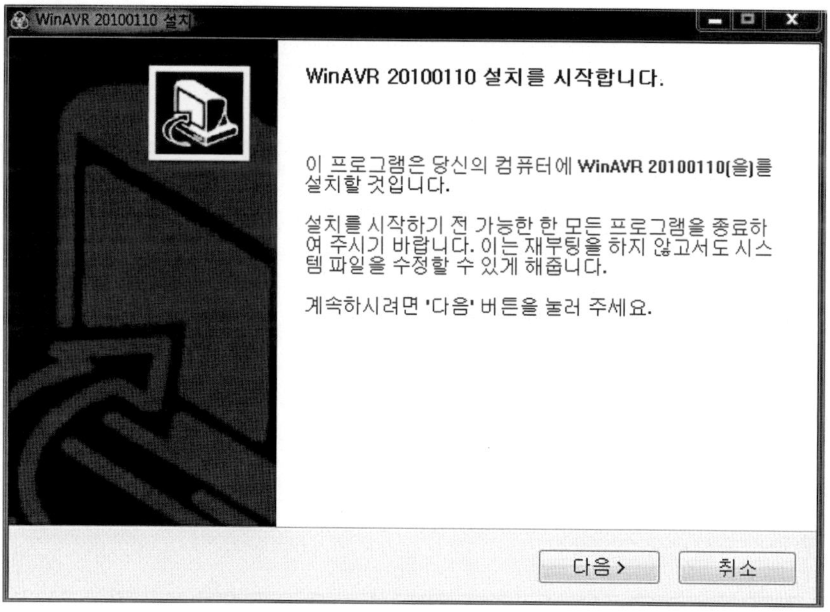

- 설치 폴더 설정

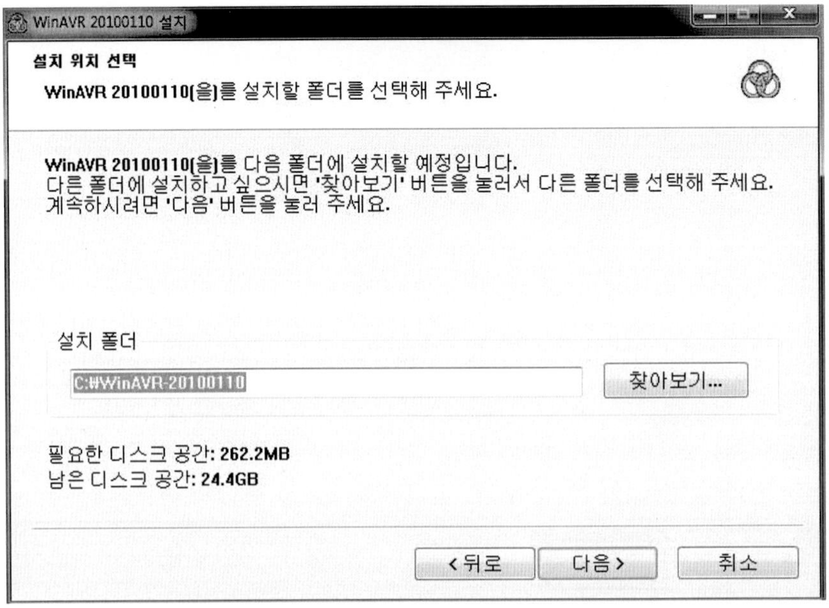

- 모두 체크 후 설치 시작

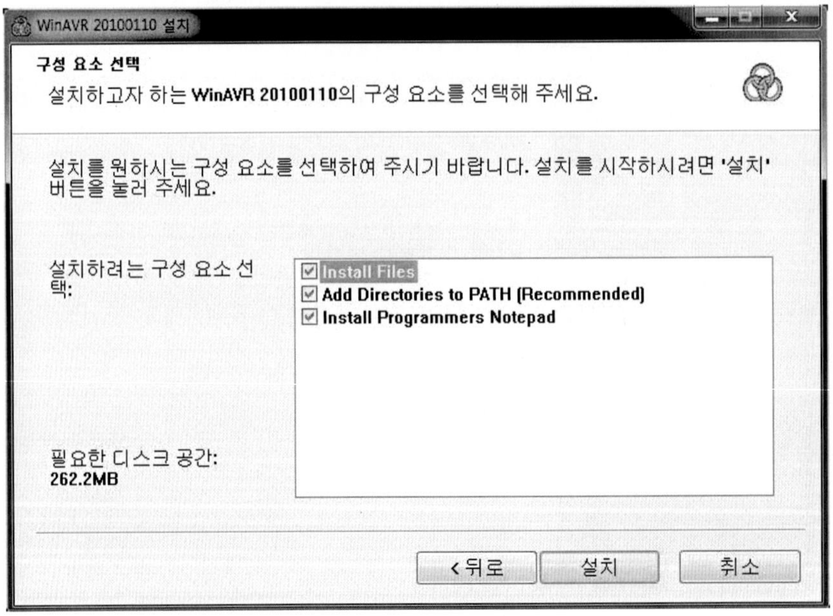

4.2 I/O 포트

4.2.1 I/O 포트 개요

그림 3.2.8에서 보듯이 ATmega128에는 포트 A에서 포트 F까지 각 8비트인 6개의 입출력 포트(I/O Port)가 있다. 따라서 최대 48개 비트의 디지털입출력 신호를 주고받을 수 있다. 그러나 입출력 포트로 사용될 수 있는 모든 핀들이 다른 기능으로 사용될 수 도 있으므로 실제 사용할 수 있는 입출력 포트의 숫자는 이 보다 적은 경우가 대부분이다. (예를 들어 외부메모리를 사용하는 경우 앞 절에서 설명한 바와 같이 PA와 PC 포트는 어드레스와 데이터 선으로 사용이 되므로 입출력 포트로 활용될 수 없다). Atmega128이 제공하는 I/O Port는 입력 또는 출력으로 선택해서 사용할 수 있고 출력의 경우에도 그 상태를 읽어 들일 수 있다. I/O port의 사용은 A에서 F까지 각각의 포트에 할당된 PORT 레지스터, DDR 레지스터, PIN 레지스터의 세 가지 레지스터 통해서 이루어진다. DDR레지스터의 각 비트들은 '0'일 때 해당하는 포트 핀을 입력으로 '1'일 때 해당하는 포트 핀을 출력으로 설정한다. DDR레지스터에 의해서 어떤 포트 핀이 출력으로 설정되었다면 해당하는 PORT 레지스터 비트의 값에 따라서 출력 값이 결정되고 PIN 레지스터를 통해서 출력 값을 확인 할 수 있다. 포트 핀이 입력으로 설정되었다면 PIN레지스터를 통해서 핀의 입력값을 읽어 들일 수 있다. 그림 4.2.1에 병렬 I/O 포트의 동작방식을 나타내었다.

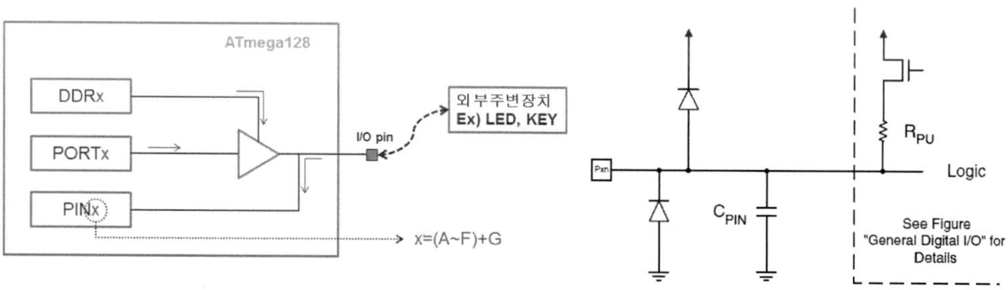

그림 4.2.1 병렬 I/O 포트의 동작방식

Port 별로 레지스터의 구성은 동일하므로 PORT E에 관련된 레지스터만을 예를 들어 상세히 살펴보면 다음과 같다.

① Direction Register 구성

Port E Data Direction Register – DDRE

Bit	7	6	5	4	3	2	1	0	
	DDE7	DDE6	DDE5	DDE4	DDE3	DDE2	DDE1	DDE0	DDRE
Read/Write	R/W	R/W	R/W	R/W	R/W	R/W	R/W	R/W	
Initial Value	0	0	0	0	0	0	0	0	

- 데이터의 입출력 방향 설정

비트 7:0 – DDRx7:0(포트 데이터 출력)

각 비트에 '0'을 쓰면 핀은 포트 방향을 입력으로 설정

각 비트에 '1'을 쓰면 핀은 포트 방향을 출력으로 설정

- ex1) DDRE = 0xff;
- ex2) DDRE = led;
- ex3) DDRE = oxf0; // 포트E[7:4]의 방향 출력, 포트E[3:0] 방향 입력

포트 A~F도 이와 동일한 구조, 포트 G는 [4:0]만 존재

② Data Register 구성

Port E Data Register – PORTE

Bit	7	6	5	4	3	2	1	0	
	PORTE7	PORTE6	PORTE5	PORTE4	PORTE3	PORTE2	PORTE1	PORTE0	PORTE
Read/Write	R/W	R/W	R/W	R/W	R/W	R/W	R/W	R/W	
Initial Value	0	0	0	0	0	0	0	0	

- DDRx 포트에서 출력으로 설정되어 있는 핀의 데이터를 출력하는 레지스트

비트 7:0 – PORTx7:0(포트 데이터 출력)

각 비트에 '0'을 쓰면 핀에서는 LOW가 출력

각 비트에 '1'을 쓰면 핀에서는 High가 출력

- ex1) PORTE = 0xff; // 포트E[7:0]
- ex2) PORTE = 0x00;
- ex3) PORTE = oxf0; // 포트E[7:4] High를 출력, 포트E[3:0] Low를 출력

포트 A~F도 이와 동일한 구조, 포트 G는 [4:0]만 존재

③ Input Pin Register 구성

Port E Input Pins Address – PINE

Bit	7	6	5	4	3	2	1	0	
	PINE7	PINE6	PINE5	PINE4	PINE3	PINE2	PINE1	PINE0	PINE
Read/Write	R/W	R/W	R/W	R/W	R/W	R/W	R/W	R/W	
Initial Value	N/A	N/A	N/A	N/A	N/A	N/A	N/A	N/A	

- DDRx 포트에서 입력으로 설정되어 있는 핀의 데이터를 입력하는 레지스트
  비트 7:0 – PINx7:0(포트 데이터 입력)
  - ex1) key = PINE;
  - ex2) PORTC = PINE;
  - ex3) key = PINE & 0xf0;

  포트 A~F도 이와 동일한 구조, 포트 G는 [4:0]만 존재

④ MCU Control Register의 PORT 입출력 관련 비트

MCU Control Register – MCUCR

Bit	7	6	5	4	3	2	1	0	
	JTD	–	–	PUD	–	–	IVSEL	IVCE	MCUCR
Read/Write	R/W	R	R	R/W	R	R	R/W	R/W	
Initial Value	0	0	0	0	0	0	0	0	

비트4-PUD(Pull-up Disable)

- 0 : 내부 풀업저항 사용
- 1 : 내부 풀업저항 금지

표 4.2.1 병렬 I/O 포트 핀의 동작 설정

DDxn	PORTxn	PUD	I/O	풀업저항	비 고
0	0	X	입력	No	3스테이트(하이 임피던스)
0	1	0	입력	Yes	내부에서 풀업
0	1	1	입력	No	3스테이트(하이 임피던스)
1	0	X	출력	No	L출력(sink*)
1	1	X	출력	No	H출력(source*)

* Sink, Source

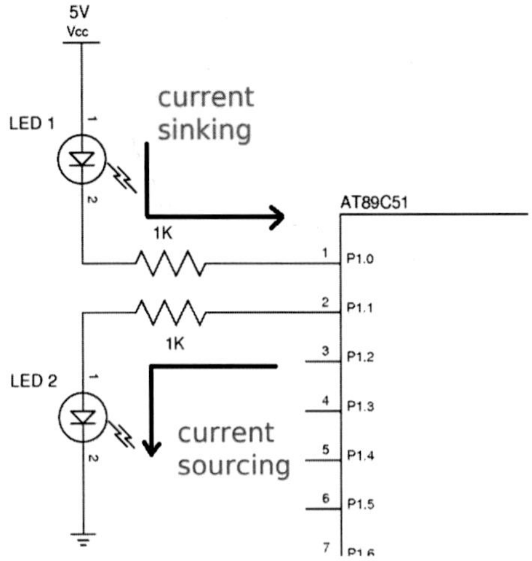

출력이 5V가 되어서 전류가 Chip에서 외부로 나올 때 그 Chip은 Source가 되며, 출력이 0V가 되어 외부로 부터 전류를 받아들일 때 Sink가 된다.

4.2.2 I/O 포트를 이용한 LED제어 실습

LED 제어 회로는 다음 그림과 같다. AVR 보드의 LED는 330Ω 저항을 거쳐서 5V 전원이 연결되어 있다. LED 캐소드는 ATmega128의 특정 포트가 연결된다. AVR 보드의 4개의 LED중에서 LED0~LED2는 ATmega128의 포트와 연결되어 있고 한 개의 LED는 AVR보드의 전원 확인 LED로 사용되고 있다.

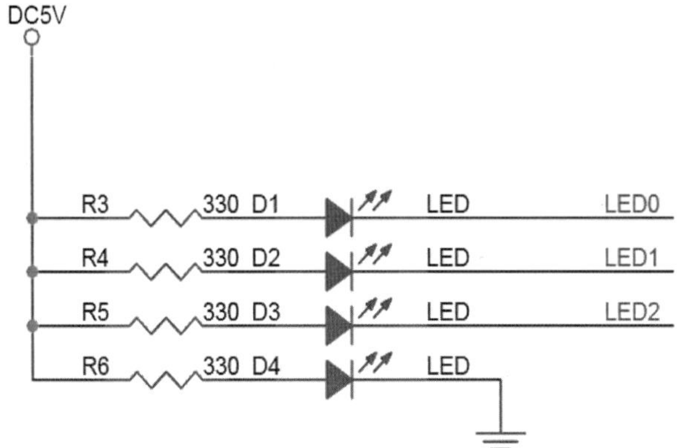

그림 4.2.1 LED 연결 회로

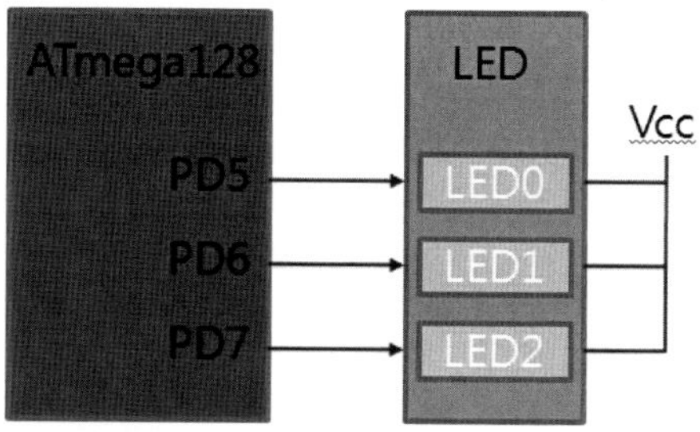

그림 4.2.2 PORT D의 LED 연결 구성

위의 그림은 PORT 제어 LED의 블록다이어그램이다. 3개의 LED는 AVR보드에 위치하고 있으며 PORTD의 5~7까지 3개의 포트와 각 각 연결되어 있다.

① PORT를 이용한 LED 제어 소스

PORT를 이용하여 LED를 제어하는 프로그램은 아래와 같이 소스의 내용이 구성되어 있다.

```
/****************************************
* MPF-Digital MICOM AVR
* MCU : AVR(ATmega128)
* COMPILER : WIN AVR
* FILE NAME : LED1.C
****************************************/

/****************************************
*     < 배선 하기 >
* PB0 ~ PB7 ==> [LED]Y0 ~ Y7
* PA0,PA1 ==> [SWITCH]X0,X1
****************************************/

#define F_CPU 1400000UL
#define DT 500                  //delay time

#include <avr/io.h>
#include <util/delay.h>

unsigned char temp;             // LED ON/OFF 저장 전역변수

//Shift Left
void ShiftL(void)
{
```

```
		if(temp == 0x00)	// 초기값일 경우
		{
			temp = 0x01;
		}
		else
		{
			temp = temp << 1;
			if(temp == 0x00)
			{
				temp = 0x01;
			}
		}
}

//Shift Right
void ShiftR(void)
{
		if(temp == 0x00)	// 초기값일 경우
		{
			temp = 0x80;
		}

		else
		{
			temp = temp >> 1;
			if(temp == 0x00)
			{
				temp = 0x80;
			}
		}
}

int main(void)
{
		DDRA = 0x00;		// 입력사용(X0,X1)
		PINA = 0x00;
		DDRB = 0XFF;		// 출력사용
		temp = 0x01;		// 초기값



		do
		{
			PORTB = ~temp;	//~은 not을 위해 사용

			_delay_ms(DT);		//
```

```
            if(PINA == 0x01)    // X0 ON
            {
                    ShiftL();
            }
            else if(PINA == 0x02)           // X1 ON
            {
                    ShiftR();
            }
            else                            // Swtich OFF
            {
                    PORTB = temp;
            }
    }
    while(1);

    return 0;
}
```

먼저 AVR 내에 미리 선언되어 있는 변수들을 사용하기위해 #include ⟨avr/io.h⟩을 선언해주고 delay 함수를 사용하기 위해 #include ⟨util/delay.h⟩을 선언해준다. 사용하는 함수는 왼쪽과 오른쪽으로 Shift해주기 위한 ShiftL과 ShiftR이다. 단위의 지연을 주기 위한 함수이다. main에는 DDR 레지스터를 설정하는 함수로써 PORTB의 입출력 설정을 한다. main에서는 "DDRB = 0xFF"로 PORTB를 모두 출력으로 설정하였고, "DDRA = 0x00"로 PORTA를 모두 입력으로 설정하였다.

실습예제

: 이번에는 X3과 X4를 입력스위치로 사용해서 자신만의 동작을 구현해 보시오. ex) 불빛이 모두 채워지면서 shift하는 동작.

② PORT 제어 LED 프로그램 다운로드

위에서 작성한 내용을 H-Multi-MCU에서 실습하기 위해서는 작성된 프로그램을 컴파일 하여 다운로드 해야 한다. 프로그램을 작성하여 컴파일과 다운로드의 내용은 LED실습뿐 아니라 ATmega128을 사용하는 모든 장치에서 동일하게 진행되므로 이 장에서 컴파일 및 다운로드의 내용을 익혀두도록 한다.

• AVR Studio를 실행하여 [File]→[Open File...]을 선택하여 port_led.aps 파일을 오픈한다.

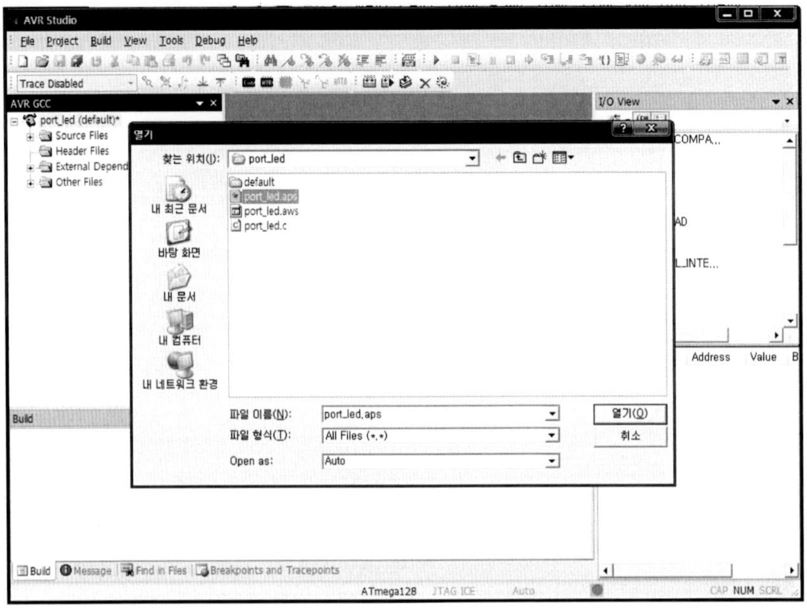

• 작성된 소스를 컴파일 하기 위해서 [Build]→[Build]를 선택하여 작성된 소스를 컴파일 한다.

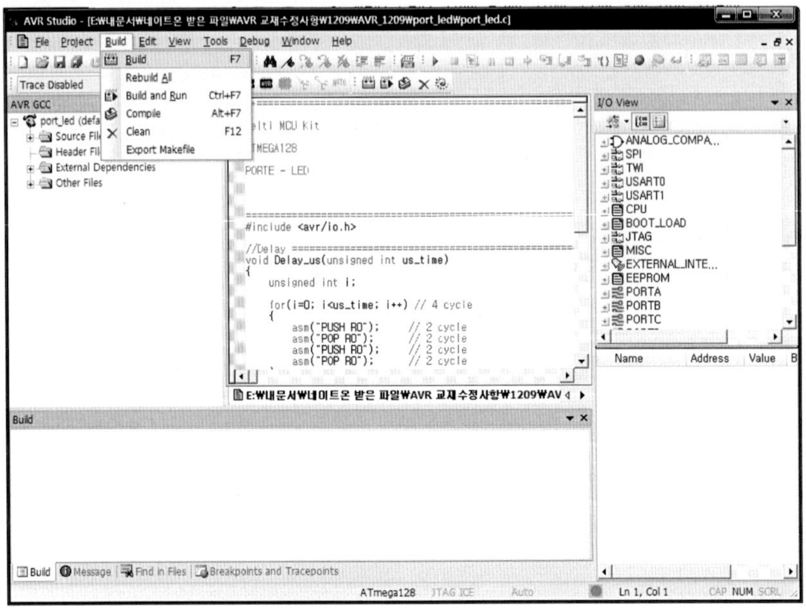

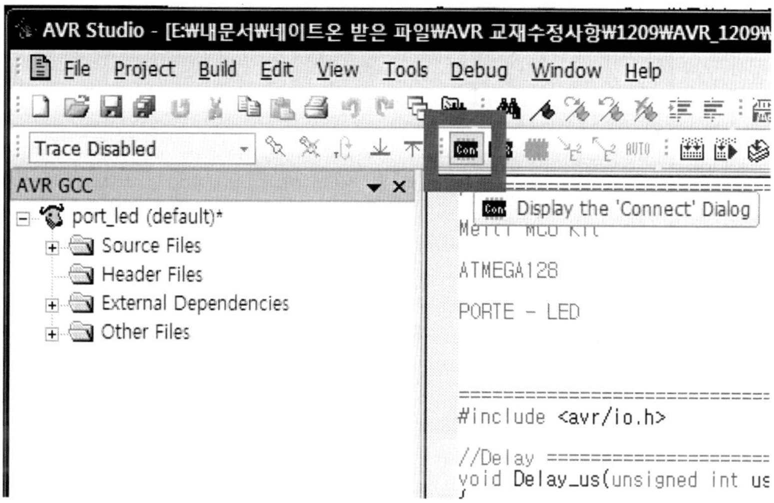

• 다음의 창에서 Platform을 JTAG ICE, Port는 Auto 선택.

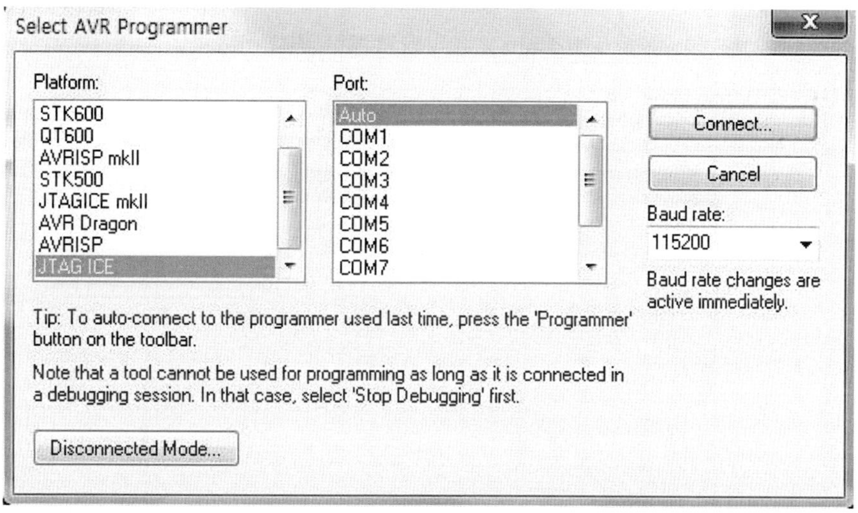

• JTAG가 정상적으로 연결이 확인이 되면 다음과 같은 화면이 나타난다. 여기서 Device와 Pragramming mode, 업로드 할 파일 디렉토리를 확인한다.

업로드 할 hex파일은 port_led\default\port_led.hex 파일이다.

- 업로드 할 hex파일이 정상적으로 설정되어 있으면 Program버튼을 클릭하여 프로그램을 다운로드한다.

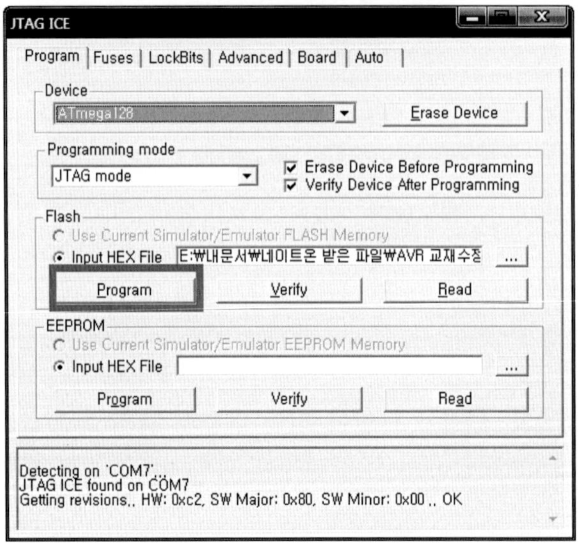

- 프로그램 다운로드가 완료되면 H-Multi-MCU에서 프로그램이 실행되며 X0을 누르면 shift left, X1을 누르면 shift right가 되는 것을 알 수 있다.

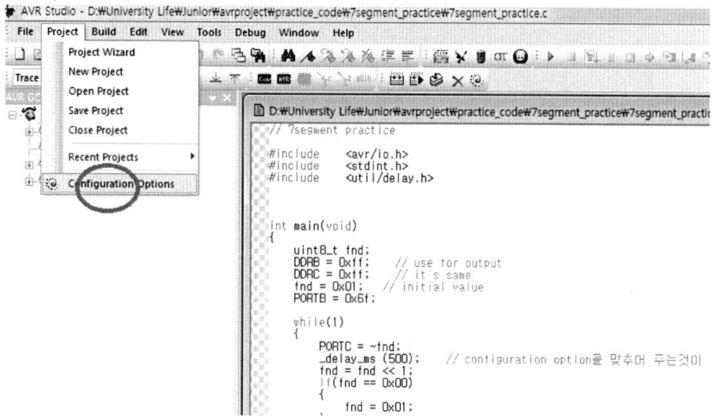

- 이 때 한 가지 주의 할 것은 보드별로 고유 주파수가 다르기 때문에 항상 'Program'할 때 마다 그 주파수를 설정해 주어야 한다. Configuration Option에 들어간 뒤, Frequency 부분을 14745600으로 맞춰 주면 된다.

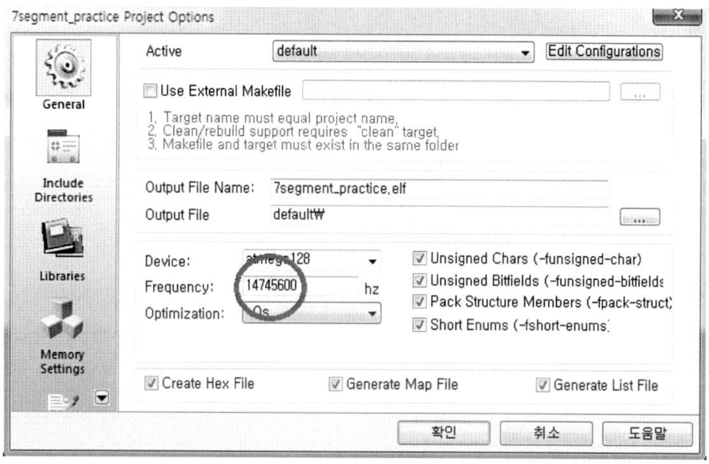

4.3 외부메모리 인터페이스

ATmega128은 기본적으로 4Kbytes의 데이터 메모리를 가지고 있으며, 외부 어드레스/데이터 핀을 이용하여 최대 64 KBytes 까지 확장이 가능하다.

데이터 메모리 주소영역 구조를 살펴보면 총 16 bit의 어드레스 라인을 가지고 있으며, 0x000 ~ 0x001F 영역까지 3.2절에서 설명한 32개의 레지스터가 위치하고 있다. 0x0020 ~ 0x005F 영역은 64개의 I/O 관련 레지스터가 위치하고, 이어서 0x0060 ~ 0x00FF 영역은 160개의 확장 I/O 관련 레지스터가 위치한다.

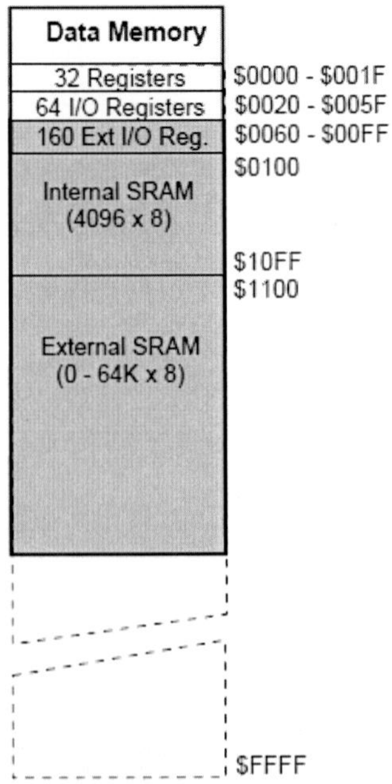

그림 4.3.1 데이터 메모리

0x0100~0x10FF 영역이 사용자가 작성한 프로그램에서 사용가능한 내부 데이터 메모리 영역이다. 4 Kbyte의 용량이 부족하다면 외부에 SRAM을 장착하여 용량을 확장하여야 한다. 이때 최대로 확장 가능한 용량은 64 Kbytes 이며, 주소공간은 0x1100 번지부터 할당된다.

외부에 확장 SRAM을 장착하기 위해선 포트 A, C가 사용된다. 포트 A는 메모리 어드레스 핀의 하위 8 bit를 담당하며, 동시에 데이터 전송을 8 bit 핀으로 활용된다. 따라서 외부에 Latch를 장착하여 ALE (포트 G 2번 비트) 신호에 동기시켜 어드레스 주소를 잡아주어야 한다.

4.3.1 ATmega128 외부메모리 인터페이스 회로

ATmega128에서 외부 인터페이스에 사용되는 신호는 A15~A8, AD7~AD0, ALE, RD, WR 등인데 이들은 MCUCR 레지스터로 설정한다. CPU가 외부 데이터 메모리 영역인 0x1100~0xFFFF 번지를 액세스 하려면 74573소자에 ALE(Address Latch Enable) 신호를 사용하여 그림 4.2.2처럼 분리시켜야 한다.

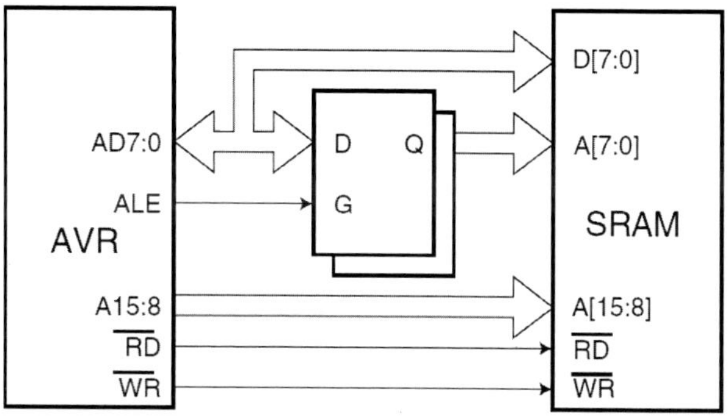

그림 4.3.2 외부 데이터 메모리 인터페이스 구성

4.3.2 외부 인터페이스와 관련된 레지스터 설정

ATmega128에서 외부 데이터 메모리영역은 사용자가 임의로 경계선을 지정하여 사이즈를 설정하는 방법으로 2개의 섹터로 나눌 수 있다. 각각의 섹터에는 독립적으로 웨이트 사이클을 설정 할 수 있다. SRAM은 0 웨이트로, I/O 디바이스들은 적절한 웨이트를 부여할 수 있다.

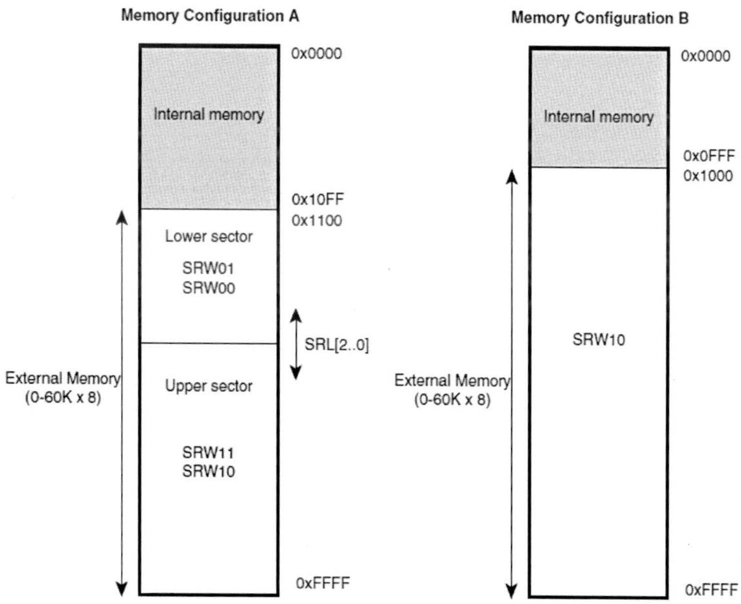

그림 4.3.3 외부메모리 영역 설정

외부 데이터 메모리와 관련된 레지스터는 MCUCR, XMCRA, CMARB 3가지가 있다.

① MCUCR 레지스터

MCUCR 레지스터는 대체로 CPU의 전체적인 시스템기능을 설정하는데 사용되며 이중에서 외부 데이터 메모리 영역의 설정과 관련된 비트는 bit7~6이다.

Bit	7	6	5	4	3	2	1	0	
	SRE	SRW10	SE	SM1	SM0	SM2	IVSEL	IVCE	MCUCR
Read/Write	R/W	R/W	R/W	R/W	R/W	R/W	R/W	R/W	
Initial Value	0	0	0	0	0	0	0	0	

- SRE (External SRAM/XMEM Enable) 비트 : 외부 데이터 메모리 영역의 액세스 신호들을 유효하도록 한다.

- SRW10 (Wait-stat Select Bit) 비트 : 외부 데이터 메모리 영역을 액세스 할 대 부여하는 웨이트 사이클의 수를 지정한다.

② XMCRA 레지스터

XMCRA (External Memory Control Resister A) 레지스터는 메모리 영역을 분할하거나 웨이트 사이클을 설정하는데 사용된다.

Bit	7	6	5	4	3	2	1	0	
	–	SRL2	SRL1	SRL0	SRW01	SRW00	SRW11	–	XMCRA
Read/Write	R	R/W	R/W	R/W	R/W	R/W	R/W	R	
Initial Value	0	0	0	0	0	0	0	0	

- SRL2~0 (Wait-state Sector Limit) 비트 : 아래의 표와 같이 외부 데이터 메모리 영역을 2개의 섹터에 별도로 웨이트 사이클을 설정할 수 있도록 한다.

SRL2	SRL1	SRL0	Sector Limits
0	0	0	Lower sector = N/A Upper sector = 0x1100 - 0xFFFF
0	0	1	Lower sector = 0x1100 - 0x1FFF Upper sector = 0x2000 - 0xFFFF
0	1	0	Lower sector = 0x1100 - 0x3FFF Upper sector = 0x4000 - 0xFFFF
0	1	1	Lower sector = 0x1100 - 0x5FFF Upper sector = 0x6000 - 0xFFFF
1	0	0	Lower sector = 0x1100 - 0x7FFF Upper sector = 0x8000 - 0xFFFF
1	0	1	Lower sector = 0x1100 - 0x9FFF Upper sector = 0xA000 - 0xFFFF
1	1	0	Lower sector = 0x1100 - 0xBFFF Upper sector = 0xC000 - 0xFFFF
1	1	1	Lower sector = 0x1100 - 0xDFFF Upper sector = 0xE000 - 0xFFFF

- SRW11~10 (Wait-state Select Bit for Upper Sector) 비트 : 외부 데이터 메모리의 상위 섹터에 해당하는 사이클을 설정한다.

이 비트들을 사용하여 웨이트 사이클을 설정하는 방법은 아래와 같다.

SRWn1	SRWn0	Wait States
0	0	No wait-states
0	1	Wait one cycle during read/write strobe
1	0	Wait two cycles during read/write strobe
1	1	Wait two cycles during read/write and wait one cycle before driving out new address

③ XMCRB 레지스터

XMCRB (External Memory Control Resister B) 레지스터는 버스 키퍼 기능을 설정하고 외부 데이터 메모리 어드레스 상위 바이트 중에서 어디까지 어드레스 기능으로 사용할 것인지를 설정하는 데 사용된다.

Bit	7	6	5	4	3	2	1	0	
	XMBK	–	–	–	–	XMM2	XMM1	XMM0	XMCRB
Read/Write	R/W	R	R	R	R	R/W	R/W	R/W	
Initial Value	0	0	0	0	0	0	0	0	

- XMBK (External Memory Bus-kepper Enable) 비트 : AD7~AD0 신호가 3-스테이트로 되어야 하는 동안에 이를 이전의 값으로 출력되도록 하는 버스 키퍼 기능을 설정한다.

- XMM2~0 (External Memory High Mask) 비트 : 포트C와 기능을 겸하고 있는 어드레스 버스의 상위 바이트가 어느 부분까지 어드레스 버스 신호로 사용될 지를 설정하는 기능을 수행한다. 이를 이용하여 A15~A8의 일부분만을 어드레스 버스로 사용할 수 있으며, 그 나머지 비트들은 포트C의 기능으로 사용된다.

XMM2	XMM1	XMM0	# Bits for External Memory Address	Released Port Pins
0	0	0	8 (Full 60 KB space)	None
0	0	1	7	PC7
0	1	0	6	PC7 - PC6
0	1	1	5	PC7 - PC5
1	0	0	4	PC7 - PC4
1	0	1	3	PC7 - PC3
1	1	0	2	PC7 - PC2
1	1	1	No Address high bits	Full Port C

4.3.3 외부메모리 사용 예

① 외부메모리에 LED 래치 연결

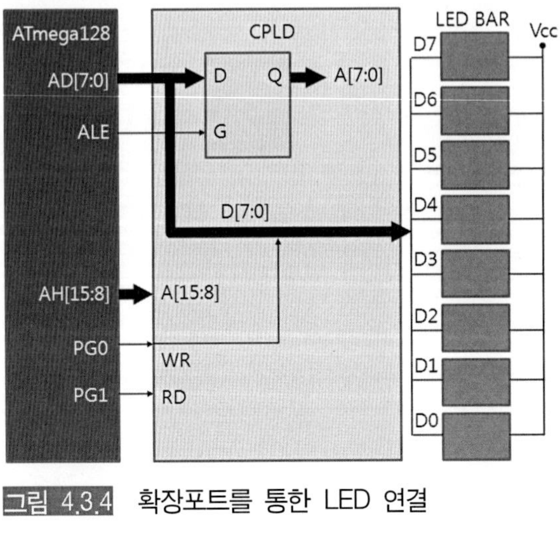

그림 4.3.4 확장포트를 통한 LED 연결

위의 그림은 LED BAR의 블록 다이어그램이다. LED BAR는 ATmega128 → CPLD → LED로 데이터가 전송되어 동작을 하며 ATmega128에서 데이터 버스를 통해 나온 AD[7:0]은 ALE 신호에 의하여 어드레스의 A[7:0]과 D[7:0]으로 분리되어 RW 신호에 의하여 D[7:0] 값이 래치를 통해서 LED로 출력되어 LED BAR를 제어하게 된다. LED BAR의 래치 어드레스는 0x2000이다. 따라서 ATmega128 CPU에서 데이터메모리 0x2000 번지에 쓰는 데이터 값이 LED BAR에 표시되게 된다.

② 외부메모리 접근을 위한 프로그램

앞 절에서 설명한 바와 같이 외부메모리로 연결된 LED 바를 제어하는 프로그램은 아래와 같다.

```
#include <avr/io.h>

#define LED_ADDR   (*(volatile unsigned char *)(0x2000)) // LED VAR digit select
#define DELAY                        15

//Delay ══════════════════════════════
void us_delay(unsigned int us_time)
{
        unsigned int i;

        for(i=0; i<us_time; i++) // 4 cycle
        {
                asm("PUSH R0");      // 2 cycle
                asm("POP R0");               // 2 cycle
                asm("PUSH R0");      // 2 cycle
                asm("POP R0");               // 2 cycle
        }
}
void ms_delay(unsigned int ms_time)
{
    unsigned int i;

    for(i=0; i<ms_time;i++)
        us_delay(1000);
}


//Main ══════════════════════════
int main(void)
{
```

```
	int i=0;
	char led=0x00;

	MCUCR = 0x80;		// enable external memory and I/O
	XMCRA = 0x44;		// 0x1100-0x7FFF=1 wait, 0x8000-0xFFFF=0 wait
	XMCRB = 0x80;		// enable bus keeper, use PC0-PC7 as address

	while(1)
    {
		for(i=0;i<8;i++)
		{
			led = (1<<i);
			LED_ADDR = ~led;
			ms_delay(DELAY); //ms단위의 딜레이함수
		}

		for(i=7;i>=0;i--)
		{
			led = (1<<i);
			LED_ADDR = ~led;
			ms_delay(DELAY); //ms단위의 딜레이함수
		}
    }
}
```

확장버스를 사용하여 LED를 제어하기 때문에 사용된 ATmega128 레지스터는 MCUCR, XMCRA, XMCRB가 사용된다. 이는 위에서 설명한 내용과 같이 외부 인터페이스를 통해서 메모리 영역과 시스템 기능을 설정하는 레지스터이다. 0x2000 번지에 위치한 LED BAR의 래치에 데이터를 써 넣기 위해서 다음과 같이 변수선언을 하고 있음을 볼 수 있다.

```
#define LED_ADDR		(*(volatile unsigned char *)(0x2000))
```

여기서 사용된 volatile이라는 용어는 하드웨어에 관련된 변수를 선언할 때 많이 사용되는데 c-컴파일 과정에서 이 변수에 대한 최적화를 수행하지 말라는 의미이다. 즉 프로그램 상에서

```
LED_ADDR = 0x80;
LED_ADDR = 0x70;
```

이라고 되어 있을 때 volatile이라고 선언되어 있지 않다면 컴파일시에 LED_ADDR = 0x80라인은 무시되고 실행파일에 포함되지 않게 된다. 반면 volatile이라고 선언되어 있다면 비록 논리적으로는 의미 없는 LED_ADDR = 0x80; 도 무시되지 않고 실행파일에 포함되게 된다. 주변장치를 사용하는 경우에 논리적 의미는 없지만 특정번지에 일련의 값을 써주는 것이 주변장치의 하드웨어 동작에 필수적일 수가 있으므로 컴파일시의 최적화 과정을 통해서 원하지 않게 필요한 작업이 삭제되는 일이 없도록 volatile로 선언을 해주게 된다.

또한 While문 내에는 LED를 1비트씩 시프트하여 ON/OFF하는 것을 볼 수 있다.

4.4 AVR 타이머/카운터

4.4.1 ATmega128 타이머/카운터 개요

ATmega128의 타이머/카운터는 동기 8비트 타이머/카운터와 비동기 8비트 타이머/카운터가 각각 1개씩 있으며 16비트 동기 타이머/카운터가 2개가 있다. ATmega128 타이머/카운터의 보다 상세한 특징은 다음과 같다.

① 8비트 동기 타이머/카운터 0 (8-bit Synchronous Timer/Counter-0)

- 10비트 프리 스케일러 내장
- 외부 이벤트 카운터
- 출력 비교 혹은 8비트 PWM 출력

② 8비트 비동기 타이머/카운터 2 (8-bit Asynchronous Timer/Counter-2)

- 10비트 프리 스케일러 내장
- 외부 이벤트 카운터
- 출력 비교 혹은 8비트 PWM 출력

• RTC 동작을 위한 32kHz 오실레이터

③ **16 비트 동기 타이머/카운터** 1, 3 (dual 16-bit synchronous timer/counter-1, 3)

• 10비트 프리 스케일러 내장
• 잡음제거기를 가진 입력 캡처
• 3 출력 비교기 혹은 16비트 PWM 출력
• 출력 비교 변조(output compare modulation)

이상의 특징을 가진 ATmaga128 타이머/카운터 구성은 다음 그림과 같다.

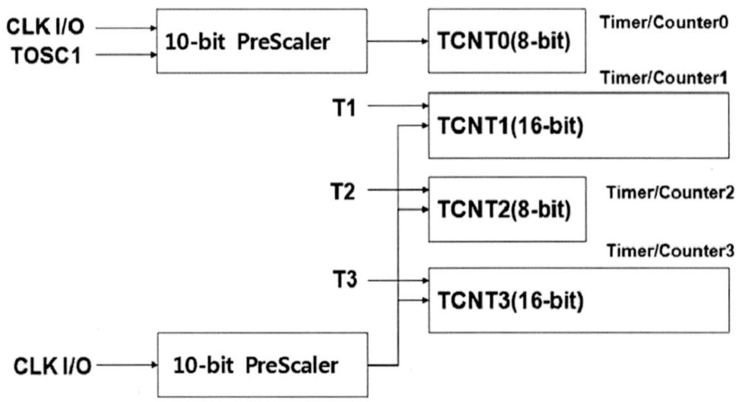

그림 4.3.1 ATmega128의 타이머/카운터 구성

4개의 타이머/카운터 기능에 대하여 정리하면 다음의 표와 같다.

표 4.4.1 ATmega128 타이머/카운터 구성표

기능 / 종류	TCNT 레지스터	타이머 기능	카운터 기능	비교기 기능	캡처 기능	파형 발생 기능
타이머/카운터 0	8	○	X	○	X	○
타이머/카운터 1	16	○	○	○	○	○
타이머/카운터 2	8	○	○	○	X	○
타이머/카운터 3	16	○	○	○	○	○

타이머/카운터에 대한 설명을 이해하기 위해서 필요한 몇 가지 용어에 대한 설명을 덧 붙이면 다음과 같다.

- 클럭(clock) : 일정한 주기의 연속적 펄스를 포함하는 신호로서 단위는 Hz

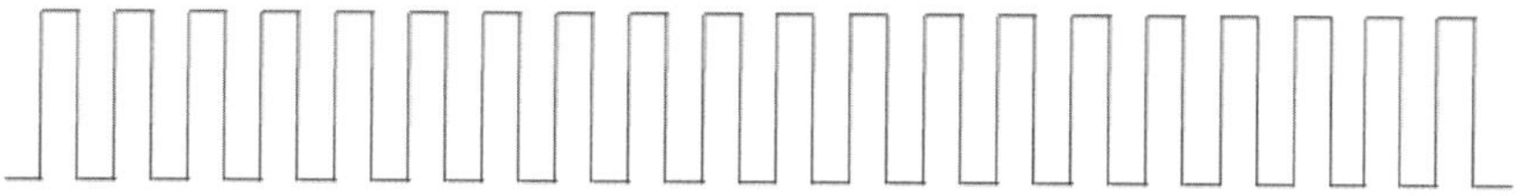

그림 4.4.2 클럭파형

- 발진기(Oscillator) : 전원이 공급되면 일정주기의 클럭을 발생시키는 부품

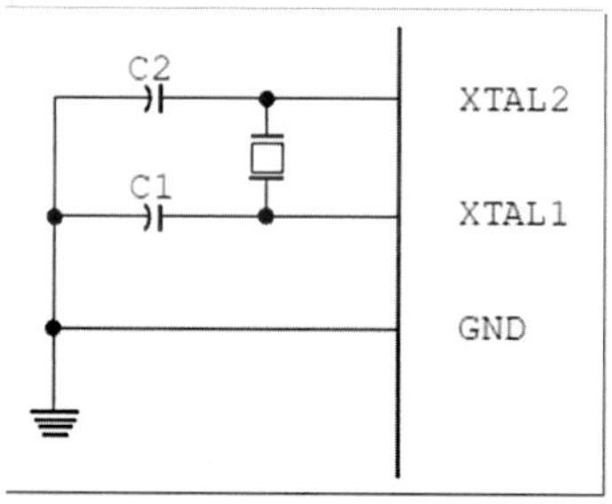

그림 4.4.3 오실레이터 회로

- 타이머 : 알고 있는 일정 주기의 클럭을 계수함으로써 시간을 측정
- 카운터 : 주기를 알 수 없는 펄스가 발생 횟수를 계수
- 프리 스케일러(Prescaler) : 입력 클럭의 주기보다 일정배수 큰 주기의 클럭을 만들어 주는 장치

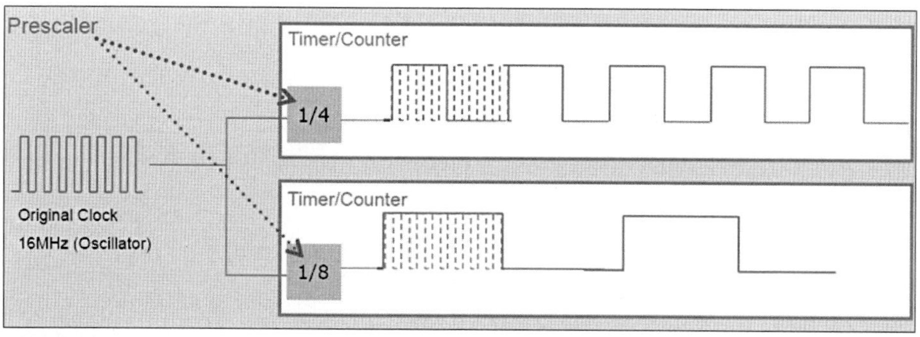

그림 4.4.3 Prescaler의 동작

4.4.2 8비트 타이머/카운터 0

타이머/카운터 0은 비동기 동작 모드를 가지는 8비트 업/다운 카운터로서 프리스케일러를 통하여 내부 클럭 소스로 받아서 동작하는 타이머 기능과 프리스케일러를 통하여 외부 클럭을 소스로 받아 동작하는 카운터 기능이 있다. 8비트 타이머/카운터 0의 주요 특징은 다음과 같다.

- 단일 채널 카운터
- 자동 재적재(auto reload): 비교기와 일치하면 타이머를 지움(clear)
- 글리치가 없는 위상 보상 펄스폭 변조기(PWM, pulse width modulator)
- 주파수 발생기
- 10 비트 클럭 프리 스케일러
- 외부 이벤트 카운터
- 오버플로우와 비교 일치 인터럽트 소스(TOV0와 OCF0)
- I/O 클럭에 대하여 독립적인 외부 32kHz 시계 크리스털로부터 계수 가능

8 비트 타이머/카운터의 간소화한 블록 다이어그램은 그림 4.4.4와 같다. I/O 비트와 I/O 핀을 포함하는 CPU에서 접근 가능한 I/O 레지스터는 굵은 글씨로 표시되어 있다.

타이머/카운터 0(TCNT0)와 출력 비교 레지스터(OCR0)는 8비트 레지스터이다. 인터럽트 요청 신호는 타이머 인터럽트 플래그 레지스터(TIFR)를 통하여 확인할 수 있다. 모든 인터럽트는 타이머 인터럽트 마스크 레지스터(TIMSK)에 의하여 독립적으로 인터럽트 조정이 가능하다.

타이머/카운터는 내부 클럭과 프리 스케일러 혹은 TOSC1/2 핀의 비동기 클럭에 의하여 동작한다. 비동기 동작은 비동기 상태 레지스터(ASSR, Asynchronous Status Register)에 의하여 조정된다.

클럭 선택 로직 블록은 타이머/카운터를 증가 혹은 감소시키는 클럭 소스를 선택한다. 클럭 소스가 선택되지 않으면 타이머/카운터는 동작하지 않는다. 클럭 선택 로직의 출력은 clkT0로 표시되어 있다.

이중 버퍼로 된 출력 비교 레지스터(OCR0)는 타이머/카운터와 매번 비교한다. 비교 결과는 OC0 핀으로 PWM 혹은 가변 주파수 출력 신호를 발생하는 파형 발생기가 이용한다.

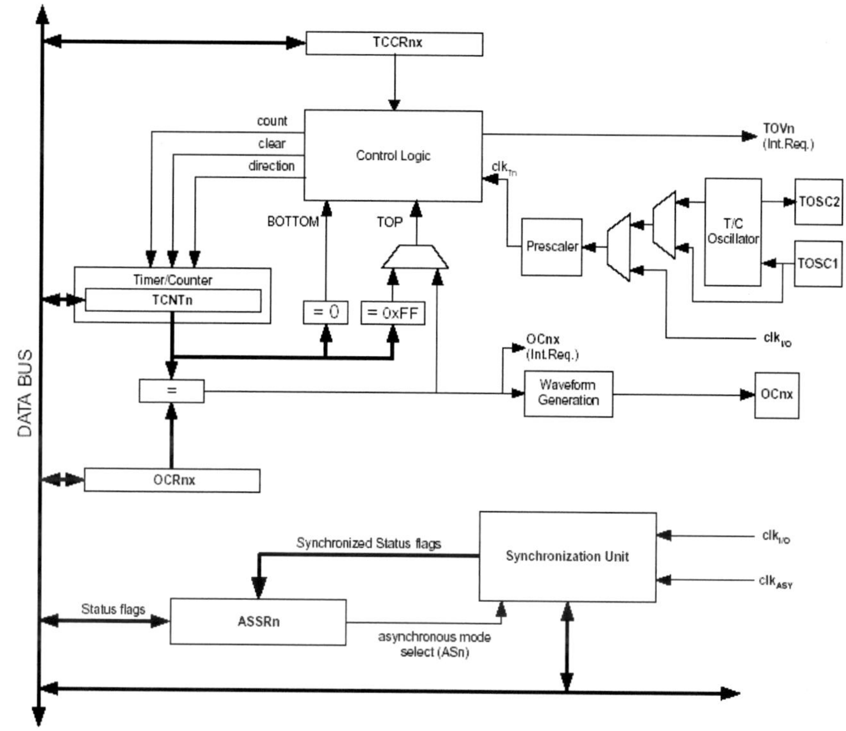

그림 4.4.4 타이머/카운터 0의 구성

표 4.4.2 타이머/카운터 0 관련 레지스터

레지스터 이름	기능	전원 투입시 초기값
TCCR0	제어 레지스터	0000 0000
TCNT0	카운터 레지스터	0000 0000
OCR0	출력 비교 레지스터	0000 0000
TIFR	플래그 레지스터	0000 0000
TIMSK	인터럽트 허용 레지스터	0000 0000
ASSR	비동기 상태 레지스터	0000 0000

표 4.4.3 타이머/카운터 0 관련 레지스터의 비트 구성

이름	비트 7	비트 6	비트 5	비트 4	비트 3	비트 2	비트 1	비트 0
TCCR0	**FOC0**	**WGM00**	**COM01**	**COM00**	**WGM01**	**CS02**	**CS01**	**CS00**
TCNT0								
OCR0								
TIFR	**OCF2**	**TOV2**	**ICF1**	**OCF1A**	**OCF1B**	**TOV1**	**OCF0**	**TOV0**
TIMSK	**OCIE2**	**TOIE2**	**TICIE1**	**OCIE1A**	**OCIE1B**	**TOIE1**	**OCIE0**	**TOIE0**
ASSR	-	-	-	-	**AS0**	**TCN0UB**	**OCR0UB**	**TCR0UB**

1) 타이머/카운터 제어 레지스터(TCCR0, Timer/Counter Control Register)

이름	비트 7	비트 6	비트 5	비트 4	비트 3	비트 2	비트 1
TCCR0	FOC0	WGM00	COM01	COM00	WGM01	CS02	CS01
리셋값	0	0	0	0	0	0	0
Read/Write	W	R/W	R/W	R/W	R/W	R/W	R/W

① 비트 7 (FOC0, Force Output Compare)

FOC0 비트는 WGM00 비트가 PWM 모드를 지정하지 않았을 때만 활성화된다. 그런데, 나중에 나올 상위 버전의 프로세서와 호환을 보장하기 위하여 이 비트는 PWM 모드로 동작하고 TCCR0A가 기록될 때 "0"으로 설정되어야 한다.

FOC0 비트가 "1"를 기록될 때는 즉시 비교 일치 명령이 파형 발생기에 강제로 신호를 보낸다. OC0 출력은 COM0[1:0] 비트의 설정에 따라서 바뀐다. FOC0 비트는 스트로브로써 구현된다. 그렇기 때문에 강제 비교 효과를 결정하는 것은 COM0[1:0]에 나타나는 값이다.

FOC0 스트로브는 인터럽트를 발생하지 않고 최고값(Top)으로써 OCR0를 사용하는 CTC 모드에서 타이머를 지우지도 않는다. FOC0 비트는 읽는 비트가 아니지만 읽는다면 항상 "0"이 읽힌다.

② 비트 6, 3 (WGM0[1:0], Waveform Generation Mode)

WGM0[1:0] 비트는 카운터의 계수 순서를 제어하고, 최대(TOP) 카운터 값을 위한 소스와 어떤 종류의 파형 발생기를 사용할 것인지를 결정한다. 다음의 표와 같이 타이머/카운터에 의하여 지원되는 동작 모드는 정상모드, CTC(Clear Timer on

Compare match) 모드, 그리고 두 가지의 PWM 모드이다.

모드	WGM01 (CTC0)	WGM00 (PWM0)	타이머/카운터 동작 모드	최고값	OCR0 갱신 시점	TOV0 플래그 "1" 설정 시점
0	0	0	정상	0xFF	즉시	최대값(Max)
1	0	1	PWM, 위상보상	0xFF	최고값(TOP)	최저값(Bottom)
2	1	0	CTC	OCR0A	즉시	최대값(Max)
3	1	1	고속 PWM	0xFF	최고값(TOP)	최대값(Max)

③ 비트 5, 4 (COM0[1:0], Compare Match Output Mode)

COM0[1:0] 비트는 출력 비교 핀(OC0, Output Compare)의 신호를 제어한다. COM0[1:0]의 하나 혹은 두 비트를 "1"로 설정한다면, OC0 출력은 연결된 I/O 핀의 정상적인 포트 기능을 대신한다. 그러나, OC0 핀에 대응하는 데이터 방향 레지스터(DDR, Data Direction Register) 비트는 출력 드라이브를 활성화하기 위하여 "1"로 설정되어야만 한다.

OC0가 특정 핀으로 연결되었을 때, COM0[1:0]의 기능은 WGM0[1:0] 비트의 설정에 따라서 결정된다. 다음 표는 WGM0[1:0] 비트가 정상 혹은 CTC (non-PWM) 모드를 선택하였을 경우이다.

COM01	COM00	동작(Description)
0	0	정상 포트 동작, OC0 연결되어 있지 않음
0	1	비교 일치시 토글 OC0
1	0	비교 일치시 OC0 "0" 으로 지움(clear)
1	1	비교 일치시 OC0 "1" 설정(set)

다음 표는 WGM0[1:0] 비트가 고속 PWM 모드를 선택하였을 경우이다.

COM01	COM00	동작(Description)
0	0	정상 포트 동작, OC0 연결되어 있지 않음
0	1	예약
1	0	비교 일치시 OC0 "0" 으로 지움(clear) 최고값(TOP)에서 OC0 "1" 로 설정(set)
1	1	비교 일치시 OC0 "1" 설정(set) 최고값(TOP)에서 OC0 "0" 으로 지움(clear)

다음 표는 WGM0[1:0] 비트가 정상 혹은 위상 보정 PWM 모드를 선택하였을 경우 COM0[1:0] 비트의 기능을 나타내고 있다.

COM01	COM00	동작(Description)
0	0	정상 포트 동작, OC0 연결되어 있지 않음
0	1	예약
1	0	업 카운팅할 때 비교 일치시 OC0 "0"으로 지움(clear) 다운 카운팅할 때 비교 일치시 OC0 "1"로 설정(set)
1	1	업 카운팅할 때 비교 일치시 OC0 "1" 설정(set) 다운 카운팅할 때 비교 일치시 OC0 "0"으로 지움(clear)

④ **비트 [2:0] (CS0[2:0], Clock Select)**

3개의 클럭 선택 비트는 타이머/카운터에서 사용되는 클럭 소스를 선택한다.

타이머/카운터 0에 대하여 외부 핀 모드가 사용되어진다면, 핀들이 출력으로 설정되어 있다하더라도 T0 핀은 카운터의 클럭으로 동작한다. 이러한 특징은 계수의 소프트웨어 제어가 가능하도록 한다.

CS02	CS01	CS00	동작(Description)
0	0	0	클럭 소스 없음(타이머/카운터 멈춤(stop))
0	0	1	clkI/O (프리 스케일링(prescaling) 없음)
0	1	0	clkI/O/8(프리 스케일링(prescaling))
0	1	1	clkI/O/32(프리 스케일링(prescaling))
1	0	0	clkI/O/64(프리 스케일링(pre scaling))
1	0	1	clkI/O/128(프리 스케일링(pre scaling))
1	1	0	clkI/O/256(프리 스케일링(pre scaling))
1	1	1	clkI/O/1024(프리 스케일링(pre scaling))

2) 타이머/카운터 레지스터 (Timer/Counter Register)

타이머/카운터 레지스터는 2진 업-다운(up-down) 카운터로써 읽기/쓰기 동작을 통하여 직접 접근이 가능하다. 카운터가 동작하고 있는 동안에 카운터(TCNT0) 값을 수정하는 것은 TCNT0와 OCR0 사이의 비교 일치를 하지 못할 위험이 있다.

주소	이름	비트 7	비트 6	비트 5	비트 4	비트 3	비트 2	비트 1	비트 0
$32	TCNT0	TCNT0[7:0]							
리셋값		0	0	0	0	0	0	0	0
Read/Write		R/W	R/W	R/W	R/W	R/W	R/W	R/W	R/W

3) 출력 비교 레지스터 (OCR0A, Output Compare Register)

TCNT0 값과 비교할 8 비트 값을 저장하고 TCNT0과 일치하면 출력 비교 인터럽트를 발생하거나 OC0A 핀으로 파형생성기를 거쳐서 특정한 파형을 출력한다.

주소	이름	비트 7	비트 6	비트 5	비트 4	비트 3	비트 2	비트 1	비트 0
$31	OCR0	OCR0[7:0]							
리셋값		0	0	0	0	0	0	0	0
Read/Write		R/W	R/W	R/W	R/W	R/W	R/W	R/W	R/W

4) 타이머 / 카운터 인터럽트 플래그 레지스터

(TIFR, Timer/Counter0 Interrupt Flag Register)

주소	이름	비트 7	비트 6	비트 5	비트 4	비트 3	비트 2	비트 1	비트 0
	TIFR	-							
리셋값		0	0	0	0	0	0	0	0
Read/Write		R	R	R	R	R	R	R/W	R/W

① 비트 1 (OCF0, Output Compare Flag 0 A)

타이머/카운터 0와 OCR0(Output Compare Register 0)에 있는 데이터가 비교 일치하였을 때 OCF0 비트는 "1"로 설정된다(set). OCF0는 대응하는 인터럽트 처리 벡터를 실행하고 있을 때 하드웨어에 의하여 "0"으로 지워진다(clear). OCF0는 플래그에 논리값 "1"을 기록함으로써 지워진다(clear). SREG에 있는 I 비트, OCIE0(Timer/Counter0 Compare match Interrupt Enable), 그리고 OCF0 레지스터가 "1"로 설정될 때, 타이머/카운터 0 비교 일치 인터럽트가 실행된다.

② **비트 0(TOV0, Timer/Counter0 Overflow Flag)**

타이머/카운터 0에 오버플로우가 발생하였을 때, TOV0 비트가 "1"로 설정된다. 대응하는 인터럽트 처리 벡터가 실행되고 있을 때는 하드웨어에 의하여 TOV0는 "0"으로 지워진다. 논리 "1"을 플래그에 기록함으로써 TOV0는 지워진다. SREG에 있는 I 비트, TOIE0(Timer/Counter0 Overflow Interrupt Enable) 그리고, TOV0가 "1"이 되었을 때, 타이머/카운터0 오버플로우 인터럽트가 실행된다. 위상 보상 PWM 모드에서는 타이머/카운터 0가 0x00에서 계수 방향이 변경될 때 "1"로 설정된다.

5) 타이머 / 카운터 인터럽트 마스크 레지스터

(TIMSK, Timer/Counter0 Interrupt Mask Register)

주소	이름	비트 7	비트 6	비트 5	비트 4	비트 3	비트 2	비트 1	비트 0
$	TIMSK					-			
리셋값		0	0	0	0	0	0	0	0
Read/Write		R/W	R/W	R/W	R/W	R/W	R/W	R/W	R/W

① **비트 1 (OCIE0, Timer/Counter0 Output Compare Match Interrupt Enable)**

OCIE0 비트에 "1"이 기록되고 상태 레지스터(SREG)의 I 비트가 "1"로 설정되었을 때, 타이머/카운터0 비교 일치 인터럽트가 가능하다. 타이머/카운터0에서 비교 일치가 발생하면, 즉, 타이머/카운터 0 인터럽트 플래그 레지스터(TIFR0)에서 OCF0 비트가 "1"로 설정 되었을 때 대응하는 인터럽트는 실행된다.

② **비트 0 (TOIE0, Timer/Counter0 Output Overflow Interrupt Enable)**

TOIE0 비트에 "1"이 기록되고 상태 레지스터(SREG)의 I 비트가 "1"로 설정되었을 때, 타이머/카운터 0 오버플로우 인터럽트가 가능하다. 타이머/카운터0에서 오버플로우가 발생하면, 즉, 타이머/카운터 0 인터럽트 플래그 레지스터(TIFR0)에서 TOV0 비트가 "1"로 설정 되었을 때 대응하는 인터럽트는 실행된다.

6) 비동기 상태 레지스터 (ASSR, Asynchronous Status Register)

이름	비트 7	비트 6	비트 5	비트 4	비트 3	비트 2	비트 1	비트 0
ASSR	-	-	-	-	AS0	TCN0UB	OCR0UB	TCR0UB
리셋값	0	0	0	0	0	0	0	0
Read/Write	R	R	R	R	R/W	R	R	R

① 비트 [7:4] ; 예약된 비트

② 비트 3 - 비동기 타이머/카운터 0 (AS0, Asynchronous Timer/Counter0)

AS0에 "0"이 기록되었을 때 타이머/카운터 0는 I/O 클럭 clkI/O에 의하여 클럭이되고 타이머/카운터0 발진기(TOSC)에 연결된 수정 발진기는 실행되지 않는다. AS0에 "1"이 기록되어 있을 때, 타이머/카운터0는 타이머/카운터0 발진기(TOSC1)에 연결된 수정 발진기에 의하여 클럭된다. AS0의 값이 변할 때, TCNT0, OCR0 그리고 TCCR0의 값은 손상될 수 있다.

③ 비트 2 - 타이머/카운터 0 갱신 비지 (TCN0UB, Timer/Counter 0 Update Busy)

타이머/카운터 0가 비동기 동작을 하고 TCNT0가 기록될 때, 이 비트는 "1"로 설정된다. TCNT0가 임시 저장 레지스터로부터 갱신되었을 때, 이 비트는 하드웨어에 의하여 "0"으로 지워진다. 이 비트에서 논리적 "0"은 TCNT0 가 새로운 값으로 갱신될 준비가 되었음을 의미한다.

④ 비트 1 - 출력 비교 레지스터 2 갱신 비지 (OCR0UB, Output Compare Register 0 Update Busy)

타이머/카운터 0가 비동기 동작을 하고 OCR0가 기록될 때, 이 비트는 "1"로 설정된다. OCR0 가 임시 저장 레지스터로부터 갱신되었을 때, 이 비트는 하드웨어에 의하여 "0"으로 지워진다. 이 비트에서 논리적 "0"은 OCR0 가 새로운 값으로 갱신될 준비가 되었음을 의미한다.

⑤ 비트 0 - 타이머/카운터 제어 레지스터 2 갱신 비지 (Timer/Counter Control Register 0 Update Busy)

타이머/카운터 0가 비동기 동작을 하고 TCCR20가 기록될 때, 이 비트는 "1"로 설정된다. TCCR0 가 임시 저장 레지스터로부터 갱신되었을 때, 이 비트는 하드웨어에 의하여 "0"으로 지워진다. 이 비트에서 논리적 "0"은 TCCR0 가 새로운 값으로 갱신될 준비가 되었음을 의미한다.

갱신 비지 플래그가 "1"로 설정하는 동안 3개의 타이머/카운터 2 레지스터 중의 하나에 쓰기가 수행된다면 갱신된 값은 손상되거나 의도하지 않은 인터럽트가 발생하는 원인이 된다.

TCNT0, OCR0 그리고 TCCR0를 읽는 과정은 다르다. TCNT0를 읽을 때 실제 타이머의 값을 읽는다. OCR0 혹은 TCCR0를 읽을 때는 임시저장 레지스터에 저장된 값을 읽는다.

4.4.3 16비트 타이머/카운터 1, 3

16비트 타이머/카운터는 정확한 프로그램 실행 시간(이벤트 관리), 파형 발생 그리고 신호 시간 측정을 할 수 있도록 한다. 주요 특징은 다음과 같다.

- 16비트 설계(16 비트 PWM 가능)
- 3 개의 독립 출력 비교 유닛
- 더블 버퍼 출력 비교 레지스터
- 1 개의 입력 캡처 유닛
- 자동 재적재(auto reload): 비교기와 일치하면 타이머를 지움(clear)
- 글리치가 없는 위상 보상 펄스폭 변조기(PWM, pulse width modulator)
- 가변 PWM 주기
- 주파수 발생기
- 외부 이벤트 카운터
- 4개의 독립 인터럽트 소스(타이머/카운터1에 대하여 TOV1, OCF1A, OCF1B 그리고 ICF1, 타이머/카운터3에 대하여 TOV3, OCF3A, OCF3B 그리고 ICF3)

16비트 타이머/카운터의 간소화된 블록다이어그램은 다음 그림과 같다. n은 타이머/카운터 번호를 나타내며 여기서는 1과 3이다. x는 출력 비교 채널을 의미하며 여기서는 A, B 혹은 C이다. CPU가 접근 가능한 레지스터는 OCRnx (n=1,3, x=A, B, C), TCNTn (n=1, 3), TCCRnx (n=1, 3, x=A, B, C) 레지스터와 TIFR0 레지스터의 TOV0와 OCF0A 비트이다. 타이머/카운터 TCNTn가 출력 비교 레지스터 OCRnx와 비교하여 일치하면 OCnx 인터럽트를 발생시킨다.

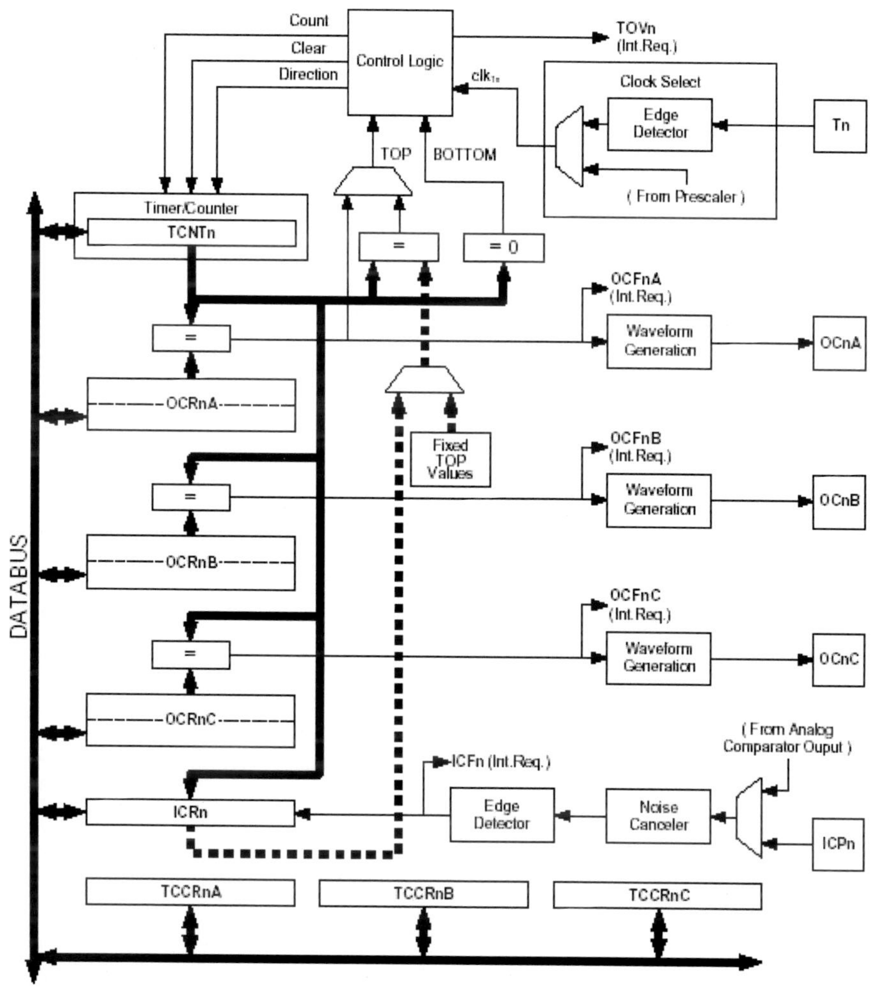

그림 4.4.5 Timer/Counter 1, 3의 구성

타이머/카운터(TCNTn), 출력 비교 레지스터(OCRnx) 그리고 입력 캡처 레지스터(ICRn)은 모두 16비트 레지스터이다. 16비트 레지스터를 접근할 때에는 특별한 절차가 필요하다. 타이머/카운터 제어 레지스터(TCCRnx)는 모두 8비트 레지스터로 CPU 접근 제한이 없다. 인터럽트 요구 신호는 모두 타이머 인터럽트 플래그 레지스터(TIFRn)에 나타난다. 모든 인터럽트는 타이머 인터럽트 마스크 레지스터(TIMSKn)에 의하여 마스크 처리된다.

타이머/카운터는 Tn 핀에 연결된 외부 클럭에 의하여 내부적으로 계수되어진다. 클럭 선택 로직 블록은 증가 혹은 감소하는 타이머/카운터의 클럭 소스(내부 클럭을 사용할지, 외부 클럭을 사용할지)와 에지(positive edge, negative edge)를 결정한다. 클럭 소스가 선택되지 않았을 때 타이머/카운터는 동작하지 않는다.

이중 버퍼인 출력 비교 레지스터(OCRn)는 매번 타이머/카운터 값과 비교한다. 비교결과는 PWM 혹은 출력비교핀(OCRnx)에 가변 주파수 출력을 발생하기 위한 파형 발생기로 사용된다. 비교 일치 이벤트는 출력 비교 인터럽트 요청을 발생하는데 사용할 수 있는 비교 일치 플래그(OCFnx)를 "1"로 설정한다.

입력 캡처 레지스터는 입력 캡처 핀(ICPn) 혹은 아날로그 비교 핀(아날로그 비교기)에 가해진 외부 이벤트가 발생하였을 때 타이머/카운터 값을 캡처할 수 있다.

타이머/카운터의 최고값(TOP), 최대값은 몇 가지 동작 방법에 따라서 OCRnA 레지스터, ICRn 레지스터 혹은 고정값에 의하여 설정될 수 있다. PWM 모드에서 최고값으로써 OCRnA를 사용할 때는, OCRnA 레지스터는 PWM 출력을 발생하는데 사용할 수 없다. 그런데, 동작 중에 최고값을 바꿀 수 있도록 최고값은 이중 버퍼(double buffered) 동작을 한다.

레지스터 이름	기능	전원 투입시 초기값
TCCRnx	제어 레지스터	0000 0000
TCNTn	카운터 레지스터	0000 0000 0000 0000
OCRnx	출력 비교 레지스터	0000 0000 0000 0000
ICRn	입력 캡처 레지스터	0000 0000 0000 0000
TIFRx	플래그 레지스터	0000 0000
TIMSKx	인터럽트 허용 레지스터	0000 0000

(n=1, 3, x=A, B, C 임)

이름	비트 7	비트 6	비트 5	비트 4	비트 3	비트 2	비트 1	비트 0
TCCRnx	COMnA1	COMnA0	COMnB1	COMnB0	COMnC1	COMnC0	WGMn1	WGMn0
TCNTn								
OCRnx								
ICRn								
TIFRn	OCF2	TOV2	ICF1	OCF1A	OCF1B	TOV1	OCF0	TOV0
TIMSKn	OCIE2	TOIE2	TICIE1	OCIE1A	OCIE1B	TOIE1	OCIE0	TOIE0

1) 타이머/카운터 1, 3 제어 레지스터 A (TCCRnA)

타이머/카운터 1, 3 제어 레지스터 A의 각 비트의 명칭은 다음의 표와 같다.

이름	비트 7	비트 6	비트 5	비트 4	비트 3	비트 2	비트 1	비트 0
TCCRnA	COMnA1	COMnA0	COMnB1	COMnB0	COMnC1	COMnC0	WGMn1	WGMn0
리셋값	0	0	0	0	0	0	0	0
Read/Write	R/W	R/W	R/W	R/W	R/W	R/W	R/W	R/W

① **비트 [7:6] 채널 A 비교 출력 모드**(COMnA[1:0], Channel A Comparator Output Mode)

② **비트 [5:4] 채널 B 비교 출력 모드**(COMnB[1:0]; Channel B Comparator Output Mode)

③ **비트 [3:2] 채널 C 비교 출력 모드**(COMnC[1:0]; Channel C Comparator Output Mode)

COMnA [1:0], COMnB [1:0] 그리고 COMnC [1:0]는 출력 비교 핀(OCnA, OCnB 그리고 OCnC) 속성을 제어한다. COMnx [1:0] 비트의 하나 혹은 두 비트에 "1"이 기록되면, OCnx 출력은 연결된 I/O 핀의 정상적인 포트 기능을 대신한다.

그런데, OCnA, OCnB 혹은 OCnC 핀에 대응하는 데이터방향 레지스터(DDR,

data direction register) 비트 출력 드라이버로 사용하기 위해서는 "1"로 설정되어 있어야만 한다.

OCnA, OCnB 혹은 OCnC가 핀에 연결되어졌을 때, COMnx [1:0] 비트의 기능은 WGMn [3:0] 비트 설정에 따라서 달라진다. WGMn [3:0]가 일반 혹은 CTC 모드(non-PWM)로 설정되었을 대 COMnx [1:0] 비트의 기능은 다음 표와 같다.

COMnx1	COMnx0	동작(Description)
0	0	정상 포트 동작, OCnx 연결되어 있지 않음
0	1	비교 일치시 OCnx 토글
1	0	비교 일치시 OCnx "0" 으로 지움("0" 레벨로 출력 설정)
1	1	비교 일치시 OCnx "1"으로 설정("1" 레벨로 출력 설정)

다음 표는 WGMn [3:0] 비트가 고속 PWM 모드로 설정되었을 때 COMnx [1:0]을 나타낸 것이다.

COMnx1	COMnx0	동작(Description)
0	0	정상 포트 동작, OCnx 연결되어 있지 않음
0	1	WGMn3=0: 정상 포트 동작, OCnx 연결되어 있지 않음 WGMn3=1: 비교 일치시 OCnA 토글
1	0	비교 일치시 OCnx "0"으로 지움 최고값(TOP)에서 OCnx "1"로 설정
1	1	비교 일치시 OCnx "1"로 설정 최고값(TOP)에서 OCnx "0"으로 지움

COMnx1	COMnx0	동작(Description)
0	0	정상 포트 동작, OCnx 연결되어 있지 않음
0	1	WGMn3=0: 정상 포트 동작, OCnx 연결되어 있지 않음 WGMn3=1: 비교 일치시 OCnA 토글
1	0	업 카운팅할 때 비교 일치시 OCnx "0"으로 지움 다운 카운팅할 때 비교 일치시 OCnx "1"로 설정함
1	1	업 카운팅할 때 비교 일치시 OCnx "1"로 설정함 다운 카운팅할 때 비교 일치시 OCnx "0"으로 지움

④ **비트[1:0]** - 파형 발생 모드(WGMn[1:0], Waveform Generation Mode)

TCCRnB 레지스터에 있는 WGMn [3;2] 비트와 조합하여 카운터의 계수 방법, 클럭 소스의 최대 카운터값, 그리고 파형 발생 방식을 제어한다. 타이머/카운터 유닛이 지원하는 동작 모드는 정상 모드(normal mode, counter), 비교 일치 시 지우는 타이머(CTC, clear timer on compare match) 모드 그리고 펄스폭 변조 모드(PWM, pulse width modulation) 이다.

방식	WGMn3	WGMn2 (CTCn)	WGMn1 (PWMn1)	WGMn0 (PWMn0)	타이머/카운터 동작모드	TOP	TOVn 플래그 설정("1")
0	0	0	0	0	정상	0xFFFF	MAX
1	0	0	0	1	PWM, 위상보정 8비트	0x00FF	BOTTOM
2	0	0	1	0	PWM, 위상보정 9비트	0x01FF	BOTTOM
3	0	0	1	1	PWM, 위상보정 10비트	0x03FF	BOTTOM
4	0	1	0	0	CTC	OCRnA	MAX
5	0	1	0	1	고속PWM, 8비트	0x00FF	TOP
6	0	1	1	0	고속PWM, 9비트	0x01FF	TOP
7	0	1	1	1	고속PWM, 10비트	0x03FF	TOP
8	1	0	0	0	PWM, 위상과 주파수 보정	ICRn	BOTTOM
9	1	0	0	1	PWM, 위상과 주파수 보정	OCRnA	BOTTOM
10	1	0	1	0	PWM, 위상 보정	ICRn	BOTTOM
11	1	0	1	1	PWM, 위상 보정	OCRnA	BOTTOM
12	1	1	0	0	CTC	ICRn	MAX
13	1	1	0	1	(예약)	-	-
14	1	1	1	0	고속 PWM	ICRn	TOP
15	1	1	1	1	고속 PWM	OCRnA	TOP

2) 타이머/카운터 1, 3 제어 레지스터 B (TCCRnB)

이름	비트 7	비트 6	비트 5	비트 4	비트 3	비트 2	비트 1	비트 0
TCCR1B	ICNC1	ICES1	-	WGM13	WGM12	CS12	CS11	CS10
TCCR3B	ICNC3	ICES3	-	WGM33	WGM32	CS32	CS31	CS30
리셋값	0	0	0	0	0	0	0	0
Read/Write	R/W	R/W	R	R/W	R/W	R/W	R/W	R/W

① **비트 7** - 입력 캡처 잡음 제거기(ICNCn, Input Capture Noise Canceler)

이 비트를 "1"로 설정하면 입력 캡처 잡음 제거기를 활성화한다. 잡음제거기가 활성화될 때, 입력 캡처 핀(Input Capture pin)으로 입력되는 신호는 잡음 제거를 위하여 필터링 된다. 필터 기능을 통하여 출력을 바꾸기 위해서는 ICPn 핀으로 입력되는 신호의 4 개의 연속적인 샘플이 필요하다. 잡음제거기를 사용할 때는 입력 캡처는 4 주기의 지연이 생긴다.

② **비트 6** - 입력 캡처 에지 선택(ICESn, Input Capture Edge Select)

캡처 이벤트를 트리거하기 위하여 입력 캡처 핀(ICPn)의 에지를 선택한다. ICESn 비트가 "0"이 기록되었을 때, 하강(부, negative) 에지가 트리거로 사용되고 ICESn 비트가 "1"이 기록되었을 때, 상승(양, positive) 에지가 캡처를 트리거한다.

ICESn의 설정에 따라서 캡처가 트리거 될 때, 카운터 값은 입력캡처 레지스터(ICRn)으로 복사된다. 이벤트는 항상 입력 캡처 플래그(ICFn)을 "1"로 설정할 것이고 입력 캡처 인터럽트가 활성화되어 있으면 인터럽트로 사용될 수 있다.

ICRn이 최고값(TOP)으로 사용될 때, ICPn은 연결이 끊어지고 결과적으로 입력 캡처 기능은 비활성화된다.

③ **비트 5** - 예약 비트

이 비트는 다음 버전에 사용하기 위하여 예약된 비트이다. 나중에 생산될 장치와 호환시키기 위한 것이다. TCCRnB를 설정할 때 이 비트는 반드시 "0"을 기록하여야 한다.

④ **비트[4:3]** - 파형 생성 모드(WGMn[3:2], Waveform Generation Mode)

앞의 파형 발생 모드 표를 참고하기 바람

⑤ **비트[2:0]** - 클럭 선택(CSn[2:0], Clock Select)

3개의 클럭 선택 비트는 타이머/카운터에 의하여 사용되는 클럭 소스를 선택한다.

CSn2	CSn1	CSn0	설 명
0	0	0	클럭 소스 없음(타이머/카운터 멈춤)
0	0	1	clkIO/1(프리 스케일링(prescaling) 없음)
0	1	0	clkIO/8 (프리 스케일링(prescaling) 적용)
0	1	1	clkIO/64 (프리 스케일링(prescaling) 적용)
1	0	0	clkIO/256 (프리 스케일링(prescaling) 적용)
1	0	1	clkIO/1024 (프리 스케일링(prescaling) 적용)
1	1	0	Tn 핀에 연결된 외부 클럭 소스(하강 에지 클럭)
1	1	1	Tn 핀에 연결된 외부 클럭 소스(상승 에지 클럭)

타이머/카운터를 위한 외부 핀 모드가 사용될 때, Tn 핀이 출력으로 설정되어 있다 하더라도 Tn 핀의 변화가 카운터의 클럭이 된다. 이 때문에 계수를 소프트웨어로 제어할 수 있다.

3) 타이머/카운터 1, 3 제어 레지스터 C (TCCRnC)

이름	비트 7	비트 6	비트 5	비트 4	비트 3	비트 2	비트 1	비트 0
TCCR1C	FOC1A	FOC1B	FOC1B	-	-	-	-	-
TCCR3C	FOC3A	FOC3B	FOC3B	-	-	-	-	-
리셋값	0	0	0	0	0	0	0	0
Read/Write	R/W	R/W	R/W	R	R	R	R	R

① **비트 7**-채널 A 강제 출력 비교(FOCnA, Force Output Compare for Ch. A)

② **비트 6**-채널 B 강제 출력 비교(FOCnB, Force Output Compare for Ch. B)

③ **비트 5**-채널 C 강제 출력 비교(FOCnC, Force Output Compare for Ch. C)

WGMn [3:0] 비트가 비PWM 모드로 설정되었을 때 FOCnA/FOCnB/FOCnC 비트가 활성화된다. 그런데 나중에 나올 프로세서와의 호환성을 보장하기 위하여 PWM 모드로 설정하고 TCCRnA에 기록할 때 이 비트들은 반드시 "0"으로 설정되어야만 한다.

FOCnA/FOCnB/FOCnC 비트에 "1"이 기록되었을 때 파형 발생 유닛으로 강제로 비교 일치 신호를 발생하게 한다. OCnA/OCnB/OCnC 출력은 COMnx[1:0] 비트의 설정에 따라서 다르다. FOCnA/FOCnB/FOCnC 비트는 스트로브로써 구현된다. 따라서, 강제 비교의 효과를 결정하는 COMnx[1:0]으로 그 값이 나타난다.

FOCnA/FOCnB/FOCnC 스트로브는 인터럽트를 발생하지도 않고 CTC에서 타이머를 지우지도 않는다.

4) 타이머/카운터 1, 3 (TCNT1H, TCNT1L, TCNT3H, TCNT3L)

이름	비트 7	비트 6	비트 5	비트 4	비트 3	비트 2	비트 1	비트 0
TCNT1H	TCNT1[15:8]							
TCNT1L	TCNT1[7:0]							
TCNT3H	TCNT3[15:8]							
TCNT3L	TCNT3[7:0]							
리셋값	0	0	0	0	0	0	0	0
Read/Write	R/W	R/W	R/W	R/W	R/W	R/W	R/W	R/W

2개의 타이머/카운터 I/O 위치(TCNTnH와 TCNTnL, TCNTn)는 16비트 카운터로써 읽기/쓰기 동작을 통하여 직접 접근이 가능하다. CPU가 레지스터에 접근할 때, 상위와 하위 바이트 둘 다 동시에 읽고 쓰기를 보장하기 위해서는 접근은 8비트 임시 상위 바이트 레지스터(TEMP)를 사용한다. 임시 레지스터는 모든 다른 16비트 레지스터에 의하여 공유된다.

카운터가 동작하는 동안 TCNTn을 수정하는 것은 TCNTn와 OCRnx 중에서 비교 일치를 하지 못할 위험이 있다.

5) 출력 비교 레지스터 (OCRnx, Output Compare Register)

TCNT0 값과 비교할 8 비트 값을 저장하고 TCNT0과 일치하면 출력 비교 인터럽트를 발생하거나 OC0A 핀으로 파형생성기를 거쳐서 특정한 파형을 출력한다.

이름	비트 7	비트 6	비트 5	비트 4	비트 3	비트 2	비트 1	비트 0
OCRnxH	OCRnx[15:8]							
OCRnxL	OCRnx[7:0]							
리셋값	0							
Read/Write	R/W	R/W	R/W	R/W	R/W	R/W	R/W	R/W

(n=1, 3 이고, x= A, B, C 임)

출력 비교 레지스터는 카운터 값(TCNTn)과 연속적으로 비교하는 16비트 값을 저장한다. 카운터 값과 일치하면 출력 비교 인터럽트(Output Compare Interrupt)를 발생하거나 OCnx 핀에 파형 출력 신호를 발생한다.

6) 입력 캡처 레지스터 (ICRn, Input Capture Register 1, 3)

입력 캡처는 ICPn 핀에 발생하는 이벤트에 대하여 카운터(TCNTn)를 갱신한다. 입력 캡처는 카운터의 최고값(TOP value)를 정의하는데 사용될 수 있다. 입력 캡처 레지스터는 16비트이다.

이름	비트 7	비트 6	비트 5	비트 4	비트 3	비트 2	비트 1	비트 0
ICRnH	ICRn[15:8]							
ICRnL	ICRn[7:0]							
리셋값	0	0	0	0	0	0	0	0
Read/Write	R/W	R/W	R/W	R/W	R/W	R/W	R/W	R/W

7) 타이머/카운터 인터럽트 마스크 레지스터

(TIMSKn, Timer/Counter n Interrupt Mask Register)

이름	비트 7	비트 6	비트 5	비트 4	비트 3	비트 2	비트 1	비트 0
TIMSKn	-	-	ICIEn	-	OCIEnC	OCIEnB	OCIEnA	TOIEn
리셋값	0	0	0	0	0	0	0	0
Read/Write	R	R	R/W	R	R/W	R/W	R/W	R/W

① **비트** [7:6] - 예약된 비트

② **비트** 5 - 입력 캡처 인터럽트 가능(ICIEn, Input Capture Interrupt Enable)

이 비트가 "1"로 설정되고 상태 레지스터의 I 플래그가 "1"로 설정되었을 때, 타이머/카운터 입력 캡처 인터럽트가 발생할 수 있다. TIFRn에 있는 ICFn 플래그가 "1"일 때, 대응하는 인터럽트 벡터가 실행된다.

③ **비트** 4 - 예약된 비트

④ **비트** [3:1] - 출력 비교 x 일치 인터럽트 가능(OCIEnx, Ouput Compare C Match Interrupt Enable)

이 비트가 "1"로 설정되고 상태 레지스터의 I 플래그가 "1"로 설정되었을 때, 타이머/카운터 출력 비교 x(x=A, B, C) 일치 인터럽트가 발생할 수 있다. TIFRn 레지스터에 있는 OCFnx 플래그가 "1"일 때, 대응하는 인터럽트 벡터가 실행된다.

⑤ **비트** 0 - 타이머/카운터 오버플로우 인터럽트 가능(TOIEn, Timer/Counter Overflow Interrupt Enable)

이 비트가 "1"이고 상태 레지스터의 I 플래그가 "1"로 설정되었을 때, 타이머/카운터의 오버플로우 인터럽트가 가능해진다. TIFRn에 있는 TOVn 플래그가 "1"일 때 대응하는 인터럽트 벡터가 실행된다.

8) 타이머/카운터 인터럽트 플래그 레지스터

(TIFRn, Timer/Counter n Interrupt Flag Register)

이름	비트 7	비트 6	비트 5	비트 4	비트 3	비트 2	비트 1
TIFRn	-	-	ICFn	-	OCFnC	OCFnB	OCFnA
리셋값	0	0	0	0	0	0	0
Read/Write	R	R	R/W	R	R/W	R/W	R/W

① **비트** [7:6] - 예약된 비트

② **비트** 5 - 입력 캡처 플래그 (ICFn, Input Capture Flag)

캡처 이벤트가 ICPn 핀에서 발생할 때 이 플래그가 "1"로 설정된다. 입력 캡처 레지스터(ICRn)가 최고값으로 사용되기 위해서 WGMn[3:0]에 의하여 설정되어 있고, 카운터가 최고값에 도달하게 될 때 ICFn 플래그가 "1"이 된다.

입력 캡처 인터럽트 벡터가 실행될 때, ICFn은 자동으로 "0"으로 지워진다.

③ **비트 4** - 예약된 비트

④ **비트 [3:1]** - 출력 비교 x 일치 플래그(OCFnx, Ouput Compare C Match Flag)

카운터(TCNTn) 값이 출력 비교 레지스터 x(OCRnx)와 일치한 후 타이머 클럭 사이클 내에서 "1"이 된다.

출력 비교 일치 x 인터럽트 벡터가 실행될 때 OCFnx는 자동으로 "0"으로 지워진다.

⑤ **비트 0** - 타이머/카운터 오버플로우 플래그(TOVn, Timer/Counter Overflow Flag)

이 플래그의 설정은 WGMn[3:0]에 의존한다. 타이머가 오버플로우될 때, 정상 혹은 CTC 모드에서 TOVn 플래그는 "1"로 설정된다.

타이머/카운터 인터럽트 벡터가 실행될 때 TOVn은 자동으로 "0"으로 지워진다.

4.4.4 PWM과 비동기 동작을 가진 8비트 타이머/카운터 2

타이머/카운터 2는 범용, 단일 채널, 8비트 타이머/카운터 모듈이다. 주요 특징은 다음과 같다.

- 단일 채널 카운터
- 자동 재적재(auto reload) : 비교기와 일치하면 타이머를 지움(clear)
- 글리치가 없는 위상 보상 펄스폭 변조기(PWM, pulse width modulator)
- 주파수 발생기
- 외부 이벤트 카운터
- 10비트 클럭 프리스케일러(prescaler)
- 오버플로우와 비교 일치 인터럽트 소스(TOV2와 OCF2)

8 비트 타이머/카운터의 간소화한 블록 다이어그램은 그림 4.4.6과 같다. I/O 비트와 I/O 핀을 포함하는 CPU에서 접근 가능한 I/O 레지스터는 굵은 글씨로 표시되어 있다.

타이머/카운터 2(TCNT2)와 출력 비교 레지스터(OCR2)는 8비트 레지스터이다. 인터럽트 요청 신호는 타이머 인터럽트 플래그 레지스터(TIFR)를 통하여 확인할 수 있다. 모든 인터럽트는 타이머 인터럽트 마스크 레지스터(TIMSK)에 의하여 독립적으로 인터럽트 조정이 가능하다.

타이머/카운터는 내부 클럭과 프리 스케일러 혹은 TOSC1/2 핀의 비동기 클럭에 의하여 동작한다.

클럭 선택 로직 블록은 타이머/카운터를 증가 혹은 감소시키는 클럭 소스를 선택한다. 클럭 소스가 선택되지 않으면 타이머/카운터는 동작하지 않는다. 클럭 선택 로직의 출력은 clkT2로 표시되어 있다.

이중 버퍼로 된 출력 비교 레지스터(OCR2)는 타이머/카운터와 매번 비교한다. 비교 결과는 OC2 핀으로 PWM 혹은 가변 주파수 출력 신호를 발생하는 파형 발생기가 이용한다.

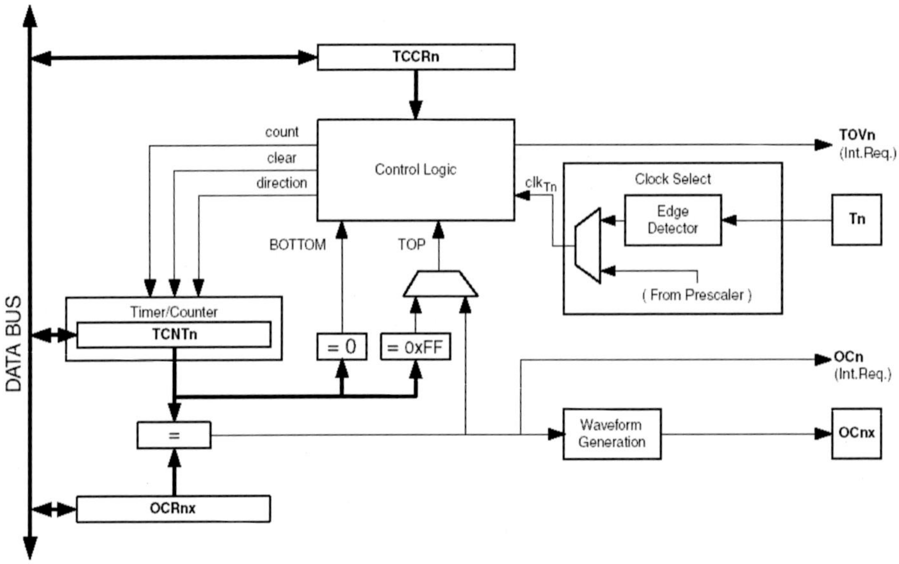

그림 4.4.6 타이머/카운터 2 구성

타이머/카운터 2(TCNT2)와 출력 비교 레지스터(OCR2)는 8비트 레지스터이다. 인터럽트 요구 신호는 타이머 인터럽트 레지스터(TIFR2, Timer Interrupt Register)에서 모두 볼 수 있다. 모든 인터럽트들은 타이머 인터럽트 마스크 레지스터(TIMSK2, Timer Interrupt Mask Register)에서 개별적으로 마스크 된다. 8비트 타이머/카운터를 사용하는데 필요한 레지스터의 기능과 각 비트의 명칭은 다음의 표와 같다.

레지스터 이름	기능	전원 투입시 초기값
TCCR2	제어 레지스터	0000 0000
TCNT2	카운터 레지스터	0000 0000
OCR2	출력 비교 레지스터	0000 0000
TIMSK	인터럽트 허용 레지스터	0000 0000
TIFR	플래그 레지스터	0000 0000

이름	비트 7	비트 6	비트 5	비트 4	비트 3	비트 2	비트 1	비트 0
TCCR2	FOC2A	WGM20	COM21	COM20	WGM21	CS22	CS21	CS20
TCNT2								
OCR2								
TIMSK	OCIE2	TOIE2						
TIFR	OCF2	TOV2						

1) 타이머/카운터 제어 레지스터

(TCCR2A, Timer/Counter Control Register)

이름	비트 7	비트 6	비트 5	비트 4	비트 3	비트 2	비트 1	비트 0
TCCR2	FOC2	WGM20	COM21	COM20	WGM21	CS22	CS21	CS20
리셋값	0	0	0	0	0	0	0	0
Read/Write	W	R/W	R/W	R/W	R/W	R/W	R/W	R/W

① 비트 7 (FOC2A, Force Output Compare A)

FOC2A 비트는 WGM00 비트가 PWM 모드를 지정하지 않았을 때만 활성화된다. 그런데, 나중에 나올 상위 버전의 프로세서와 호환을 보장하기 위하여 이 비트는 PWM 모드로 동작하고 TCCR2가 기록될 때 "0"으로 설정되어야 한다.

FOC2 비트가 "1"를 기록될 때는 즉시 비교 일치 명령이 파형 발생기에 강제로 신호를 보낸다. OC2 출력은 COM2[1:0] 비트의 설정에 따라서 바뀐다. FOC0 비트는 스트로브로써 구현된다. 그렇기 때문에 강제 비교 효과를 결정하는 것은 COM2[1:0]에 나타나는 값이다.

FOC2 스트로브는 인터럽트를 발생하지 않고 최고값(Top)으로써 OCR2A를 사용하는 CTC 모드에서 타이머를 지우지도 않는다.

FOC2 비트는 읽는 비트가 아니지만 읽는다면 항상 "0"이 읽힌다.

② 비트 6, 3 (WGM2[1:0], Waveform Generation Mode)

WGM2[1:0] 비트는 카운터의 계수 순서를 제어하고, 최대(TOP) 카운터 값을 위한 소스와 어떤 종류의 파형 발생기를 사용할 것인지를 결정한다. 다음의 표와 같이 타이머/카운터에 의하여 지원되는 동작 모드는 정상모드, CTC (Clear Timer on Compare match) 모드, 그리고 두 가지의 PWM 모드이다.

모드	WGM21 (CTC2)	WGM20 (PWM2)	타이머/카운터 동작 모드	최고값	OCR2 갱신 시점	TOV2 플래그 "1" 설정 시점
0	0	0	정상	0xFF	즉시	최대값(Max)
1	0	1	PWM, 위상보상	0xFF	최고값(TOP)	최저값(Bottom)
2	1	0	CTC	OCR2A	즉시	최대값(Max)
3	1	1	고속 PWM	0xFF	최고값(TOP)	최대값(Max)

③ 비트 5, 4 (COM2[1:0], Compare Match Output Mode)

COM2[1:0] 비트는 출력 비교 핀(OC2, Output Compare)의 신호를 제어한다. COM2[1:0]의 하나 혹은 두 비트를 "1"로 설정한다면, OC2 출력은 연결된 I/O 핀의 정상적인 포트 기능을 대신한다. 그러나 OC2 핀에 대응하는 데이터 방향 레지스터(DDR, Data Direction Register) 비트는 출력 드라이브를 활성화하기 위하여 "1"로 설정되어야만 한다.

OC2A가 특정 핀으로 연결되었을 때, COM2A[1:0]의 기능은 WGM2[1:0] 비트의 설정에 따라서 결정된다. 다음 표는 WGM2[1:0] 비트가 정상 혹은 CTC(non-PWM) 모드를 선택하였을 경우이다.

COM2A1	COM2A0	동작(Description)
0	0	정상 포트 동작, OC2 연결되어 있지 않음
0	1	비교 일치시 토글 OC2
1	0	비교 일치시 OC2 "0"으로 지움(clear)
1	1	비교 일치시 OC2 "1" 설정(set)

다음 표는 WGM2[1:0] 비트가 고속 PWM 모드를 선택하였을 경우이다.

COM21	COM20	동작(Description)
0	0	정상 포트 동작, OC2 연결되어 있지 않음
0	1	예약
1	0	비교 일치시 OC2 "0"으로 지움(clear) 최고값(TOP)에서 OC2 "1"로 설정(set)
1	1	비교 일치시 OC2 "1" 설정(set) 최고값(TOP)에서 OC2 "0"으로 지움(clear)

다음 표는 WGM2[1:0] 비트가 정상 혹은 위상 보정 PWM 모드를 선택하였을 경우 COM2[1:0] 비트의 기능을 나타내고 있다.

COM21	COM20	동작(Description)
0	0	정상 포트 동작, OC2 연결되어 있지 않음
0	1	예약
1	0	업 카운팅할 때 비교 일치시 OC2 "0"으로 지움(clear) 다운 카운팅할 때 비교 일치시 OC2 "1"로 설정(set)
1	1	업 카운팅할 때 비교 일치시 OC2 "1" 설정(set) 다운 카운팅할 때 비교 일치시 OC2 "0"으로 지움(clear)

④ 비트 [2:0] (CS2[2:0], Clock Select)

3개의 클럭 선택 비트는 타이머/카운터에서 사용되는 클럭 소스를 선택한다.

타이머/카운터 2에 대하여 외부 핀 모드가 사용되어진다면, 핀들이 출력으로 설정되어 있다하더라도 T2 핀은 카운터의 클럭으로 동작한다. 이러한 특징은 계수의 소프트웨어 제어가 가능하도록 한다.

CS22	CS21	CS20	동작(Description)
0	0	0	클럭 소스 없음(타이머/카운터 멈춤(stop))
0	0	1	clkI/O (프리 스케일링 없음)
0	1	0	clkI/O/8(프리 스케일링)
0	1	1	clkI/O/64(프리 스케일링)
1	0	0	clkI/O/256(프리 스케일링)
1	0	1	clkI/O/1024(프리 스케일링)
1	1	0	외부 클럭 소스 T2 핀. 하강 에지 클럭
1	1	1	외부 클럭 소스 T2 핀. 상승 에지 클럭

2) 타이머/카운터 레지스터 (Timer/Counter Register)

타이머/카운터 레지스터는 2진 업-다운(up-down) 카운터로써 읽기/쓰기 동작을 통하여 직접 접근이 가능하다. 카운터가 동작하고 있는 동안에 카운터(TCNT2) 값을 수정하는 것은 TCNT2와 OCR2A 사이의 비교 일치를 하지 못할 위험이 있다.

이름	비트 7	비트 6	비트 5	비트 4	비트 3	비트 2	비트 1	비트 0
TCNT2	TCNT2[7:0]							
리셋값	0	0	0	0	0	0	0	0
Read/Write	R/W	R/W	R/W	R/W	R/W	R/W	R/W	R/W

3) 출력 비교 레지스터 (OCR2A, Output Compare Register)

TCNT2 값과 비교할 8 비트 값을 저장하고 TCNT2과 일치하면 출력 비교 인터럽트를 발생하거나 OC2A 핀으로 파형생성기를 거쳐서 특정한 파형을 출력한다.

이름	비트 7	비트 6	비트 5	비트 4	비트 3	비트 2	비트 1	비트 0
OCR2	OCR2[7:0]							
리셋값	0	0	0	0	0	0	0	0
Read/Write	R/W	R/W	R/W	R/W	R/W	R/W	R/W	R/W

4) 타이머/카운터 인터럽트 마스크 레지스터

(TIMSK2, Timer/Counter2 Interrupt Mask Register)

이름	비트 7	비트 6	비트 5	비트 4	비트 3	비트 2	비트 1	비트 0
TIMSK	OCIE2	TOIE2	-	-	-	-		
리셋값	0	0	0	0	0	0	0	0
Read/Write	R	R	R	R	R	R	R/W	R/W

① **비트 1** (OCIE2, Timer/Counter2 Output Compare Match Interrupt Enable)

OCIE2A 비트에 "1"이 기록되고 상태 레지스터(SREG)의 I 비트가 "1"로 설정되었을 때, 타이머/카운터2 비교 일치 인터럽트가 가능하다. 타이머/카운터2에서 비교 일치가 발생하면, 즉, 타이머/카운터 2 인터럽트 플래그 레지스터(TIFR)에서 OCF2 비트가 "1"로 설정 되었을 때 대응하는 인터럽트는 실행된다.

② **비트 0** (TOIE2, Timer/Counter2 Output Overflow Interrupt Enable)

TOIE2 비트에 "1"이 기록되고 상태 레지스터(SREG)의 I 비트가 "1"로 설정되었을 때, 타이머/카운터 2 오버플로우 인터럽트가 가능하다. 타이머/카운터2에서 오버플로우가 발생하면, 즉, 타이머/카운터 2 인터럽트 플래그 레지스터(TIFR)에서 TOV2 비트가 "1"로 설정 되었을 때 대응하는 인터럽트는 실행된다.

5) 타이머/카운터 인터럽트 플래그 레지스터

(TIFR2, Timer/Counter2 Interrupt Flag Register)

이름	비트 7	비트 6	비트 5	비트 4	비트 3	비트 2	비트 1	비트 0
TIFR	OCF2	TOV2	-	-	-	-		
리셋값	0	0	0	0	0	0	0	0
Read/Write	R	R	R	R	R	R	R/W	R/W

① **비트 1 (OCF2, Output Compare Flag 2)**

타이머/카운터 2와 OCR2(Output Compare Register 2)에 있는 데이터가 비교 일치하였을 때 OCF2 비트는 "1"로 설정된다(set). OCF2는 대응하는 인터럽트 처리 벡터를 실행하고 있을 때 하드웨어에 의하여 "0"으로 지워진다(clear). OCF2는 플래그에 논리값 "1"을 기록함으로써 지워진다(clear). SREG에 있는 I 비트,

OCIE2(Timer/Counter2 Compare match Interrupt Enable), 그리고 OCF2 레지스터가 "1"로 설정될 때, 타이머/카운터 2 비교 일치 인터럽트가 실행된다.

② **비트 0 (TOV2, Timer/Counter2 Overflow Flag)**

타이머/카운터 2에 오버플로우가 발생하였을 때, TOV2 비트가 "1"로 설정된다. 대응하는 인터럽트 처리 벡터가 실행되고 있을 때는 하드웨어에 의하여 TOV2는 "0"으로 지워진다. 논리 "1"을 플래그에 기록함으로써 TOV2는 지워진다. SREG에 있는 I 비트, TOIE2(Timer/Counter2 Overflow Interrupt Enable) 그리고, TOV2가 "1"이 되었을 때, 타이머/카운터2 오버플로우 인터럽트가 실행된다. 위상 보상 PWM 모드에서는 타이머/카운터 2가 0x00에서 계수 방향이 변경될 때 "1"로 설정된다.

4.4.5 AVR 타이머/카운터 사용 실습

이 절에서는 가장 기본적이며 다양한 기능을 제공하는 Timer/Counter 0에 대해 실습을 수행한다. 타이머/카운터를 사용함에 있어서 자주 사용되는 기능인 일정 주기를 설정하는 방법과 Overflow 인터럽트, Compare 인터럽트를 사용하는 방법에 대해 2가지 실습을 통해 알아본다. 실습 1, 2는 같은 동작을 하도록 구현되어 있지만 구현 방법이 서로 다르며 이는 타이머/카운터를 이용해 다양한 동작을 구현하기 위한 기초적인 내용이다.

실습 1) 타이머 카운터 일정주기 설정 및 Overflow 인터럽트

다음 실습코드는 타이머 카운터를 Prescaler를 통해 16Khz로 카운트 하도록 설정한다. 그리고 TCNT0 레지스터에 계산을 통해 0.01초 간격으로 Overflow 인터럽트를 발생시킨다. 인터럽트 서비스 루틴 내에서는 인터럽트 호출이 100회 (0.01 x 100 = 1초) 발생 할 때 마다 PORTD로 나가는 신호를 반전시킨다. LED가 1초 간격으로 점멸하는 동작을 하게 된다. TCCR0로 분주비를 결정하였고, TCNT0 값, if 문을 사용하여 점멸 주기를 설정하였다.

```
#include <avr/io.h>
#include <avr/interrupt.h>

float sec = 0.01; // Interrupt Period

ISR(SIG_OVERFLOW0) // Interrupt Service routine - Timer/Counter 0 Overflow
{
	static unsigned char ledd = 0xff;
	static unsigned int i=0;

	if( i++ > 100 )  // 0.01 * 100 = 1 sec
	{
		PORTD = ledd;
		ledd ^= 0xff;
		i=0;
	}
	TCNT0 = 255-16*((unsigned int)(sec*1000.0));		// Reload TCNT0
}


int main()
{
	DDRD = 0xff;

	TCCR0 = 0x07;
	// 0000 0111  - Normal Mode, Prescaler : CPU_CLOCK / 1024 = 16Khz
	TCNT0 = 255-16*((unsigned int)(sec*1000.0));
	// R/W Count Value Register
	TIMSK = (TIMSK&~(0x03))|(1);
	// Interrupt Requset Enable - 3 : CMP & OV 2 : CMP Int, 1 : OV Int
	TIFR = (TIFR&~(0x03))|(1);
	// Request Clear - 3 : CMP & OV Clear, 2 : CMP Clear, 1 : OV Clear
	sei();  // set enable interrupt
	while(1);
}
```

실습 2) 타이머/카운터 Compare 기능사용 실습

실습 1에서 Overflow 인터럽트로 구현된 기능을 실습 2에서는 Compare 인터럽트 기능을 사용하여 구현한다. Compare 기능을 이용하여 실습1과 같은 기능을 구현할 때 타이머의 CTC 기능을 이용하면 인터럽트 발생 시 자동으로 클리어 되므로 TCNT0를 다시 Reload 해 줄 필요가 없어진다. LED가 1초 간격으로 점멸하는 동작을 한다. 실습 1과 마찬가지로 TCCR0는 clk/1024 분주를 사용하였고, OCR0 값과 if 문을 통해 점멸 주기 설정한다.

```
#include <avr/io.h>
#include <avr/interrupt.h>

ISR(SIG_OUTPUT_COMPARE0)
{
	static unsigned char ledd = 0xff;
	static unsigned int i=0;

	if( i++ > 100 )  // 0.01 * 100 = 1 sec
	{
		PORTD = ledd;
		ledd ^= 0xff;
		i=0;
	}
}

int main()
{

	DDRD=0xff;
	PORTD=0xff;

	TCCR0 = 0x0f;
	// 0000 1111  - Prescaler : CPU_CLOCK / 1024 = 16Khz  & CTC 모드
	TCNT0 = 0;
	// R/W Count Value Register
	OCR0 = 160;
	// Output Compare Value Register
	TIMSK = (TIMSK&~(0x03))|(2);
	// Interrupt Requset Enable - 3 : CMP & OV 2 : CMP Int, 1 : OV Int
	TIFR = (TIFR&0xFC)|(2);
	// Request Clear - 3 : CMP & OV Clear, 2 : CMP Clear, 1 : OV Clear
	sei();  // set enable interrupt
	while(1);
}
```

① **ISR (Interrupt Service Routine)**

프로그램을 실행하는 도중 인터럽트가 발생하면 해당인터럽트에 대처하기 위한 인터럽트 서비스 루틴으로 제어를 이동시켜서 인터럽트를 해결한다.

인터럽트 서비스 루틴의 수행이 완료되면, 인터럽트가 발생했던 최초의 지점으로 복귀한다.

※ **실습예제**

LED 점멸 속도가 현재보다 두 배의 속도, 혹은 1/2배의 속도로 점멸하는 코드로 변경해 보시오.

4.5 ATmega128 직렬통신장치

직렬통신 장치는 회로구성이 간단하며 적용하기 쉽다는 장점을 가지고 있어서 거의 모든 프로세서에 외부장치로 포함되어 있으며, 이를 이용하여 다양한 조작, 디버깅이 용이하여 많은 개발자들이 사용한다. AVR 시리즈도 예외가 아니며, ATmega128에서는 총 2개의 직렬통신 장치를 제공한다. 2개의 직렬통신 장치는 입출력 핀이 다를 뿐 사용방법은 동일하며, 통신하고자 하는 대상과의 조건을 몇몇 레지스터를 통해 설정함으로써 사용하는 것이 가능하다.

ATmega128의 USART의 주요 특징은 다음과 같다.

- 전이중통신(독립적인 직렬 수신 및 송신 레지스터가 있음)
- 비동기 혹은 동기 동작
- 마스터 혹은 슬레이브의 클럭에 의한 동기
- 고해상도의 보레이트 발생기(Baud Rate Generator)
- 시리얼 플레임은 5, 6, 7, 8 혹은 9 데이터 비트와 1 혹은 2개의 Stop 비트로 구성
- 하드웨어의 의하여 지원되는 홀수 혹은 짝수의 패리티 발생과 패리티 체크 가능
- 데이터 오버런(data overrun) 검출
- 프레이밍 오류 검출
- 잘못된 시작 비트 검출과 디지털 저역통과 필터를 포함하는 잡음 필터링

- 송신완료, 송신데이터 엠프티(empty) 수신 완료 3가지 분리된 인터럽트
- 다중 프로세서 통신 모드
- 2배속 비동기 통신 모드

4.5.1 ATmega128 직렬 통신 구성

ATmega128에는 동일한 기능을 수행하는 2개의 USART 직렬통신 포트 USATR0 및 USART1을 가지고 있는데, 이것들은 동기 및 비동기 전송 모드에서 전이중 통신이 가능하고, 멀티프로세서 통신 모드로 동작하는 것도 가능하며, 높은 정밀도의 보레이트 발생기를 내장하고 있다.

동기식 전송 모드에서 마스터로 동작하는 경우에는 전송속도를 결정하는데 내부 클럭을 사용하지만, 슬레이브로 동작할 때는 XCKn 단자로 클럭 신호에 의하여 동작한다. 비동기식 전송 모드에서는 항상 내부 클럭에 의하여 보레이트가 결정된다.

전송 데이터는 5~9비트로 설정하고 스톱비트는 1~2비트로 설정할 수 있으며, 전송 중에 패리티 비트를 사용하지 않을 수도 있고 짝수 또는 홀수 패리티를 임의로 설정하여 사용할 수 있다. 수신 동작에서는 패리티 에러, 오버런 에러 및 프레임 에러를 검출하는 기능을 가지고 있다.

USART 직렬통신 포트에서는 송신완료, 송신 데이터 레지스터 준비완료, 수신 완료 등 3가지의 인터럽트를 사용할 수 있다. ATmega128의 USART0 및 USART1은 각각 크게 클럭 발생부, 송신부, 수신부의 3가지 구성 부분으로 이루어진다. 클럭 발생부는 보레이트 발생기와 동기 모드에서 클럭과 동기를 취하는 회로 등으로 구성된다. 송신부는 송신 버퍼, 송신 시프트 레지스터, 패리티 발생기 등으로 구성된다. 수신부는 가장 복잡하여 수신 버퍼, 수신 시프트 레지스터, 패리티 검사기 등으로 구성된다. 아래의 그림은 USART 직렬 통신 포트의 내부 블록도 이다.

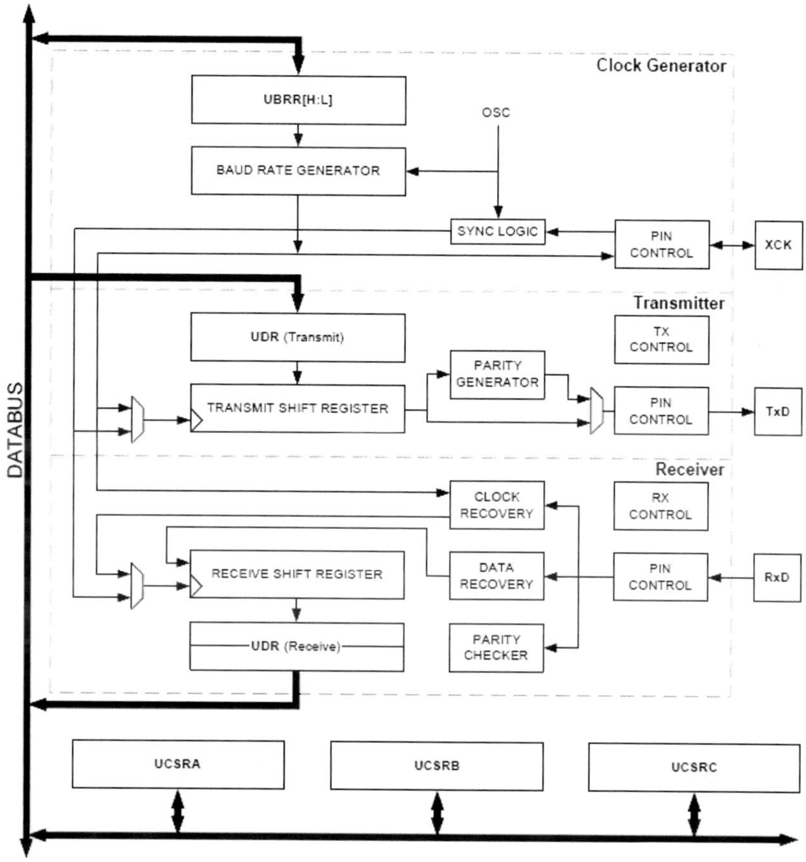

그림 4.5.1 ATmega128 USART 내부 블록도

① 데이터 포맷

직렬 전송 데이터의 구성 포맷(format)은 1 스타트 비트(start bit), 5~9 데이터 비트(data bit), 1 패리티 비트(parity bit), 1~2 스톱 비트(stop bit)이다. 이와 같이 데이터 비트와 스톱비트의 길이는 사용자가 설정할 수 있으며, 패리티 비트는 사용하지 않을 수도 있고 사용한다면 짝수 패리티 방식과 홀수 패리티 방식을 지정할 수 있다.

이와 같이 ATmega128에서 1개의 전송 프레임은 최소 7비트에서 최대 13비트로 구성될 수 있는데, 이를 그림으로 설명하면 아래의 그림과 같다.

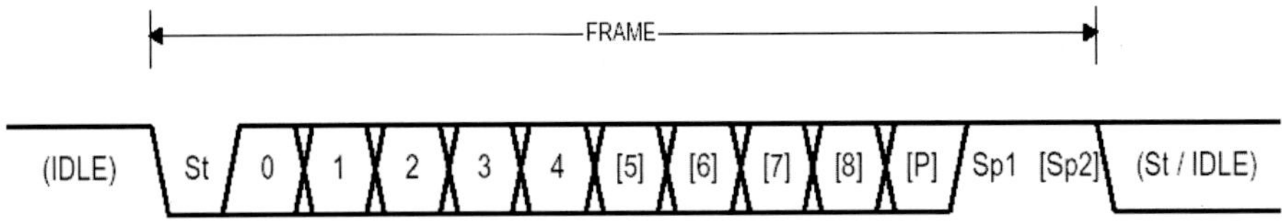

그림 4.5.2 데이터 전송포맷

- St : 시작 비트(Start bit), 항상 레벨 "0"이다.
- (n) : 데이터 비트(0~8)
- P : 패리티 비트로서 홀수 혹은 짝수가 될 수 있다.
- Sp : 정지 비트(Stop bit)로써 항상 레벨 "1"이다.
- IDLE : 통신선로(RxDn 혹은 TxDn)에서의 데이터 전송이 없음, IDLE 선로는 "1"상태이다.

USARTn이 사용하는 프레임 포맷은 UCSRnB와 UCSRnC 레지스터 안에 있는 UCSZn[2:], UPMn[1:0] 그리고 USBSn 비트의 설정에 의하여 결정된다. 수신기와 송신기는 같은 설정으로 사용된다. 이들 설정비트를 변경하는 것은 수신기와 송신기에 대한 수행중인 통신을 훼손시킬 수 있다.

USARTn의 문자 크기(SiZe) 비트, UCSZn[2:0] 비트는 프레임의 데이터 비트 수를 결정한다. USARTn 패리티 모드(UPMn[1:0]) 비트는 패리티 비트 사용과 패리티 비트 형식을 설정한다. 1개 혹은 2개의 정지 비트 설정은 USART 정지 비트 설정을 하는 USBSn 비트로 한다. 수신기는 두 번째 정지 비트를 무시한다. 따라서 FEn(프레임 오류, Frame Error)는 첫 번째 정지 비트가 0인 경우에 검출된다.

② 패리티 비트 계산

데이터 포맷에 패리티 비트를 사용하도록 설정한 경우에는 데이터를 수신할 때 패리티를 계산하여 전송 에러를 체크한다. 또한, 첫 번째의 스톱 비트까지 프레임을 체크하여 이 비트가 low로 검출되면 프레임 에러가 된다. 2 스톱 비트로 설정된 경우에도 2번째의 스톱 비트는 수신부에 의하여 무시되며, 이는 수신부의 처리 동작이 느릴 경우에 대비하여 송신부에서 다음 데이터를 전송하는 동작을 지연시키는 효과가 있을 뿐이다.

패리티 비트는 모든 데이터 비트의 Exclusive-OR을 수행하면 계산되며, 홀수 패리티를 사용할 경우 Exclusive-OR 결과의 역수를 취하는 형태로 계산한다. 패리티 비트와 데이터 비트의 관계는 아래와 같다.

$$P_{even} = dn{-}1 \oplus \cdots \oplus d3 \oplus d2 \oplus d1 \oplus d0 \oplus 0$$
$$P_{odd} = dn{-}1 \oplus \cdots \oplus d3 \oplus d2 \oplus d1 \oplus d0 \oplus 1$$

- P*even* : 짝수 패리티에 사용되는 패리티 비트
- P*odd* : 홀수 패리티에 사용되는 패리티 비트
- d*n* : 문자의 n개 데이터 비트

③ 직렬 통신 초기화

직렬 통신이 일어나기 전에 USART는 초기화되어 있어야만 한다. 초기화 과정은 일반적으로 보레이트 설정, 프레임 포맷 설정 그리고 송신 혹은 수신 가능 설정으로 이루어진다. 인터럽트 기반의 USART 동작에서는 초기화하는 동안에는 전체 인터럽트 플래그가 반드시 "0"으로 지워져 있어야 한다. USART0에 대하여 19,200 bps, 8비트 데이터 송수신을 위한 설정은 다음과 같다.

```
1. UBRR0H = 0x00
2. UBRR1L = (7372800/19200/16-1); // 보레이트(초당 비트 전송 수) 지정
3. /*위의 보레이트를 정의한 것은 B19200을 설정하기 위하여 system clock을
   7372800Hz때의 설정*/
4. UCSR0A = 0x00;
5. UCSR0B = 0x98; // 7,4,3비트에 허용; 인터럽트, 수신, 송신허용
6. UCSR0C = 0x06; // 데이터 길이 8비트로 설정
```

4.5.2 USART 제어 레지스터

1) USART 제어 레지스터

ATmega128에서 직렬 통신을 하는데 필요한 레지스터를 정리하면 다음과 같다.

- UDRn : 데이터 레지스터
- UCSRnA : 제어 및 상태 레지스터, 송수신 완료 등
- UCSRnB : 제어 및 상태 레지스터, 인터럽트 처리
- UCSRnC : 제어 및 상태 레지스터, 전송 데이터 비트 수 설정
- UBRR : 보레이트 설정

2) USART 데이터 레지스터 (UDR, USART Data Register)

UDR 레지스터는 USART포트의 데이터 버퍼의 기능을 수행한다. 각 포트의 송신 및 수신 버퍼는 동일한 번지에 위치하지만 내부적으로는 서로 다른 별개의 레지스터로서, 송신할 데이터를 UDRn에 Write 하면 이는 송신 데이터 버퍼 TXBn에 저장되고, 수신된 데이터를 UDRn으로 읽으면 이는 수신 데이터 버퍼 RXBn에 수신되어 있는 값이 읽혀진다. 전송 데이터 문자를 5~7비트로 설정하면 송신의 경우에는 사용하지 않은 상위 비트들이 무시되고, 수신의 경우에는 이 상위 비트들이 수신부에서 “0”으로 처리된다. 송신버퍼는 UCSRnA 레지스터의 UDREn 플랙 비트가 1로 되어 있는 경우에만 Write 할 수 있으며, UDREn 플랙 비트가 0으로 되어 있는 경우에는 만약 UDRn에 데이터를 Write 하더라도 이는 송신부가 무시한다.

Bit	7	6	5	4	3	2	1	0	
	RXBn[7:0]								UDRn (Read)
	TXBn[7:0]								UDRn (Write)
Read/Write	R/W	R/W	R/W	R/W	R/W	R/W	R/W	R/W	
Initial Value	0	0	0	0	0	0	0	0	

3) USARTn 제어와 상태 레지스터 A (UCSRnA)

UCSRA (USART Control and Status Register A) 레지스터는 USART포트의 송수신 동작을 제어하거나 송수신 상태를 저장하는 기능을 수행한다.

Bit	7	6	5	4	3	2	1	0	
	RXCn	TXCn	UDREn	FEn	DORn	UPEn	U2Xn	MPCMn	UCSRnA
Read/Write	R	R/W	R	R	R	R	R/W	R/W	
Initial Value	0	0	1	0	0	0	0	0	

- **비트 7 (RXCn: USARTn Receive Complete)**

수신 버퍼에 읽지 않은 데이터가 있을 때 1로 설정되고 수신 버퍼가 비어 있으면 0이 된다. 수신기가 작동하지 않으면 수신 버퍼는 비게 되고 RXCn 비트는 0이 된다. RXCn 플래그는 수신 완료 인터럽트를 발생시키는데 사용될 수 있다.

- **비트 6 (TXCn: USART Transmit Complete)**

전송 쉬프트 레지스터가 모두 전송되고 전송 버퍼에 새로운 데이터가 입력되지 않으면 TXCn 플래그 비트가 1로 설정된다. TXCn 플래그 비트는 전송 완료 인터럽트가 실행될 때 자동으로 0이 된다.

- **비트 5 (UDREn: USART Data Register Empty)**

전송 버퍼가 새로운 데이터를 받을 준비가 되었다면 UDREn 플래그가 설정된다. UDREn이 1이라면 버퍼는 비어있고 쓸 준비가 된 것이다. UDREn 플래그는 데이터 레지스터가 비었음을 나타내는 인터럽트를 발생시킨다.

- **비트 4 (FEn: Frame Error)**

데이터를 수신 하였을 때 수신 버퍼의 다음 문자로 프레임 오류(Frame Error)가 들어 있다면 (수신 버퍼 안에 다음 준자의 첫 번째 정지 비트가 0이면) UDREn 플래그가 1로 설정된다. 수신 버퍼가 읽혀질 때까지 이 비트가 작용한다. 수신 데이터의 정지 비트가 1일 때 FEn 비트는 0이 된다. UCSRnA에 쓸 때 항상 비트를 0으로 설정하여야 한다.

- **비트 3 (DORn: Data OverRun)**

데이터 폭주 상태(data overrun condition)가 검출되면 이 비트가 1로 설정된다. 수신 버퍼가 차면(2개의 문자가 들어오면) 데이터 폭주가 발생한다.

- **비트 2 (UPE: Parity Error)**

이 플래그는 패리티 검사가 허용(UPM = 1)된 가운데 수신 버퍼에 있는 문자가

parity error를 가질 때 세트 된다. 이 비트를 1로 하면 보율의 분주를 16에서 8로 함으로써 비동기식 통신의 송신율을 2배로 한다.

- **비트 1 (U2X: Double the USART Transmission Speed)**

이 비트는 비동기식 동작에서만 의미가 있는 것이고, 동기식 동작에서는 이 비트를 0으로 해야 한다. 이 비트를 1로 하면 보율의 분주를 16에서 8로 함으로써 비동기식 통신의 송신율을 2배로 한다.

- **비트 0 (MPCM: Multi-Processor Communication Mode)**

이 비트는 다중 프로세서 통신 모드를 가능케 한다. 이 비트를 1로 하면 수신되는 frame이 주소 정보를 포함하지 않으면 무시된다. 송신 그 자체는 이 비트와는 무관한다.

4) USARTn 제어와 상태 레지스터 B (UCSRnB)

UCSRB 레지스터는 USART 포트의 송수신 동작을 제어하거나, 전송 데이터를 9비트로 설정한 경우에 데이터의 9번째 비트 값을 저장하는 기능을 수행한다.

Bit	7	6	5	4	3	2	1	0	
	RXCIEn	TXCIEn	UDRIEn	RXENn	TXENn	UCSZn2	RXB8n	TXB8n	UCSRnB
Read/Write	R/W	R/W	R/W	R/W	R/W	R/W	R	R/W	
Initial Value	0	0	0	0	0	0	0	0	

- **비트 7 (RXCIEn: Rx Complete Interrupt Enable)**

이 비트를 "1"로 설정하는 것은 RXCn 플래그에 대하여 인터럽트를 가능하게 한다. USART 수신 완료 인터럽트는 RXCIE 비트에 "1"이 기록되어 있고, SREG에 있는 전체 인터럽트 플래그 "1"이 기록되어 있고, UCSRnA의 RXCn 비트가 "1"인 경우에만 발생한다.

- **비트 6 (TXCIEn:Tx Complete Interrupt Enable)**

이 비트를 "1"로 설정하는 것은 TXCn 플래그에 대하여 인터럽트를 가능하게 한다. USART 송신 완료 인터럽트는 TXCIE 비트에 "1"이 기록되어 있고, SREG에 있는 전체 인터럽트 플래그 "1"이 기록되어 있고, UCSRnA의 TXCn 비트가 "1"인 경우에만 발생한다.

- **비트 5 (UDRIEn: USARTn Data Register Empty Interrupt Enable)**

이 비트를 "1"로 설정하는 것은 UDREn 플래그에 대하여 인터럽트를 가능하게 한다. 데이터 레지스터 empty 인터럽트는 UDRIEn 비트에 "1"이 기록되어 있고, SREG 레지스터에 있는 전체 인터럽트 플래그가 "1"로 설정되어 있고 USCRnA 레지스터에 있는 UDREn 비트가 "1"이 기록되어 있을 때만 발생한다.

- **비트 4 (RXENn: Receiver Enable)**

이 비트에 "1"을 설정하는 것은 USART 수신을 허용한다. 수신 허용이 되었을 때, 수신기는 RxDn 핀에 대한 정상적인 포트의 I/O 동작을 대신하여 수신단자로 활용된다. 수신 불가로 설정되면 FEn, DORn 그리고 UPEn 플래그를 무의미하게 하며 수신 버퍼를 비우게 된다.

- **비트 3 (TXRNn: Transmitter Enable)**

이 비트에 "1"을 설정하는 것은 USART 송신을 허용한다. 송신 허용이 되었을 때, 송신기는 TxDn 핀에 대한 정상적인 포트의 I/O 동작을 대신하여 송신 단자로 활용된다.

- **비트 2 (UCSZn2: Character Enable)**

UCSZn2 비트는 UCSRnC 레지스터의 UCSZn[1:0]과 조합되어 수신기와 송신기를 사용하는데 있어 데이터 비트(문자 크기) 수를 설정한다.

- **비트 1 (RXB8n: Receive Data Bit 8)**

9개의 데이터 비트를 사용하는 직렬 프레임으로 동작할 때, RXB8n은 수신한 문자의 9번째 데이터 비트이다. UDRn으로부터 낮은 비트를 읽기 전에 반드시 읽어야만 한다.

- **비트 0 (TXB8n: Transmit Data Bit 8)**

9개의 데이터 비트를 사용하는 직렬 프레임으로 동작할 때, TXB8n은 송신할 문자의 9번째 데이터 비트이다. UDRn에 낮은 비트를 쓰기 전에 반드시 써야만 한다.

5) USATRn 제어와 상태 레지스터 C (UCSRnC)

USCSCO 레지스터는 USART포트의 송수신 동작을 제어하는 기능을 수행한다.

Bit	7	6	5	4	3	2	1	0	
	–	UMSELn	UPMn1	UPMn0	USBSn	UCSZn1	UCSZn0	UCPOLn	UCSRnC
Read/Write	R/W	R/W	R/W	R/W	R/W	R/W	R/W	R/W	
Initial Value	0	0	0	0	0	1	1	0	

- **비트 7 (Reserved)**

- **비트 6 (UMSELn: USARTn Mode Select)**

이 비트는 비동기와 동기 모드 동작을 선택한다.

UMSELn	Mode
0	비동기 동작(Asynchronous operation)
1	동기 동작(Synchronous operation)

- **비트 [5:4] (UPMn[1:0]: Parity Mode)**

이 비트는 패리티 생성과 검사를 허용하고 형식을 설정한다. 패리티 비트 생성 및 검사가 허용되면 송신기는 자동으로 패리티를 생성하고 각 프레임 안에 송신되는 데이터 비트의 패리티 비트를 보낸다. 수신기는 입력된 데이터에 대하여 패리티 값을 생성하도록 UPMn0 설정과 비교한다. 일치하지 않는 것이 검출되면 UCSRnA 레지스터의 UPEn 플래그를 "1"로 설정한다.

UPMn1	UPMn0	Parity Mode
0	0	허용하지 않음
0	1	Reserved
1	0	허용, 짝수 패리티
1	1	허용, 홀수 패리티

- **비트 3 (USBSn: Stop Bit Select)**

이 비트는 송신기에 의하여 삽입되는 정지 비트 수를 선택한다. 수신기는 이 설정을 무시한다.

USBSn	Stop Bit(s)
0	1-bit
1	2-bit

- **비트 [2:1] (UCSZn[1:0]: Character Size)**

UCSZn[1:0] 비트는 UCSRnB 레지스터의 UCSZn2 비트와 조합하여 수신기와 송신기에 사용하는 프레임의 데이터 비트(문자 크기)의 수를 설정한다.

UCSZn2	UCSZn1	UCSZn0	Character Size
0	0	0	5-bit
0	0	1	6-bit
0	1	0	7-bit
0	1	1	8-bit
1	0	0	Reserved
1	0	1	Reserved
1	1	0	Reserved
1	1	1	9-bit

- **비트 0 (UCPOLn: Clock Polarity)**

이 비트는 동기 모드에서만 사용된다. 비동기 모드에 사용될 때는 "0"을 기록하여야 한다. UCPOLn 비트는 데이터 출력 변화와 데이터 입력 샘플 간의 관계와 동기 클럭(XCKn)을 설정한다.

UCPOLn	송신된 데이터 변경 (TxDn 핀의 출력)	수신된 데이터 샘플 (RxDn 핀에 입력)
0	XCK 상승 에지	XCK 하강 에지
1	XCK 하강 에지	XCK 상승 에지

6) USART 보레이트 레지스터 UBRR : 보레이트 설정

UBRRH/L 레지스터는 16비트 중에서 12비트만 유효한 것으로서, USART포트의 송수신 속도를 설정하는 기능을 수행한다. 즉 이 레지스터 값은 클럭의 분주비로 작용하여 직렬포트의 전송속도인 보레이트를 결정한다. 16비트 레지스터를 라이트

하는 경우에는 항상 상위 바이트인 UBRRH를 먼저 라이트 하고 하위 바이트인 UBRRL을 나중에 라이트해야 한다.

Bit	15	14	13	12	11	10	9	8	
	–	–	–	–	UBRRn[11:8]				UBRRnH
	UBRRn[7:0]								UBRRnL
	7	6	5	4	3	2	1	0	
Read/Write	R	R	R	R	R/W	R/W	R/W	R/W	
	R/W	R/W	R/W	R/W	R/W	R/W	R/W	R/W	
Initial Value	0	0	0	0	0	0	0	0	
	0	0	0	0	0	0	0	0	

동기 슬레이브 모드에서 XCKn단자로 입력되는 클럭의 주파수가 그대로 보레이트가 된다. 여기서 BAUD의 단위는 bps (bit per second)이며, UBRR은 12비트만을 사용하므로 0~4095 범위의 값을 가질 수 있다.

이 공식에 따라 ATmega128에 16 Mhz의 시스템 클럭을 사용하는 경우 각 보레이트 별로 이에 필요한 UBRR 레지스터의 값을 계산해보면 다음과 같다.

Baud Rate (bps)	f_{osc} = 1.0000 MHz				f_{osc} = 1.8432 MHz				f_{osc} = 2.0000 MHz			
	U2X = 0		U2X = 1		U2X = 0		U2X = 1		U2X = 0		U2X = 1	
	UBRR	Error	UBRR	Error	UBRR	Error	UBRR	Error	UBRR	Error	UBRR	Error
2400	25	0.2%	51	0.2%	47	0.0%	95	0.0%	51	0.2%	103	0.2%
4800	12	0.2%	25	0.2%	23	0.0%	47	0.0%	25	0.2%	51	0.2%
9600	6	-7.0%	12	0.2%	11	0.0%	23	0.0%	12	0.2%	25	0.2%
14.4k	3	8.5%	8	-3.5%	7	0.0%	15	0.0%	8	-3.5%	16	2.1%
19.2k	2	8.5%	6	-7.0%	5	0.0%	11	0.0%	6	-7.0%	12	0.2%
28.8k	1	8.5%	3	8.5%	3	0.0%	7	0.0%	3	8.5%	8	-3.5%
38.4k	1	-18.6%	2	8.5%	2	0.0%	5	0.0%	2	8.5%	6	-7.0%
57.6k	0	8.5%	1	8.5%	1	0.0%	3	0.0%	1	8.5%	3	8.5%
76.8k	–	–	1	-18.6%	1	-25.0%	2	0.0%	1	-18.6%	2	8.5%
115.2k	–	–	0	8.5%	0	0.0%	1	0.0%	0	8.5%	1	8.5%
230.4k	–	–	–	–	–	–	0	0.0%	–	–	–	–
250k	–	–	–	–	–	–	–	–	–	–	0	0.0%
Max [(1)]	62.5 kbps		125 kbps		115.2 kbps		230.4 kbps		125 kbps		250 kbps	

위의 표에서 UBRR 레지스터의 값을 이와 같이 설정하는 경우 표준 보레이트와 실제로 동작 하는 전송 속도 사이의 오차를 계산하여 제시하였는데, 나중에 설명하는 바와 같이 230, 4kbps인 경우를 제외한 모든 전송 속도에서는 거의 동작에 영향을 주지 않는 무시할 수 있는 오차가 된다.

4.5.3 USART 제어 회로

직렬통신 회로는 아래의 그림과 같다. MAXIM사의 MAX232가 TTL 레벨의 단극성신호를 양극성 신호로 변환하여 잡음에 영향을 작게 한다. 직렬통신은 RS-232와 RS-485, USB로 구성되어 있다.

① **RS-232**

RS-232를 사용하기 위한 회로는 MAX232를 사용하여 신호를 변환하고 변환된 신호가 RS-232포트와 연결되어 동작을 하게 된다. RS-232포트 위쪽에 있는 JP3으로 RS-232통신 또는 USB포트 사용을 선택하여 사용할 수 있으며 RS-232를 사용하기 위해서는 JP3의 슬라이드 스위치를 1번과 2번으로 세팅해야 한다.

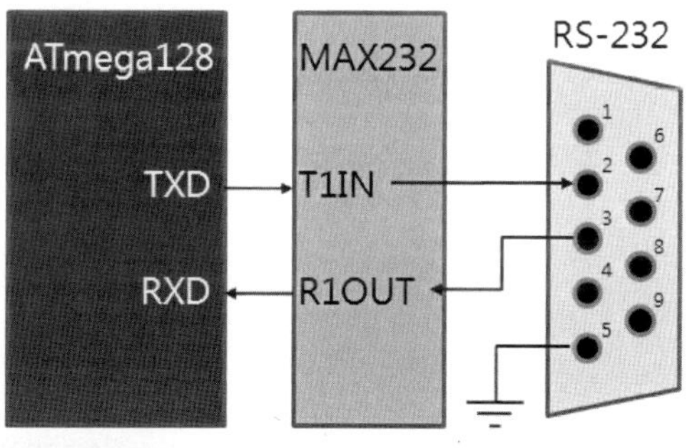

그림 4.5.3 RS-232의 블록다이어그램

위의 그림은 RS-232의 블록다이어그램이다. RS-232를 제어하기 위해서 H-Multi-MCU에서는 MAX232를 사용한다. MAX 232는 ATmega128에서 출력되는 RS-232신호를 TTL 레벨의 신호로 변환하는 칩으로 ATmega128에서는 RS-232레벨의 시리얼 신호를 사용하고 PC에서는 TTL 레벨의 시리얼 신호를 사용하기 때문에 출력되는 신호를 PC에서 사용하는 TTL 신호로 변환하기 위해서 사용되었다.

ATmega128에서 출력되는 TXD신호는 MAX232와 연결되어 신호를 변환하고 변환되어 출력되는 신호선은 RS-232포트의 2번 핀인 TX와 연결되어 있다. 반대로 RS-232포트의 3번 핀인 RX는 MAX232를 거쳐서 ATmega128의 RXD핀과 연결되어 있다.

② **USB**

USB는 UART 신호를 USB신호로 출력하기 위하여 USB to UART Bridge인

cp2102를 사용하여 신호를 변환하여 출력하도록 구성되어 있다. 변환된 신호는 USB포트와 연결되어 있다.

4.5.4 USART 제어 예

① RS-232 제어 소스

RS-232를 제어하기 위한 프로그램 예제는 uart_echo.aps이며 소스의 내용은 다음과 같다.

```
#include <avr/io.h>

#define // ATmega128의 main clock은 14745600이다.
#define BaudRate0 19200

//USART 0 ========================================USART 0
void usart0_init(void)
{
        UCSR0A=0x00;
        UCSR0B=0x98;
        UCSR0C=0x06;
        UBRR0H=0x00;
        atmega에 쓸려면 47로 설정 해주어야 한다.        // 19200 bps
}

/* Read and write functions */
unsigned char usart0_receive( void )
{
        /* Wait for incomming data */
        while ( !(UCSR0A & (1<<RXC0)) );
        /* Return the data */
        return UDR0;
}

void usart0_transmit( unsigned char data )
{
        /* Wait for empty transmit buffer */
        while ( !(UCSR0A & (1<<UDRE0)) );
        /* Start transmittion */
        UDR0 = data;
}
```

```
int main(void)
{
        char c;

        usart0_init();

    while(1)
        {
                c=usart0_receive();
                usart0_transmit(c);
    }

        return 0;
}
```

USART 관련 레지스터인 UCSR0A, UCSR0B, UCSR0C, UBRR0H, UBRR0L를 사용한 것을 볼 수 있다. uart_echo는 터미널을 통해 입력된 문자를 리턴하여 그대로 출력하는 UART테스트 프로그램이다.

4.5.5 Serial Port와 연결하기 위한 방법

1) 프로그램 다운로드

http://www.chiark.greenend.org.uk/~sgtatham/putty/download.html

Binaries

The latest release version (beta 0.63). This will generally be a version I think is reasonably likely to work w
before reporting it to me.

For Windows on Intel x86

PuTTY:	putty.exe	(or by FTP)	(RSA sig)	(DSA sig)
PuTTYtel:	puttytel.exe	(or by FTP)	(RSA sig)	(DSA sig)
PSCP:	pscp.exe	(or by FTP)	(RSA sig)	(DSA sig)
PSFTP:	psftp.exe	(or by FTP)	(RSA sig)	(DSA sig)
Plink:	plink.exe	(or by FTP)	(RSA sig)	(DSA sig)
Pageant:	pageant.exe	(or by FTP)	(RSA sig)	(DSA sig)
PuTTYgen:	puttygen.exe	(or by FTP)	(RSA sig)	(DSA sig)
A .ZIP file containing all the binaries (except PuTTYtel), and also the help files				
Zip file:	putty.zip	(or by FTP)	(RSA sig)	(DSA sig)
A Windows installer for everything except PuTTYtel				
Installer:	putty-0.63-installer.exe	(or by FTP)	(RSA sig)	(DSA sig)

Checksums for all the above files

2) 장치 관리자에서 COM의 번호를 확인한다. (사진의 경우에는 COM6)

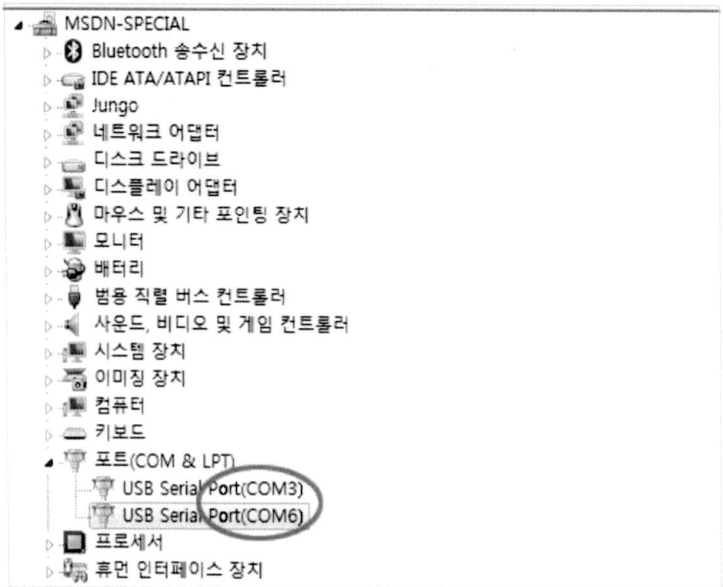

3) PUTTY를 실행 시키고 다음과 같이 설정해준다.

((1)COM 번호는 장치 관리자에서 확인 후 설정) 그 후 (2)저장 & (3)실행

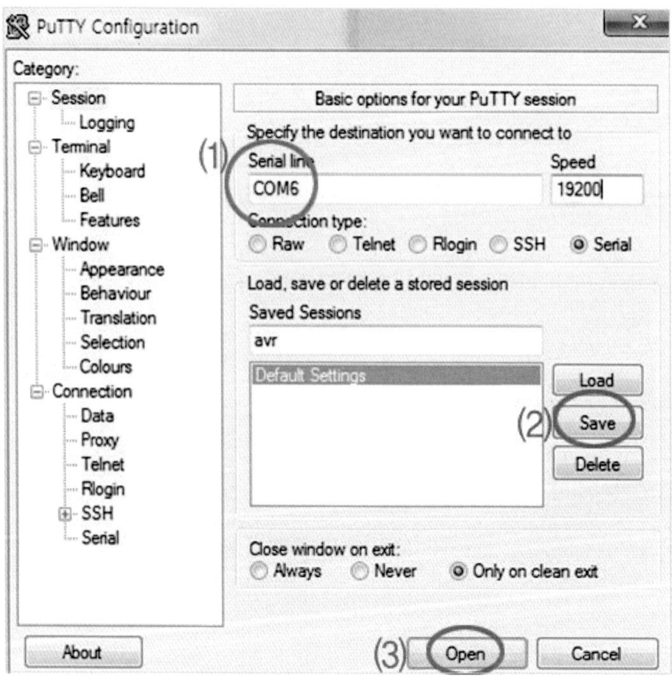

4.6 Analog to Digital 변환기

프로세서를 이용하여 제어기를 구성할 때 외부 아날로그 신호를 입력받기 위해선 Analog to Digital(A/D) 변환기가 필요하다. 따라서 외부에 A/D 변환기 회로를 구성하여 프로세서에 연결하여 하므로 전체 회로 크기가 커진다. AVR ATmega128에는 이런 외부 회로의 구성이 필요하지 않게 10 bit 분해능을 가진 A/D 컨버터 8 채널을 내장하고 있다.

4.6.1 AVR Analog to Digital 변환기의 구조 및 레지스터

ATmega128 칩에서 제공하는 A/D 변환기의 기능은 표 4.6.1에 표시 되어 있다. 총 10비트의 분해능의 A/D 변환기로 들어오는 입력을 0~4095의 값으로 표현하는 것이 가능하며, 변환 과정은 Successive Approximation 방식을 이용한다. Successive Approximation 방식을 이용하여 변환할 때 걸리는 시간은 약 13~260 usec이며 A/D 변환기로 입력되는 클럭을 변경함으로서 속도를 조절할 수 있다.

기본적인 싱글 입력의 변환 외에도 2개의 A/D 변환기 채널을 이용한 차동 입력에 대한 변환이 가능하며, 여기에 추가적으로 변환값에 Gain 을 설정하여 결과값을 얻을 수 있다.

추가적인 내용으로 ATmega128 유저 매뉴얼을 살펴보면 A/D 변환기에 입력 신호를 가할 때 정확한 변환이 이루어지게 하는 회로 구성 및 노이즈를 제거할 수 있는 회로 구성, 실제 전압과 변환된 전압과의 차이 등에 대한 정보도 나와 있으므로 A/D 변환기를 사용시 이를 참조하면 입력 신호를 좀 더 신뢰성 있는 값으로 얻을 수 있다.

표 4.6.1 AVR ATmega128의 A/D 변환기 기능

AVR ATmega128의 Analog to Digital 변환기
1. 10bit 분해능
2. 13~260 us 변환 시간
3. 8개의 멀티플렉서를 이용한 싱글 입력 채널
4. 7 개의 차동 입력 채널
5. 2 개의 10x와 200x의 Gain 옵션을 줄 수 있는 차동 입력 채널
6. 결과 값의 출력 위치를 선택적으로 조정
7. 0~VCC 입력 전압
8. 선택가능한 2.56V 참조 전압
9. Free running 모드 또는 Single Conversion 모드로 동작
10. AD 변환 완료시 인터럽트 요청
11. Sleep 모드 노이즈 제거

다음은 A/D 변환기를 사용하기 위해서 설정해야 하는 레지스터들에 대한 설명이다.

1) ADMUX 레지스터

ADMUX 레지스터의 가장 큰 기능은 총 8개의 입력 채널 중 변환할 채널을 선택하는 것이다. 그 외에도 참조전압에 대한 설정과 변환 결과의 비트를 어떤 식으로 정렬할 것인지 설정할 수 있다.

ADC Multiplexer Selection Register – ADMUX

Bit	7	6	5	4	3	2	1	0	
	REFS1	REFS0	ADLAR	MUX4	MUX3	MUX2	MUX1	MUX0	ADMUX
Read/Write	R/W	R/W	R/W	R/W	R/W	R/W	R/W	R/W	
Initial Value	0	0	0	0	0	0	0	0	

그림 4.6.1 ADMUX 레지스터

표 4.6.2 ADMUX 비트별 기능

Bit	기능
7 - REFS1	00 : AREF를 참조전압으로 사용 01 : AVCC를 참조전압으로 사용 11 : 내부 2.56V를 참조전압으로 사용
6 - REFS0	
5 - ADLAR	0 : ADC 결과를 LSB부터 정렬 (ADCH 하위 2bit, ADCL 8bit) 1 : ADC 결과를 MSB부터 정렬 (ADCH 8bit, ADCL 상위 2bit)
4 - MUX4	
3 - MUX3	싱글입력 : 변환 할 채널 번호를 0~7까지 선택
2 - MUX2	
1 - MUX1	차동입력 : 유저매뉴얼 243쪽을 참고
0 - MUX0	

2) ADCSRA 레지스터

ADCSRA 레지스터는 A/D 변환기를 조작할 때 사용한다. A/D 변환기 기능을 사용하고자 선택할 때, 변환 시작, 연속적인 변환 기능, 변환 상태 검사, 인터럽트 요청 기능 설정, A/D 변환기 동작 클럭 분주 등 조작하기 위한 모든 기능이 이 레지스터에 포함되어 있다.

주의할 점은 A/D 변환기에 동작 클럭을 설정 할 때 10bit 분해능을 모두 사용하기 위해선 입력 클럭 50~200kHz 사이로 설정해야 한다. 이 보다 낮은 분해능의 결과만 원한다면 200kHz 이상으로 사용해도 무방하다. 예로 ATmega128 칩이 16MHz의 동작클럭을 사용한다면 Prescaler는 128분주를 사용하여야 안정적인 10bit 분해능을 얻을 수 있다.

ADC Control and Status Register A – ADCSRA

Bit	7	6	5	4	3	2	1	0	
	ADEN	ADSC	ADFR	ADIF	ADIE	ADPS2	ADPS1	ADPS0	ADCSRA
Read/Write	R/W	R/W	R/W	R/W	R/W	R/W	R/W	R/W	
Initial Value	0	0	0	0	0	0	0	0	

그림 4.6.2 ADCSRA 레지스터

표 4.6.3 ADCSRA 비트별 기능

Bit	기능
7 - ADEN	0 : A/D 변환기 꺼짐 1 : A/D 변환기 켜짐
6 - ADSC	이 비트를 셋하면 A/D 변환이 시작된다. 변환이 완료되면 자동으로 클리어 됨.
5 - ADFR	0 : A/D 변환 과정을 Single 변환 모드로 설정한다. 1 : A/D 변환 과정을 Free Running 모드로 설정한다
4 - ADIF	A/D 변환과정이 완료되면 셋 A/D 변환과정이 시작되면 클리어
3 - ADIE	0 : A/D 변환 완료 인터럽트 사용안함 1 : A/D 변환 완료 인터럽트 사용
2 - ADPS2 1 - ADPS1 0 - ADPS0	A/D 변환기 입력될 동작 클럭을 결정하는 Prescaler 값 000 : SYSCLK / 2 001 : SYSCLK / 2 010 : SYSCLK / 4 011 : SYSCLK / 8 100 : SYSCLK / 16 101 : SYSCLK / 32 110 : SYSCLK / 64 111 : SYSCLK / 128

3) ADCH, ADCL 레지스터

ADCH, ADCL 레지스터 A/D 변환이 완료되었을 때 결과 값이 저장되어 있는 레지스터이다. 이는 총 16 bit 레지스터이지만 10 bit 분해능이므로 10 bit 만 사용되는데 결과값이 저장되는 위치를 변경할 수 있다. 이는 ADMUX 레지스터의 ADLAR 비트 조작으로 결정한다.

ADLAR = 0:

Bit	15	14	13	12	11	10	9	8	
	–	–	–	–	–	–	ADC9	ADC8	ADCH
	ADC7	ADC6	ADC5	ADC4	ADC3	ADC2	ADC1	ADC0	ADCL
	7	6	5	4	3	2	1	0	
Read/Write	R	R	R	R	R	R	R	R	
	R	R	R	R	R	R	R	R	
Initial Value	0	0	0	0	0	0	0	0	
	0	0	0	0	0	0	0	0	

ADLAR = 1:

Bit	15	14	13	12	11	10	9	8	
	ADC9	ADC8	ADC7	ADC6	ADC5	ADC4	ADC3	ADC2	ADCH
	ADC1	ADC0	–	–	–	–	–	–	ADCL
	7	6	5	4	3	2	1	0	
Read/Write	R	R	R	R	R	R	R	R	
	R	R	R	R	R	R	R	R	
Initial Value	0	0	0	0	0	0	0	0	
	0	0	0	0	0	0	0	0	

그림 4.6.3 ADCH, ADCL 레지스터

※ ADCH, ADCL을 이용하여 결과 값을 읽을 때 주의해야 할 부분이 있는데, 이는 ADCH, ADCL 레지스터를 정해진 순서에 맞게 읽어야 한다는 것이다. 먼저 ADCL을 읽고, ADCH를 읽어야만 정상적인 결과 값을 읽어 올 수 있으며, 이렇게 하지 않을 경우 다음 변환부터는 변환된 결과 값이 정상적으로 저장되지 않는다.

4.6.2 Analog to Digital 변환기 사용 예

아래 프로그램은 ATmega128 칩의 포트 F 0번 핀에 10K의 가변저항으로 5V 전압을 분배하는 회로를 구성하여 연결한 상태에 동작하는 프로그램이다. 여기서는 A/D 변환기의 0번 채널을 통해 변환된 값을 포트 E로 상위 8ibt 만 출력하여 전압이 0~5V로 변화하는 것을 확인한다. 이 때 확인 된 값을 멀티메터를 사용하여 직접 전압을 검사함으로써 A/D 컨버전 값의 오프셋을 확인 할 수 있다.

```
#include <avr/io.h>
#include <avr/interrupt.h>
void initADC(void)
{
        ADCSRA = ADCSRA | (0x01<<7) | (0x07);
}

int readADC( char ch )
{
         int temp;
        ADMUX = (char)ch;
        ADCSRA=ADCSRA|(0x01<<6);
        while(ADCSRA&(0x01<<6));
        temp = ADCL;
        return ((ADCH<<8)|temp);
}

int main(void)
{
        int res_adc
        initADC();
     DDRE=0xff;
        while(1)
        {
                res_adc=readADC(0);
                 PORTE = (res_adc>>2);
        }
}
```

연/습/문/제/

1. ATmega128의 전원이 꺼져 있다가 켜질 때 프로그램 카운터(PC)의 값이 어떻게 설정되는지 알아보고 이 값과 부트코드와 어떤 관계가 있을지 기술하시오.

2. ADD R0, R1 명령이 CPU에서 방금 수행 되었을 때 상태레지스터의 Flag 비트들의 값을 적어 보시오.(단 R0의 초기값은 37h, R1의 초기값은 B4h이다.)

3. 데이터메모리 100h 번지에서 200h까지의 데이터를 150h에서 250h로 옮기기 위한 어셈블리어 코드를 작성해 보시오.

4. 외부메모리로 연결한 래치의 주소 값을 2000h로 만들고 싶다. 이 래치의 chip select를 만들기 위한 디코딩 회로를 그려 보시오.

5. 4.4.5절의 실습1을 위한 프로그램에서 ISR (SIG_OVERFLOW0) 부분을 컴파일러에서 어떻게 해석하고 처리하는지 알아보시오.(인터럽트 부분 참조)

Part Ⅲ

AVR 활용

ATmega128을 이용한 장치제어

CHAPTER 05

5.1 MPF-mDIGITAL ATmega128 시스템 구성 및 사양

5.1.1 MPF-mDIGITAL ATmega128 시스템

1) 시스템 사진

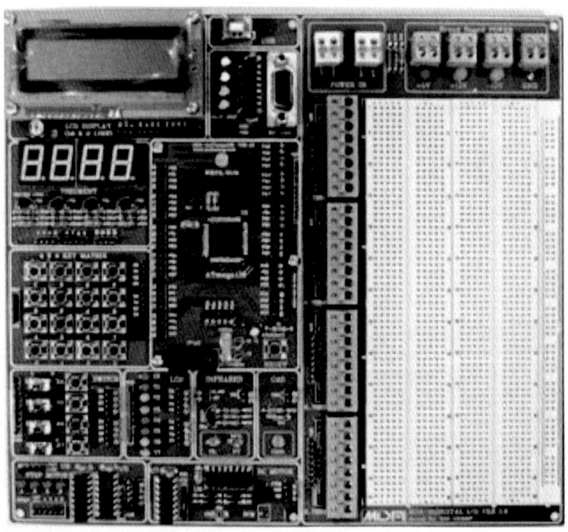

2) MPF-mDIGITAL ATmega128 구성품

설치 CD

어댑터, RS-232C, USB, 점퍼

5.1.2 MPF-mDIGITAL ATmega128 사양

1) PC 응용 프로그램

- AVR Studio

2) CPU

- ATmega128 또는 ATmega8535 (2개 중 1개 선택 장착)

3) IO 장치

- LCD (16×2) × 1 개, 7-Segment LED × 4 개, LED × 8 개
- 스위치 × 16 개, Toggle 스위치 × 4 개, Tact 스위치 × 4 개
- A/D CONVERTER 실험장치: 적외선 송수신 센서, CDS × 1 개
- 모터 실험장치: STEP 및 DC MOTOR Driver 회로 내장

4) PC 인터페이스

- USB × 1 개: 프로그램 라이터용
- DB9 소켓 × 1 개: RS-232C 통신 포트

5) 전원

- DC전원 회로 내장 (AC 어댑터 사용)
- 전원: DC +12V, +5V, +3.3V, GND

6) 브래드보드 및 터미널 단자

- 사용자 실험용 브래드보드 및 터미널 단자 × 40 개

7) 부속품

- PC 응용 프로그램
- USB A-B 타입 케이블 × 1 개
- RS-232 시리얼 케이블(9핀) × 1 개
- 점퍼 케이블 × 6 개
- AC어댑터 (AC12V, 2A)

8) MPF-mDIGITAL ATmega128 세부도면

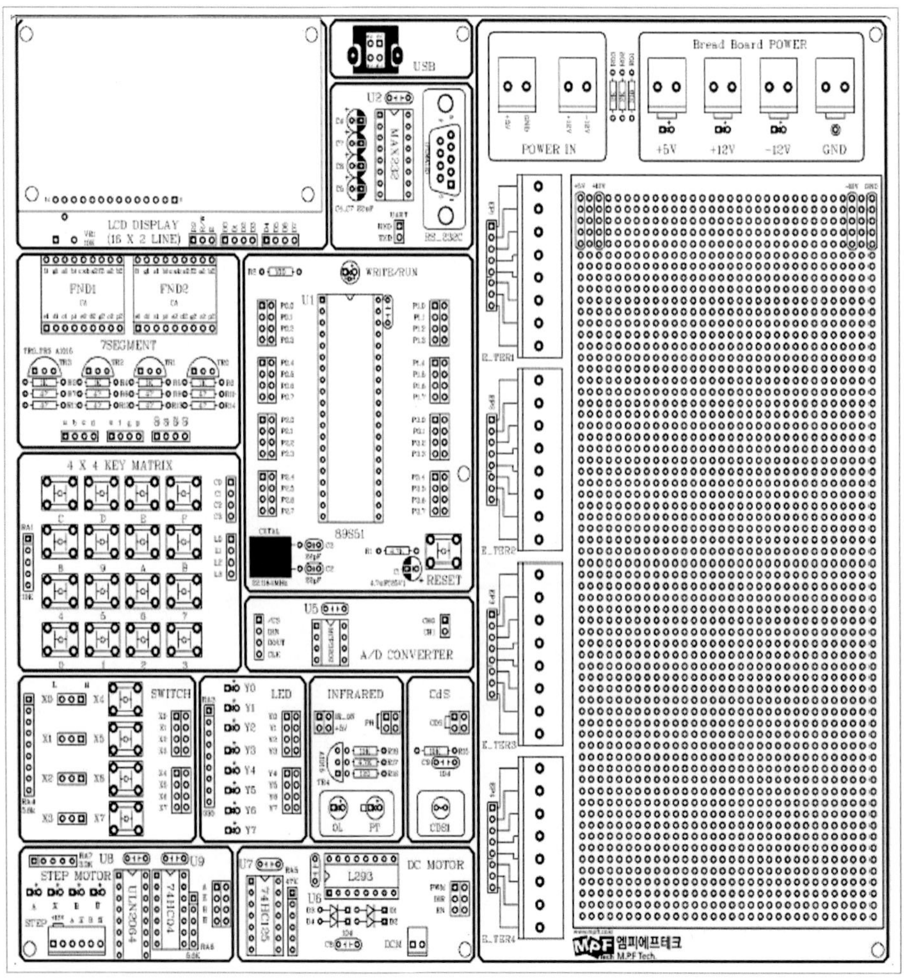

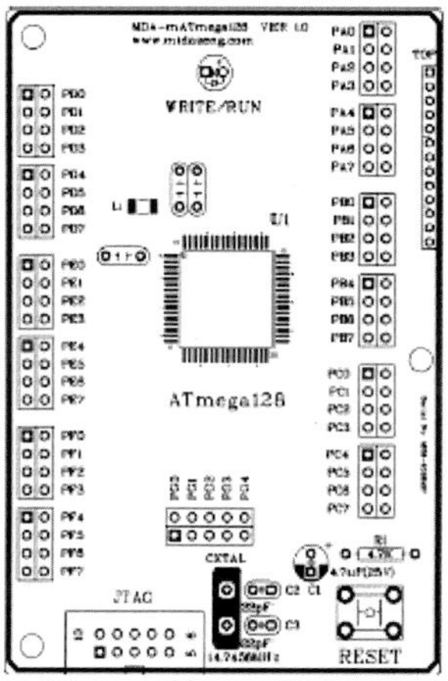

ATmega128

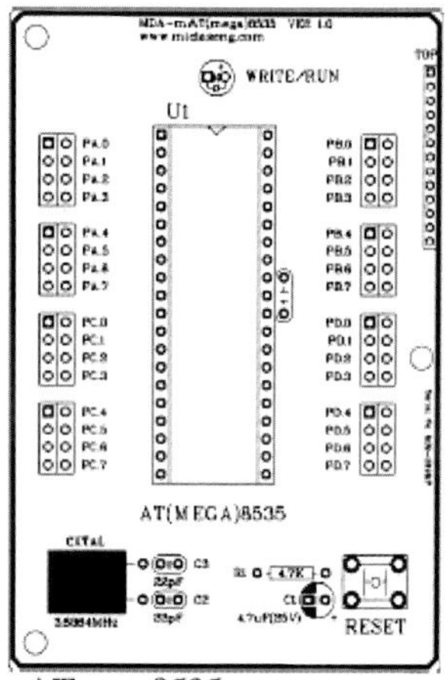

ATmega8535

9) MPF-mDIGITAL ATmega128 세부 구성

① MPF-Multi MICOM CPU 인터페이스 보드

사용자가 임의로 MPF-mDIGITAL 응용장치에 연결하여 사용할 수 있도록 왼쪽 커넥터가 연결되어 있고, 오른쪽 커넥터는 사용자 확장 보드에 연결하여 사용할 수 있도록 커넥터가 연결됨

② LCD DISPLAY (16 × 2 LINE)

16 × 2 LINE 캐릭터 LCD를 사용하며, 사용자가 CPU 보드와 직접 선을 연결하여 실험 가능함.

③ RS-232C

데이터 통신의 여러 기능 실험을 하기 위한 RS-232 회로가 연결되어 있으며, 사용자가 CPU보드와 직접 선을 연결하여 실험 가능함.

④ 7 SEGMENT

컴온 애노드 (Common Anode)형 2-DIGIT 7 SEGMENT가 연결됨

⑤ KEY MATRIX

4 × 4 키가 행렬로 구성되어 있음.

⑥ **SWITCH**

TACT 스위치와 토글 스위치가 각각 연결되어 있음.

⑦ **LED**

LED가 연결되어 있어 사용자가 CPU보드와 직접 선을 연결하여 실험 가능함.

⑧ **INFRARED**

INFRARED(적외선) 실험을 하기 위한 회로가 구성됨.

⑨ **Cds**

Cds 실험을 하기 위한 회로가 연결되어 있음.

⑩ **DC MOTOR**

DC MOTOR 실험을 하기 위한 회로가 연결되어 있음.

⑪ **STEP MOTOR**

STEP MOTOR 실험을 하기 위한 회로가 연결되어 있음.

5.2 LED 점등실습

이 절에서는 다이오드의 구조와 동작 원리에 대하여 이해해 보도록 한다. 또한 LED (Light-emitting diode)의 구조와 작동원리에 대하여 이해하고 ATmega128을 이용하여 LED를 제어하기 위한 프로그래밍 방법을 알아본다. 또한, 디지털 포트와 스위치를 이용하여 LED를 점등하는 실습을 한다.

S/W X1	S/W X0	LED Y0~Y7의 상태
0	0	LED 모두 OFF
0	1	LED Y0 → Y7의 순서대로 ON
1	0	LED Y0 ← Y7의 순서대로 ON
1	1	LED Y0 → Y7의 순서대로 ON

5.2.1 LED의 구조

1) 다이오드 구조

다이오드의 구조는 다음과 같이 P형 반도체와 N형 반도체가 접합된 PN 접합형태이고 기호는 아래 그림과 같다. 아래의 그림에서 애노드(Anode)가 P형 반도체이고, 캐소드(cathode)가 N형 반도체이다.

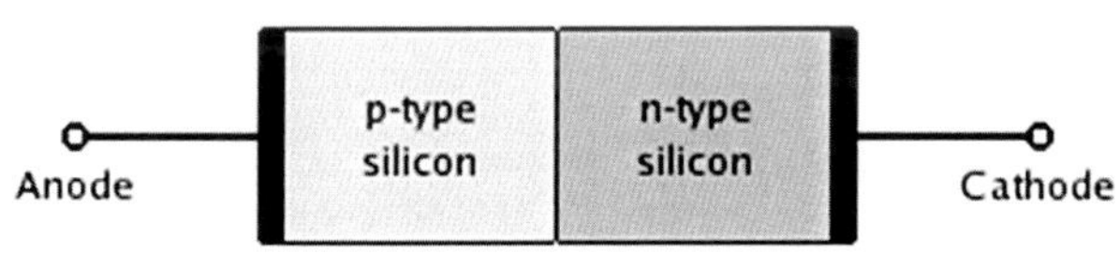

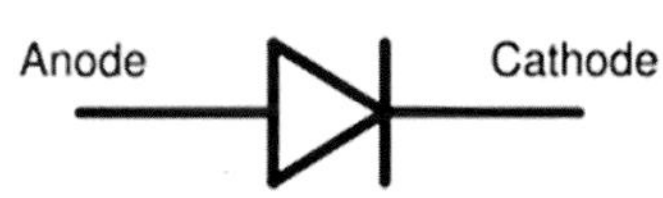

다이오드는 "+"의 전기적 특성을 가지고 있는 P형 물질과 "−"의 전기적 특성을 가지고 있는 N형 물질을 접합하여 만든 것으로, 한쪽 방향으로는 쉽게 전자를 통과 시키지만 다른 방향으로는 통과 시키지 않는 특성을 이용하여 사용한다.

P형 반도체는 인듐(In)이나 갈륨(Ga)과 같은 물질을 규소에 합성하여 "+"성분(hole : 정공)이 많게 만든 물질이고, N형 반도체는 비소(As)나 안티몬(Sb)과 같은 물질을 규소에 합성하여 "−"성분(electron:전자)이 많도록 만든 물질이다. 이 두 개의 성질이 다른 반도체를 결합하여 만든 것을 다이오드라 하며 PN junction이라고도 한다.

2) 다이오드의 동작

일반적인 다이오드는 애노드(anode)에서 캐소드(cathod)로 순방향으로 전압이 인가되면(순방향 바이어스), 즉, 캐소드에 비하여 애노드에 높은 전압이 인가되면 애노드에서 캐소드 방향으로 전류가 흐르게 된다. 반대로 역방향으로 전압이 인가되면 전류가 흐르지 않는다.

3) 순방향 바이어스 (forward bias)

아래 그림과 같이 캐소드에 대하여 애노드 전압을 높게 인가하게 되면 PN접합의 공핍층의 전위 장벽이 낮아져서 N형 반도체의 전자와 P형 반도체의 정공이 각각 +와 −극으로 이동함으로써 애노드에서 캐소드 방향으로 전류가 급격하게 흐르게 된다.

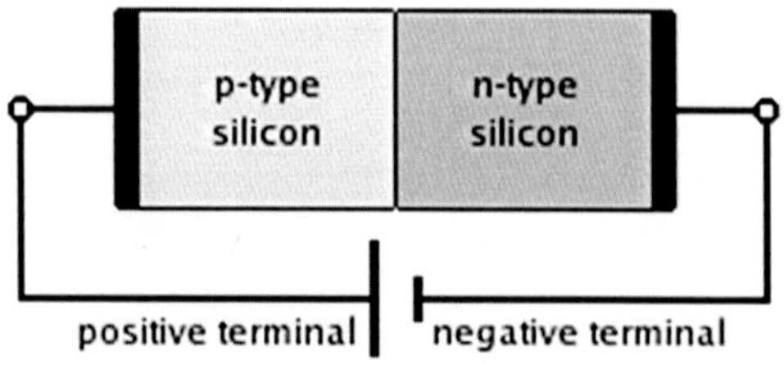

4) 역방향 바이어스 (backward bias)

다음 그림과 같이 다이오드의 애노드에 캐소드보다 낮은 전압을 인가하는 것이 역방향 바이어스이다. 역방향 바이어스가 다이오드에 인가되면 아래 그림과 같이 공핍층의 전위 장벽이 높아져서 P형 반도체의 정공과 N형 반도체의 전자가 장벽 사이를 이동하기 어려워져서 전류가 흐르지 못한다.

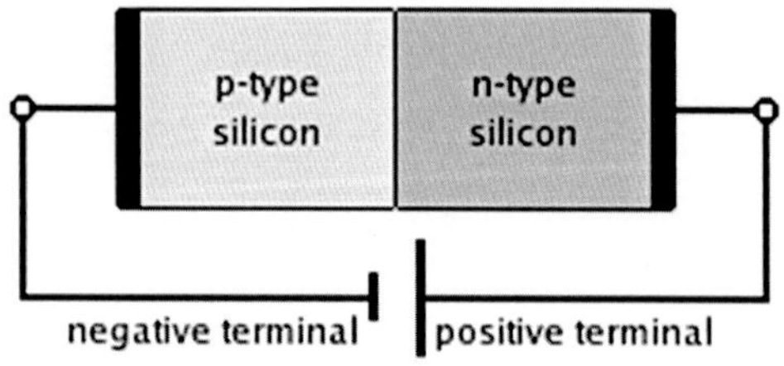

5) 다이오드의 종류

다음 그림은 다양한 종류의 다이오드들이다. 다이오드는 사용하는 목적에 따라서 정류다이오드, 검파다이오드, 제너다이오드, 쇼트키 다이오드 등이 있다.

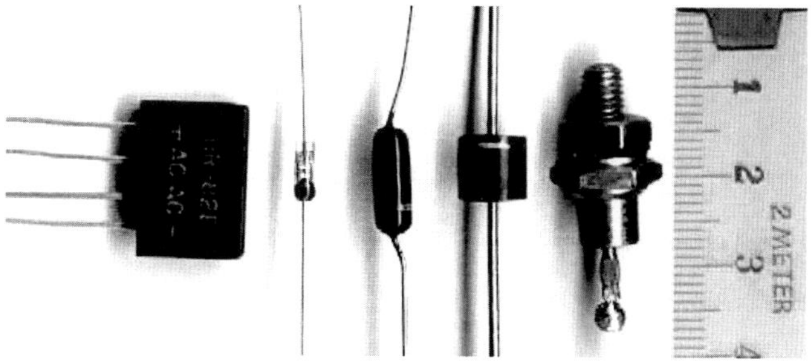

6) 발광 다이오드(LED, Light Emitted Diode)

발광 다이오드는 다이오드에 순방향 바이어스를 인가사면 빛을 발산하는 반도체 소자로써 LED (Light Emitted Diode)라고도 부른다. 발광의 원리는 전계발광 (electroluminescence) 효과를 이용한다. 일리노이 대학교의 닉 호로니악이 1962년 최초로 개발한 다이오드는 전자회로에서 동작 상태를 표시하는 용도로 주로 사용되고 있으며 최근에는 조명용으로 각광받고 있다. 수명도 백열전구보다 상당히 길다. 발광 다이오드의 외형은 다음 그림과 같고 발광색은 빨간색, 초록색, 노란색을 주로 사용하고 최근에는 파란색 발광 다이오드도 있다.

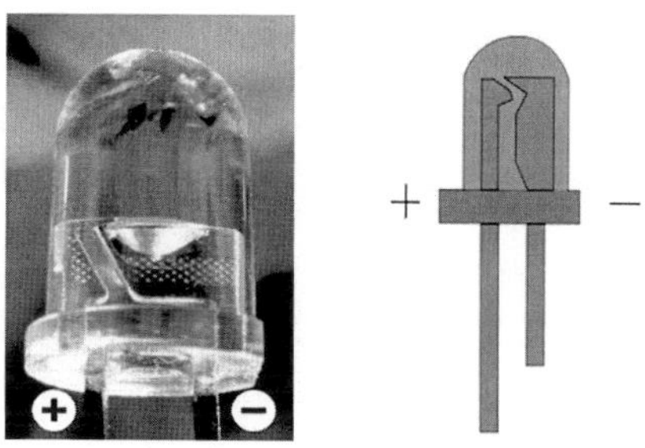

발광 다이오드의 기호는 다음 그림과 같이 화살 형태이며 외형으로 구분하는 방법은 아래의 표에 열거한 방법으로 구분할 수 있다. 일반적으로 리드선이 긴 쪽이 애노드(+)이고 반투명한 내부를 볼 때는 넓은 쪽이 캐소드(-)이다.

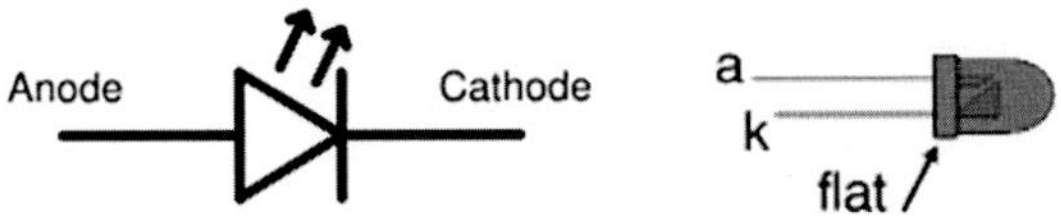

부호	+	-
극성	양극	음극
터미널	애노드(A, Anode)	캐소드(K, Cathod)
리드선	길다	짧다
외형	둥글다(round)	평평하다(flat)
내부	작다	크다
선연결	붉은색	검은색

5.2.2 LED의 동작

발광다이오드의 발광 원리는 PN 접합에서 전자가 가지는 에너지를 직접 빛 에너지로 변환하는 것이므로, 거시적으로는 열이나 운동에너지를 필요로 하지 않는다. 전극으로부터 반도체에 주입된 전자와 정공은 다른 에너지띠(전도띠나 원자가띠)를 흘러 PN 접합부 부근에서 에너지띠를 넘어 재결합한다. 재결합할 때 에너지띠 간격에 상응하는 에너지가 광자, 즉 빛으로 방출된다.

발광다이오드 LED는 자외선 영역에서 가시광선, 적외선 영역까지 다양한 범위의 빛을 발광한다. 일반적인 다이오드는 애노드(anode)와 캐소드(cathod) 양극에 0.3 ~ 0.7 V의 전위차가 양단에 전류가 흐르게 된다. LED는 색에 따라서 차이가 있으며 약 1.5 V에서 3.5 V의 전위차가 발생하면 LED는 애노드에서 캐소드로 전류가 흐르게 되고 발광한다. 정방향 전위차는 LED의 화학적 특성, 온도 그리고 전류(일반적으로는 약 20 mA 정도의 전류가 흐른다.)에 따라서 다르다.

대부분의 LED는 최대 역전압은 5V이다. 그리고 양극 사이에 과도한 전류가 흐르게 되면 LED는 영구적으로 손상되어 사용할 수 없게 된다. 따라서 양극에 흐르는 전류를 제한하여야만 한다. 양극에 흐르는 전류를 제한하기 위하여 아래의 그림과 같이 일반적으로 300 ~ 700 Ω정도의 저항을 연결한다.

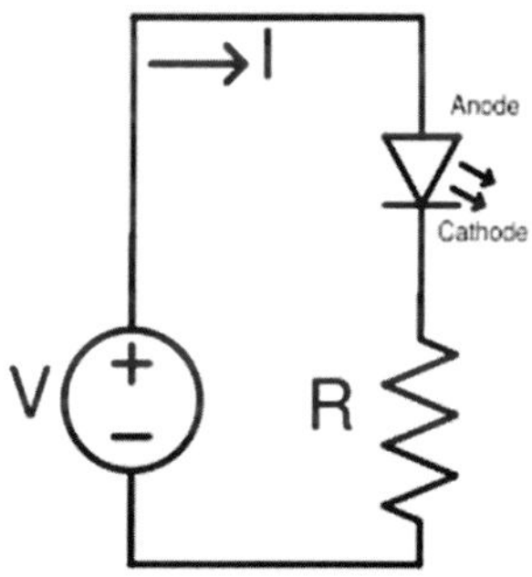

1) LED 사용 분야

LED의 응용 분야는 다양하다. 초기에는 전기 및 전자기기의 상태를 나타내는 용도로 주로 사용되었지만 다음 그림과 같이 공공장소의 안내를 위하여 사용되기도 하고 대형 전광판으로 제작되어 영상을 출력함으로써 광고 등에도 활용되고 있다.

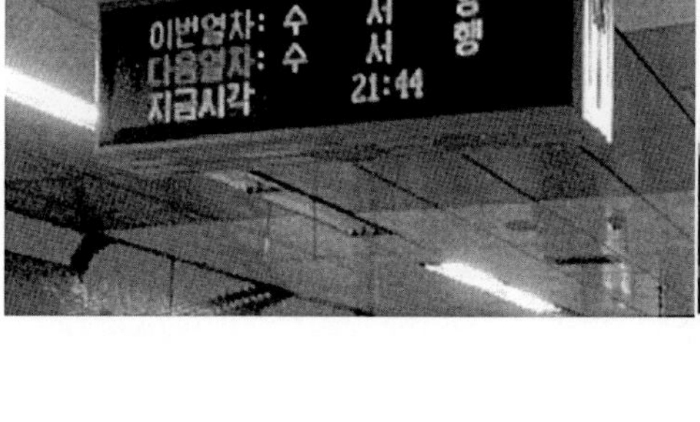

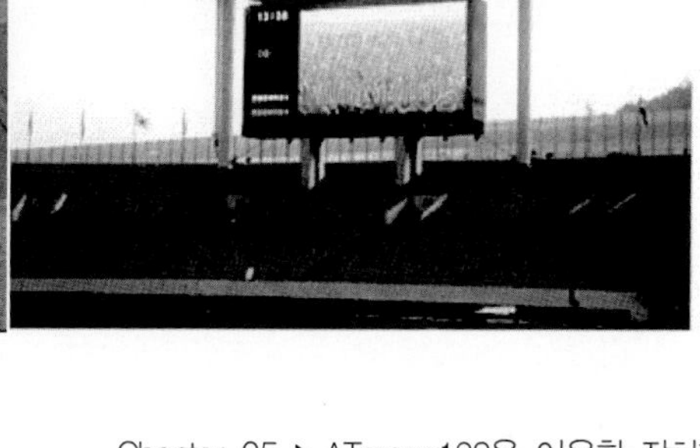

최근에는 고휘도 LED가 개발되어 아래 그림과 같이 전구를 대신하여 자동차 전조등, 도로의 신호등 등에서 활용되고 있다.

전구를 대신하는 용도로 사용될 때는 단순 LED에 대하여 ON/OFF 제어를 하면 되지만 다양한 형태의 문자와 그래픽 표현을 요구하는 안내 및 옥외 광고용으로 사용될 때는 LED 구동을 위한 프로그램이 다소 복잡해진다.

LED는 광을 발산하는 본체는 LED 칩이다. LED 칩과 애노드(anode) · 리드 사이는 Ø25 ~ 30㎛의 금속선이 접속되어, 그곳에서 광을 적절히 출력하기 위해서 LED 칩은 투명한 송진 등으로 렌즈의 가운데를 메워 놓았다. 렌즈의 형상과 송진의 종류는 아래와 같고 또 특성이 다른 LED를 만들기도 한다.

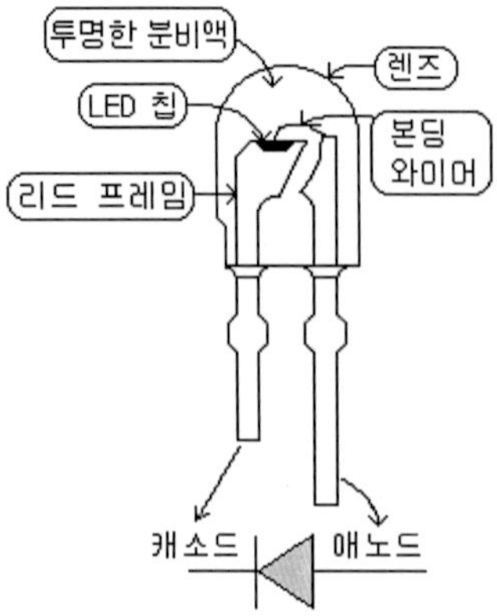

(1) 무색 투명 렌즈
(2) 발광색과 같은 송진으로 착색하고, 점등하지 않을 경우에 발광색을 판별할 수 있다.
(3) 송진에 광 산란제를 넣어서 발광 면적을 증가시켜서 부드럽게 발광을 하도록 한다.

5.2.3 실험 회로도

1) ATmega128의 LED 실험 회로도

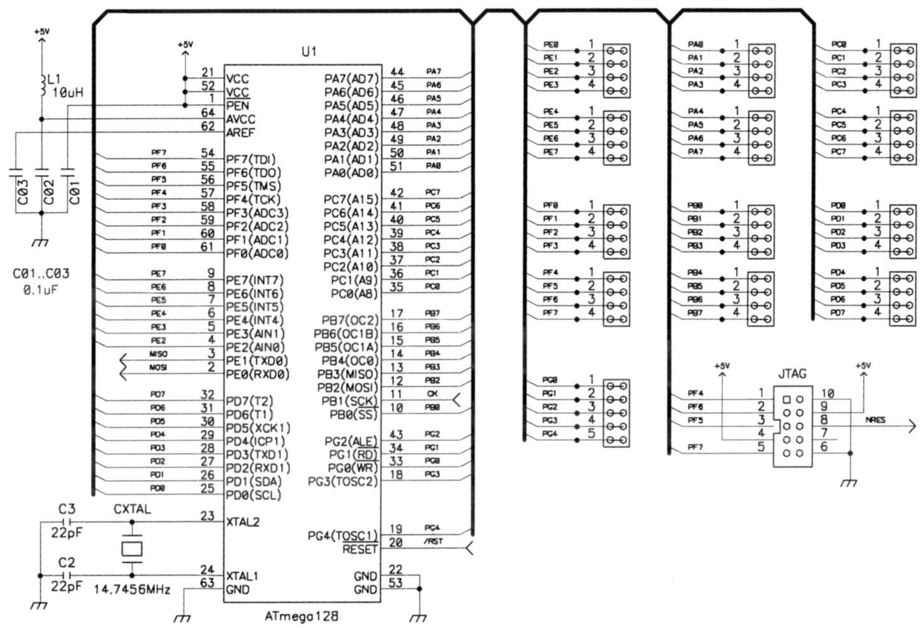

2) LED 및 SWITCH 회로도

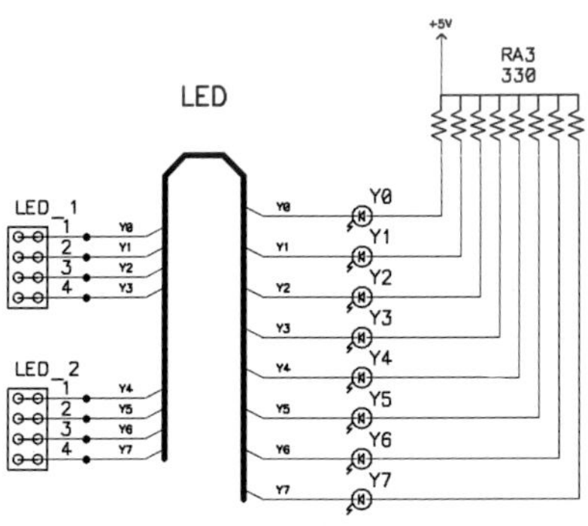

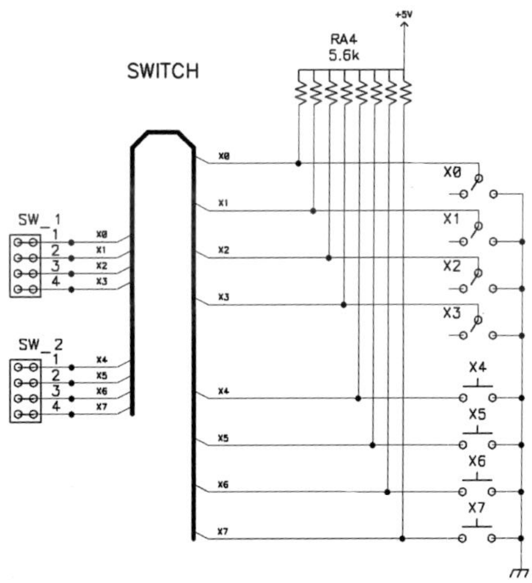

3) AT(mega)128과 LED, SWITCH 연결 관계

AT(mega)128 PORT B	LED	AT(mega)128 PORT B	LED	AT(mega)128 PORT A	SWITCH
PB.3	Y3	PB.7	Y7	PA.1	X1
PB.2	Y2	PB.6	Y6	PA.0	X0
PB.1	Y1	PB.5	Y5		
PB.0	Y0	PB.4	Y4		

4) 프로그램 흐름도

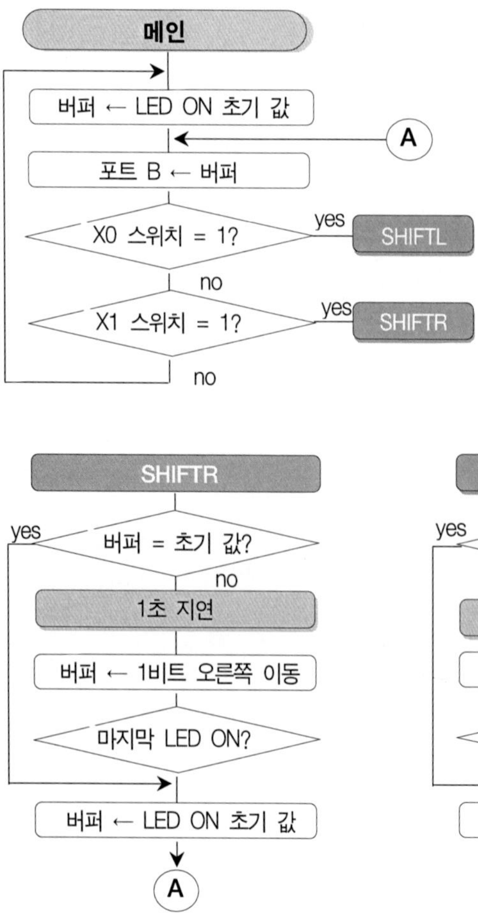

5.2.4 실험 프로그램

1) 프로그램 : LED1.C

```
/****************************************
* MPF-mDIGITAL DDS VER 1.0
* ATmega128
****************************************/

/****************************************
 < Connecting PORT to LED,SWITCH UNIT >
* PB0 ~ PB7 ==> [LED]Y0 ~ Y7
* PA0,PA1 ==> [SWITCH]X0,X1
*****************************************/
#include <avr/io.h>        // define port name
#include <stdint.h>        // define uin8_t, int8_t
#include <util/delay.h>  // define delay function
unsigned char temp;            // LED ON/OFF global variable
//The LED ON's value is shifted to the Y0->Y7
void SHIFTL (void)
{
   if(temp == 0xff) temp = 0xfe; // The first action?
   else{
     temp = (temp << 1)|0x01;          // Update the LED ON's value
          // if Last LED is ON, store the initial value.
     if (temp == 0xff) temp = 0xfe;
  }
}
// The LED ON's value is shifted to the Y7->Y0
void SHIFTR (void)
{
   if(temp == 0xff) temp = 0x7f;       // The first action?
   else{
     temp = (temp >> 1)|0x80;        // Update the LED ON's value
          // if Last LED is ON, store the initial value.
     if(temp == 0xff) temp = 0x7f;
   }
}
// main
int main(void)
{
   DDRB = 0xFF;   // B port output mode
   DDRA = 0x00;   // A port input mode
   temp = 0xFF;   // LED ON/OFF initial value
```

```
    // loop
    while(1)
    {
                PORTB = temp;              // output PORTB
        _delay_ms(500);                     // delay
                // check switch
        if(PINA & 0x01)     SHIFTL();      // X0 = High?
        else if(PINA & 0x02) SHIFTR();     // X1 = High?
        else temp = 0xff;                  // X0 = X1 = Low?
        }
        return 0;
}
```

5.3 키패드(Key Pad) 및 FND 제어

이 절에서는 행·열 형태의 키보드로 구성된 키패드에서 눌러진 키를 검출해서 FND에 디스플레이하는 실습을 한다. 키패드에 대한 기본적인 원리와 동작 원리에 대해서 이해하고 마이크로 컨트롤러를 이용하여 키패드를 제어하기 위한 프로그래밍 방법을 알아보도록 한다.

5.3.1 키보드와 키패드

키패드를 구동시키기에 앞서서 우선 주변에서 흔히 볼 수 있는 키보드와 핸드폰 등에 많이 사용되고 있는 키패드에 대해서 알아보도록 하자. 사람이 기계장치를 제어하고 기계장치의 상태를 확인하기 위해서는 기계장치에 명령이나 설정을 해줘야 한다. 키보드와 키패드는 사람과 기계장치 간의 의사소통을 하기 위한 가장 보편적인 수단으로 사용되는 입력 장치이다. 다음 그림은 주변에서 흔히 볼 수 있는 키보드와 키패드에 대한 사진이다.

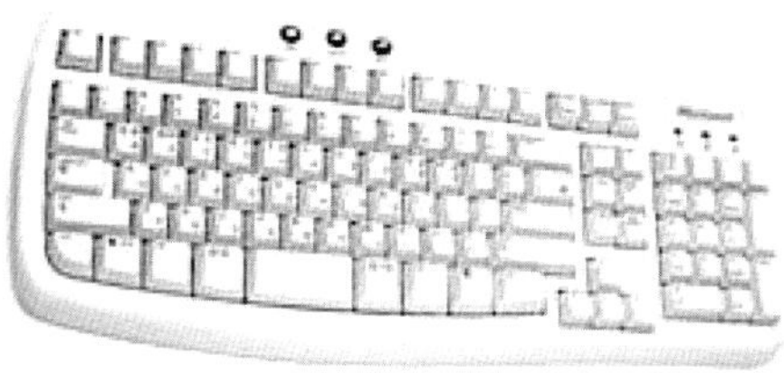

키보드와 키패드는 작동 원리에 있어서 기본적인 구조는 동일하다. 키보드는 문자와 특수 기호, 기능키 등 다양한 키를 가지고 있으며 키패드는 주로 키보드의 기능을 줄여서 특정한 목적에 맞도록 필요한 소수의 키를 가지고 있는 것으로 구분 할 수 있다. 키패드는 주로 0에서 9까지의 숫자와 한두 가지의 특수 기능을 하는 키를 가지고 있으며, 핸드폰의 경우 이러한 키패드를 소프트웨어적으로 기능을 확장하여 다양한 문자처리와 상황에 따른 다른 기능을 처리하고 있다.

아래의 사진은 산업용으로 사용하는 키패드의 PCB와 버튼이다.

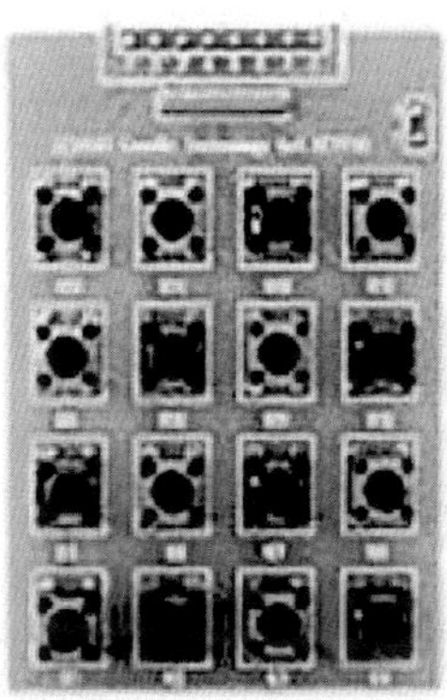

스위치의 기술에 따른 키보드의 종류는 돔스위치(dome-switch), 역학적 키보드(mechanical keyboard), 정전용량 키보드(capacitive keyboard) 등이 있으며 가장 보편적으로 사용되고 있는 것은 아래 사진과 같은 돔 스위치 키보드이다.

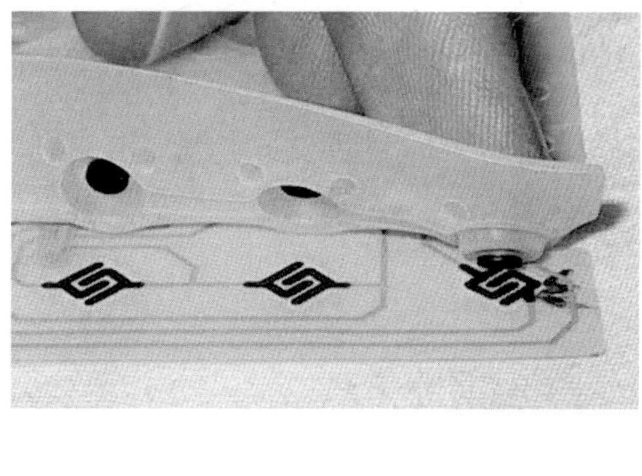

1) 키보드 구분

키보드에서 특정한 키가 눌러졌을 때 전기 신호 레벨이 변화되고 이를 마이크로프로세서가 인식한다. 전기 신호 변화를 인식하는 방법에 따라서 비행렬(non matrix) 키보드와 행렬식(matrix) 키보드로 구분된다.

2) 비행렬식 키보드

다음 그림은 비행렬식 키보드의 구조를 나타내고 있다. 마이크로프로세서의 특정한 출력포트(Port A, PIN0)에서 레벨 "1" 혹은 "0"을 공급하고 입력포트(Port B)에서 출력 포트의 레벨이 나타나면 특정한 키가 눌러졌다고 인식한다. 예를 들어 다음 그림에서 출력포트의 PIN0으로 레벨 "1"을 출력하고 마이크로프로세서가 입력포트의 신호를 비교한다. 1번 키가 눌러지면 입력포트 PIN1이 "1"레벨이 되면 1번 키가 눌러진 것으로 인지한다.

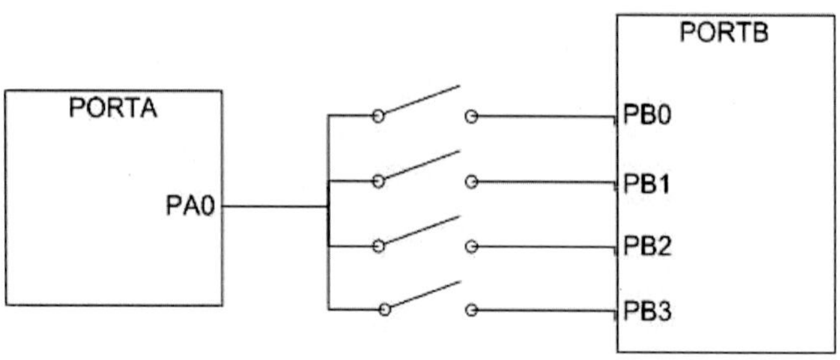

3) 행렬식 키보드

행렬식 키보드는 키들이 N*M 행렬로 구성된다. 4*4 행렬식 키보드는 다음 그림과 같이 구성된다. 출력포트(Port A)에서 특정한 비트 출력만을 선택하여 레벨을 변화시키고 입력포트(Port B)에서 4 비트를 입력 받아 어느 키가 눌러졌는지 인지하는 방식이다.

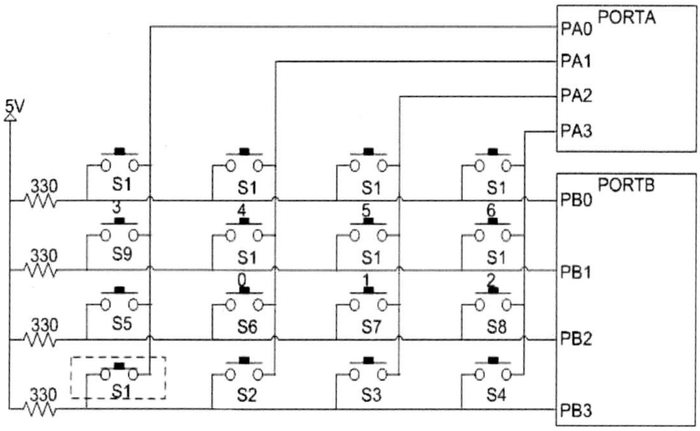

4) 행렬식과 비행렬식 비교

행렬식 키보드는 비행렬식 키보드에 비하여 하드웨어 구조가 복잡하고 프로그램도 복잡하지만 행렬식 키보드를 구성하는 경우에는 핀 수를 현저히 줄일 수 있다. 아래 그림은 행렬식과 비행렬식에서 키 개수가 증가함에 따라서 행렬식과 비행렬식으로 키보드를 구성하는데 필요한 핀의 개수를 비교한 것이다. 비행렬식 키보드는 키 개수가 증가함에 따라서 비례하여 핀 수가 증가한다. 키 개수가 16일 때, 비행렬식은 17핀이 필요하지만 행렬식은 8개의 핀만 있으면 된다. 한정된 포트를 가지고 있는 마이크로컨트롤러에서는 다른 기능을 동시에 구현하기 위해서 소요 핀의 수를 줄이는 것이 필요하다.

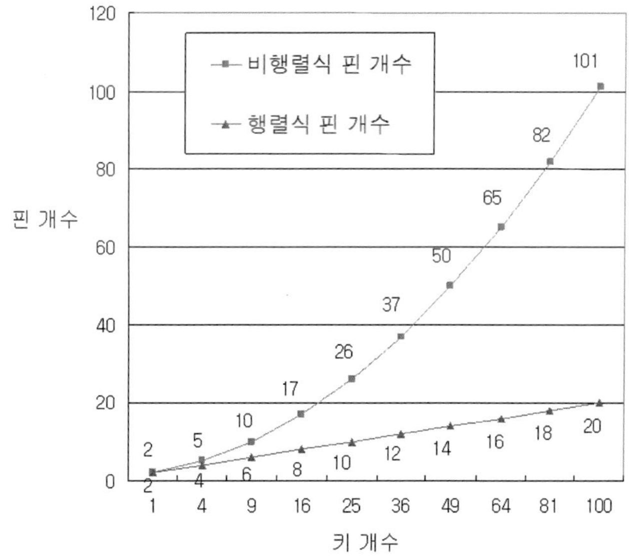

5.3.2 키패드 제어 회로 이해

KEY_ROW0~3은 출력포트 핀이 연결되고, KEY_COL0~3은 입력 포트 핀이 연결된다. 출력포트 핀으로는 네 라인 중에서 하나만 '0'이 되도록 하고 나머지는 '1'을 출력한다. '0'인 열에 인식 가능한 키가 있다. 그리고 KEY_COL0~3의 값을 읽어서 선택된 열의 네 개의 키 중에서 '0'으로 변화가 생긴 키를 인식한다. 키의 변화는 하강에지, 상승에지로 구분할 수 있으며 상태로 인지할 수 있다.

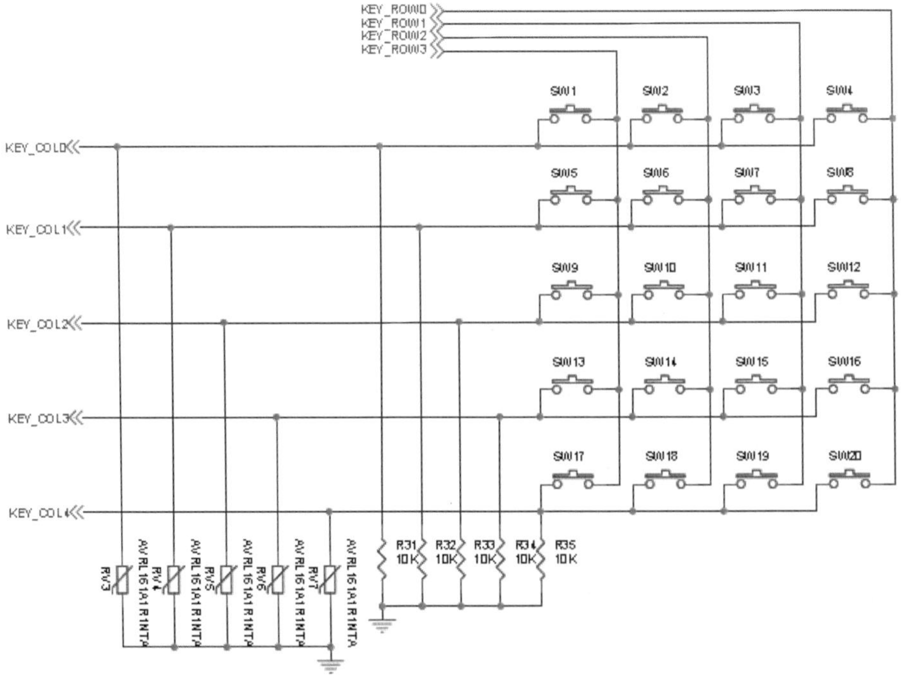

1) 4 × 4 키 매트릭스 스캔 제어

행렬 형태의 키보드는 가장 비싸지 않은 입력 장치이며, 일반적인 키보드의 구조는 보통 행렬 형태로 되어 있다. 키를 눌렀을 때 한 행과 한 열이 접촉하게 되며, 4개의 열은 출력 포트, 4개의 행을 입력 포트에 연결하여야 한다.

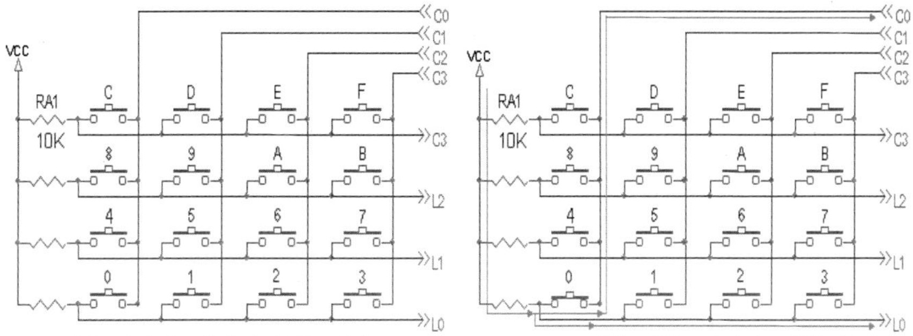

(a) 키가 눌려지지 않은 상태 (b) “0” 키가 눌려진 상태

▌ 4×4 행렬 키 구조

스캔 방법은 다음과 같다.

① C3 ~ C0에 “1110”을 출력하고, L3 ~ L0을 입력한다. 키가 눌려진 것이 없으면, L3 ~ L0은 “1111”이 입력되고, “0”키가 눌려진 경우 “1110”이 입력된다.

② C3 ~ C0에 “1101”을 출력하고, L3 ~ L0을 입력한다. 키가 눌려진 것이 없으면, L3 ~ L0은 “1111”이 입력되고, 눌려진 키가 있으면 해당되는 행이 “0”이 입력된다.

③ C3 ~ C0에 “1011”을 출력하고, L3 ~ L0을 입력한다. 키가 눌려진 것이 없으면, L3 ~ L0은 “1111”이 입력되고, 눌려진 키가 있으면 해당되는 행이 “0”이 입력된다.

④ C3 ~ C0에 “0111”을 출력하고, L3 ~ L0을 입력한다. 키가 눌려진 것이 없으면, L3 ~ L0은 “1111”이 입력되고, 눌려진 키가 있으면 해당되는 행이 “0”이 입력된다.

⑤ (1) ~ (4)를 반복해서 마지막에 입력된 값을 유효한 키 검출로 인정하고, 소프트웨어로 눌려진 키를 해독하게 된다. 4×4 행렬 키 구조로 되어 있는 경우, 0 ~ F키의 검출되는 값은 아래 표와 같이 된다.

키	C3 ~ C0	L3 ~ L0	키	C3 ~ C0	L3 ~ L0
0	1110	1110	8	1110	1011
1	1101	1110	9	1101	1011
2	1011	1110	A	1011	1011
3	0111	1110	B	0111	1011
4	1110	1101	C	1110	0111
5	1101	1101	D	1101	0111
6	1011	1101	E	1011	0111
7	0111	1101	F	0111	0111

5.3.3 FND (Flexible Numeric Display) 소개

LED들로 구성된 FND (Flexible Numeric Display)는 숫자 또는 문자를 표현할 수 있는 전자 부품이다. FND 구동은 기본적으로 LED를 구동하는 방법과 같다. 숫자 및 문자를 표현하기 위하여 특정한 LED를 구동하여야 한다. 이 절에서는 FND의 기본 구성에 대하여 이해하고 숫자 및 문자를 표현하는 방법에 대하여 이해할 수 있도록 한다. FND의 종류를 알아보고 공통 애노드 FND를 구동하기 위한 회로 구성과 프로그램 방법을 익히도록 한다.

FND는 각종 장치의 동작 상태를 간단하게 숫자나 문자로 표시하는데 사용되는 LED 응용 전자 부품이다. FND의 표시 형태와 같은 모양은 다음 그림과 같다. FND는 7 세그먼트(segment)라고도 부르며 이름에서 알 수 있듯이 7개의 요소로 구성되며 각 요소는 하나의 발광 다이오드로 되어 있다.

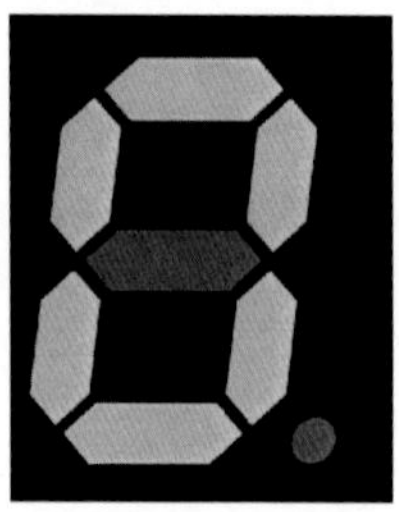
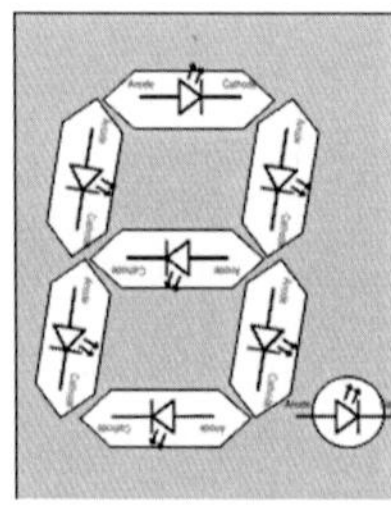

FND는 다음의 사진과 같이 계측기의 측정값을 표시 하거나 전자기기의 상태를 숫자나 문자로 표시하는데 사용된다.

1) FND의 종류

FND의 종류는 각 요소 다이오드들의 애노드 혹은 캐소드 중에서 어느 단자를 공통으로 연결하였는가에 따라서 아래 그림과 같이 공통 애노드와 공통 캐소드 2 종류가 있다. 일반적으로 공통 애노드를 많이 사용하고 있다.

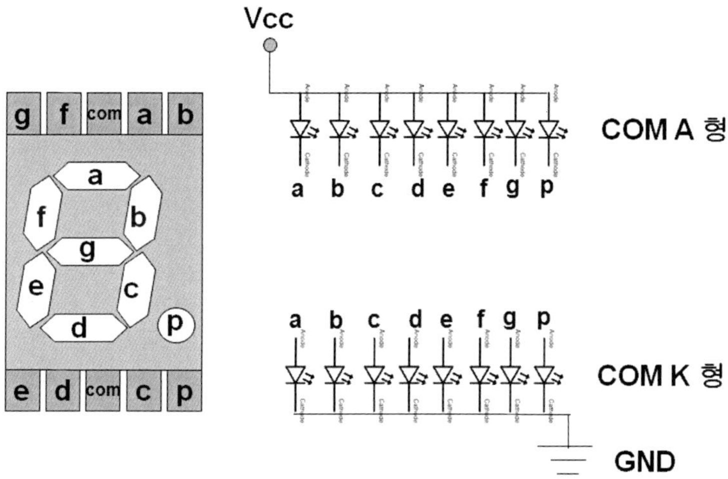

위의 FND 그림에서 각 요소에 해당하는 단자를 표시하고 있다. com으로 표시되어 있는 단자가 공통 단자이며, a에서 p 까지 해당 다이오드의 공통 단자에 대응하는 캐소드 혹은 애노드 단자이다.

공통 애노드형(common anode, COM A type)은 각 다이오드의 애노드를 공통으로 하고 각 다이오드의 캐소드는 외부로 연결하기 위한 단자로 연결되어 있다. 즉, 마이크로컨트롤러의 포트와 연결하며 각 단자에 논리값 "0"이 주어지면 해당 다이오드가 켜지고 숫자나 문자를 만들기 위해서 적절한 다이오드를 선택하여 레벨 "0"을 동시에 포트를 통하여 출력하게 되면 형태가 만들어 지게 된다.

공통 캐소드형(common cathode, COM K type)은 각 다이오드의 캐소드를 공통으로 하고 각 다이오드의 애노드를 외부 단자로 연결한다. 마이크로컨트롤러의 포트와 연결되는 각 단자에 논리값 "1"이 주어지면 해당 다이오드가 켜진다. 숫자나 문자의 형태에 맞는 다이오드를 선택하여 논리값 "1"을 공급하여 다양한 형태를 만들 수 있다.

2) FND 폰트

FND의 각 요소의 이름은 제품마다 조금씩 다르지만 일반적으로 다음 그림과 같이 숫자 혹은 문자를 표현하기 위하여 a 부터 g 까지 순서대로 되어 있으며 점을 표시하기 위한 p가 있다.

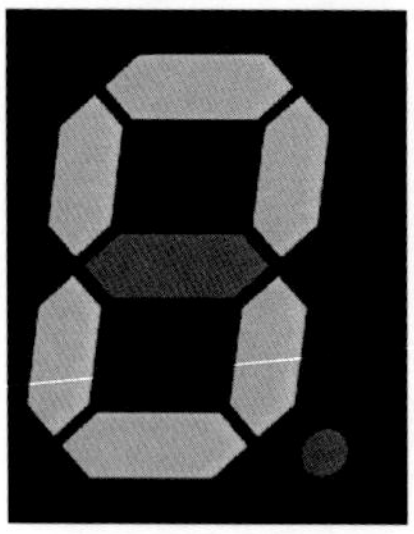

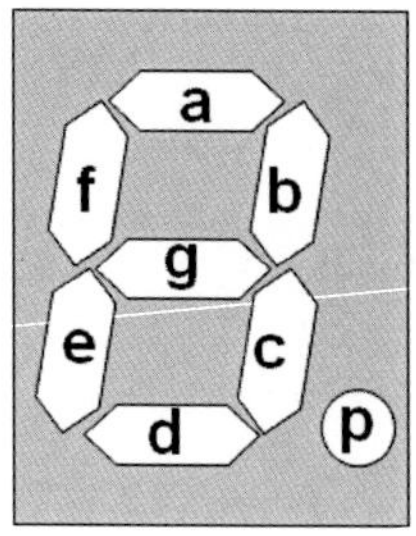

공통 애노드 기준으로 16진수 숫자 폰트를 생성하기 위한 7 세그먼트 단자의 이진 논리값은 다음 표와 같다.

숫자	7	6	5	4	3	2	1	0	16진수
	p	g	f	e	d	c	b	a	
0	1	1	0	0	0	0	0	0	0xC0
1	1	1	1	1	1	0	0	1	0xF9
2	1	0	1	0	0	1	0	0	0xA4
3	1	0	1	1	0	0	0	0	0xB0
4	1	0	0	1	1	0	0	1	0x99
5	1	0	0	1	0	0	1	0	0x92
6	1	0	0	0	0	0	1	0	0x82
7	1	1	1	1	1	0	0	0	0xF8
8	1	0	0	0	0	0	0	0	0x80
9	1	0	0	1	0	0	0	0	0x90
A	1	0	0	0	1	0	0	0	0x88
B	1	0	0	0	0	0	1	1	0x83
C	1	1	0	0	0	1	1	0	0xC6
D	1	0	1	0	0	0	0	1	0xA1
E	1	0	0	0	0	1	1	0	0x86
F	1	0	0	0	0	1	1	0	0x8E
.	0	1	1	1	1	1	1	1	0x7F

FND의 16진수 숫자를 표시하기 위하여 위와 같이 FND의 포트에 값을 넣어주면 된다. 예를 들어 "0"을 표시하기 위해서 해당 포트에 0xC0을 입력하면 "0"이라는 숫자가 출력된다.

FND의 공통 애노드형과 공통 캐소드형은 다음과 같이 CC (Common Cathode)형, CA (Common Anode)형으로도 부르고 있다.

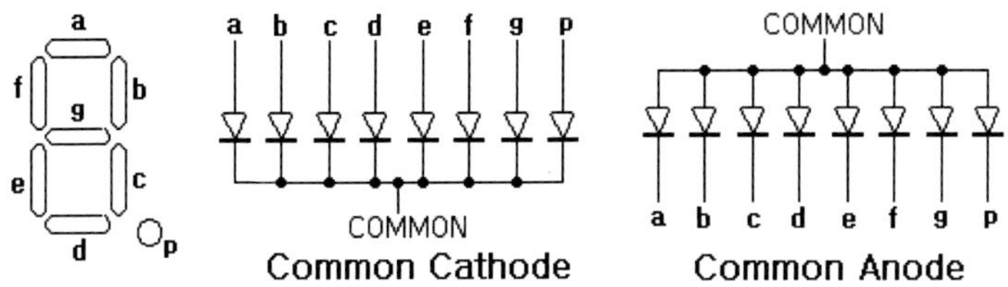

① CA형은 글자를 만드는 세그먼트(a, b, …, g)에는 "0", "common" 단자에는 "1"을 주면 원하는 숫자를 디스플레이하게 된다. 예를 들어 a=0, b=0, c=1, d=0, e=0, f=1, g=0, dp=1, common=1을 주면, 숫자 "2"가 디스플레이 된다.

② CC형은 CA형과는 반대로, 글자를 만드는 세그먼트(a, b, …, g)에는 "1", "common" 단자에는 "0"을 주면 원하는 숫자를 디스플레이하게 된다. 예를 들어 a=1, b=1, c=0, d=1, e=1, f=0, g=1, dp=0, common=1을 주면, 숫자 "2"가 디스플레이 된다.

5.3.4 실험 회로도

1) ATmega128 CPU 회로도

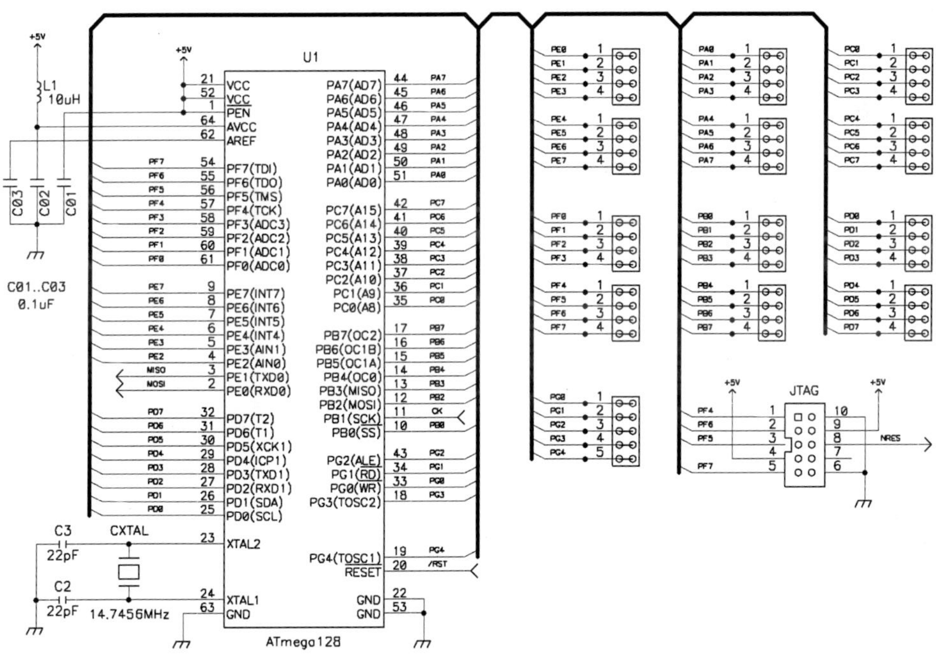

2) 7 세그먼트 회로도

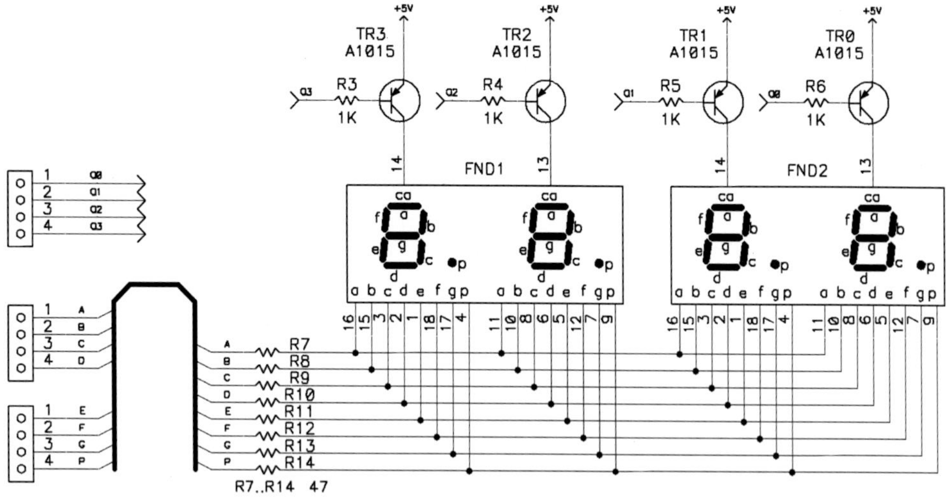

3) 4 × 4 키 매트릭스

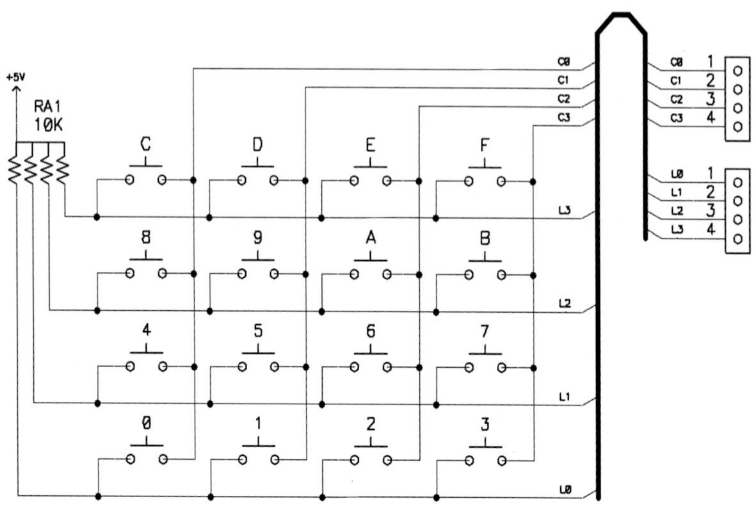

4) ATmega128과 7 세그먼트 연결 관계

AT(mega)128 PORT C	7세그먼트	AT(mega)128 PORT P1	7세그먼트	AT(mega)128 PORT B	7세그먼트
PC.3	d	PC.7	p	PB.7	Q4
PC.2	c	PC.6	g	PB.6	Q2
PC.1	b	PC.5	f	PB.5	Q1
PC.0	a	PC.4	e	PB.4	Q0

5) ATmega128과 4 × 4 KEY MATRIX 연결 관계

AT(mega)128 PORT A	4x4 KEY MATRIX	AT(mega)128 PORT A	4x4 KEY MATRIX
PA.3	C3	PA.7	L3
PA.2	C2	PA.6	L2
PA.1	C1	PA.5	L1
PA.0	C0	PA.4	L0

6) 프로그램 흐름도

5.3.5 실험 프로그램

```
/****************************************
* MPF-mDIGITAL DDS VER 1.0
* ATmega128
*
* < Connecting PORT to 7-SEGMENT UNIT >
* PC0 ~ PC7 ==> [7-SEGMENT]A ~ P
* PB4 ~ PB7 ==> [7-SEGMENT]Q0 ~ Q3
*****************************************/
#include <avr/io.h>        // define port name
#include <stdint.h>        // define uin8_t, int8_t
#include <util/delay.h>  // define delay function
// main
int main()
{
            uint8_t fnd;     // local variable
     DDRB=0xff;      // B port output mode
     DDRC=0xff;      // C port output mode
     PORTB=0xef;       // PORTB = 0xef(Q0 7-SEGMENT on)
     //
     fnd = 0xfe;      // a-segment
     while(1)
     {
          PORTC = fnd;                          // output PORTC
          _delay_ms (500);      // delay
          fnd=(fnd<<1)|0x01;    // Update the segment ON's value
            // if p-segment is ON, then the initial value stored
          if(fnd==0xff) fnd=0xfe;
     }
            //
            return 0;
}
```

5.4 LCD 인터페이스 및 Cds 구동 제어

컴퓨터 및 마이크로컨트롤러의 출력 표시 장치로 많이 사용되는 부품인 LCD는 일반적으로 액정 부분과 컨트롤러가 일체형으로 이루어져 있다. 또한 CdS (Cadmium Sulfide)는 광도전 소자(photoconductive cell)로서 조도의 강도에 따라 저항 값이 변하는 반도체 소자이며, 여러 응용 분야에 널리 사용되고 있다.

이 절에서는 ATmega128의 A/D 컨버터 기능을 이용하여 CdS를 인터페이스하고 LCD를 동작시키는 프로그래밍 방법을 알아보도록 한다.

5.4.1 LCD 컨트롤러

LCD 컨트롤러는 여러 가지 종류가 있으나 대부분 유사한 구조와 방법으로 사용하고 있다. 일반적으로 히다치사의 HD44780을 내장하고 있는 LCD 컨트롤러가 많이 사용된다. LCD 컨트롤러를 이해하는 과정은 단순히 LCD 디스플레이 응용에만 국한되는 것이 아니며 LCD 컨트롤러의 활용을 이해함으로서 마이크로 컨트롤러와 주변의 다른 장치를 활용하는 원리를 이해하는데 많은 도움이 된다.

LCD 컨트롤러는 기본적으로 컨트롤러, 레지스터, 메모리를 갖는다. 마이크로 컨트롤러 응용에서 LCD 컨트롤러의 기본적인 설정은 주요 레지스터 설정으로 이루어진다. 이러한 과정은 마이크로 컨트롤러에서 응용 프로그램을 실행하는 초기 단계에서 진행된다. 일반적으로 마이크로 컨트롤러와 LCD 컨트롤러를 포함한 주변 장치를 이용하는 응용에 대한 기본적인 프로그램 과정은 다음과 같다.

① 마이크로 컨트롤러 레지스터 초기화
② 주변 장치 초기화
③ 응용 프로그램

따라서, 프로그램을 하는데 있어서 마이크로 컨트롤러와 주변 장치의 레지스터에 대하여 이해하고 상호간의 데이터 처리를 위한 타이밍도를 이해하는 것이 중요하다.

1) HD44780 LCD 컨트롤러의 특징

HD44780의 특징은 다음과 같다.

- 5×8 도트, 5×10 도트의 디스플레이 폰트를 내장하고 있다.
- 4비트, 8비트 마이크로 프로세서와 인터페이스 할 수 있다.
- 80×8 비트의 DDRAM (Didplay Data RAM)을 내장하고 있다.
- 최대 80글자를 표현한다.
- CGROM (Character Generator ROM)을 내장하고 있다.

LCD 모듈은 LCD 컨트롤러와 도트 혹은 그래픽 LCD 패널로 구성된다. 일반적으로 LCD 컨트롤러와 패널이 하나로 된 제품을 구입하여 사용한다. 다음 사진은 2라인 표시가 가능한 LCD 모듈이다.

5.4.2 16 × 2 LINE LCD 모듈

LCD 모듈에는 LCD 컨트롤러 및 캐릭터 제너레이터 (CG : character generator)가 내장되어 있으며, 모든 디스플레이 기능을 인스트럭션 (instruction)으로 제어하기 때문에, 8비트 혹은 4비트 CPU에 쉽게 인터페이스 할 수가 있다. 이 LCD 모듈의 특징은 다음과 같다.

① 디스플레이 포맷 : 16문자×2라인

② 글자 폰트 : 5×7 도트

③ LCD 컨트롤러

④ +5[V] 단일 전원

1) 내부 블록도

LCD 모듈의 내부 블록도는 LCD와 LCD를 제어하는 컨트롤러와 세그먼트 드라이버로 구성되며 사용자는 외부에서 제어 신호 및 데이터 버스를 이용하여 LCD를 제어하게 된다.

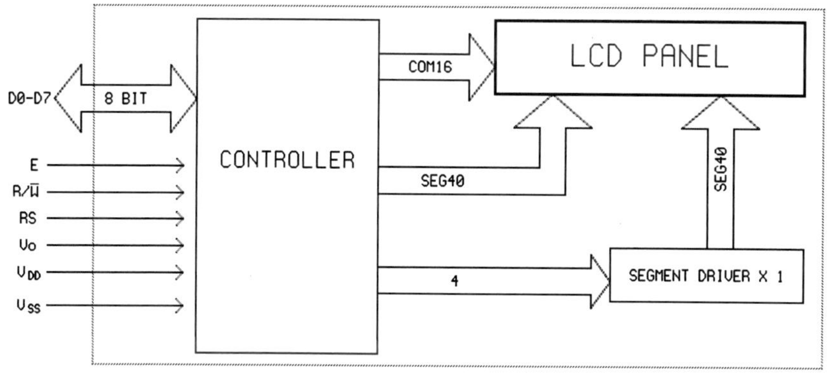

▌ LCD 모듈 내부 블록도

2) LCD 모듈 핀 기능

LCD 컨트롤러 모듈의 신호선은 제어신호인 RS (Register Selection), R/W, E 신호와 데이터 신호인 DBn (n=0~7)으로 나눌 수 있다. LCD 모듈과 외부와 인터페이스 하는 핀의 기능은 다음과 같다.

핀 번호	기호	기능
1	VSS	GND(0V)
2	VDD	+5V
3	V0	가변저항 10k를 붙여서 글자 밝기를 조절함
4	RS	Read/Write 신호, LCD 자체 명령과 데이터 입력 구분
5	R/W	Read/Write 신호
6	E	Enable 신호, 명령이 입력될 때마다 펄스를 하나씩 생성
7	DB0	데이터.(clear display)
8	DB1	데이터.(return home)
9	DB2	데이터.(entry mode set)
10	DB3	데이터.(display on/off control)
11	DB4	데이터.(cursor display shift)
12	DB5	데이터.(function set)
13	DB6	데이터.(assign address C.G.RAM)
14	DB7	데이터.(busy flag)(read busy flag and address)

VSS는 0V 혹은 GND에 연결하고 VDD는 5V 혹은 Vcc에 연결한다. V0는 가변 저항 10㏀을 달아서 글자의 밝기를 조절한다. V0 핀을 통한 LCD 밝기를 조절하는 회로는 다음 그림과 같다. LCD 컨트롤러의 1, 3핀은 각각 GND와 Vcc에 연결한다. 그리고 가변 저항의 출력 단자를 2핀에 연결한다.

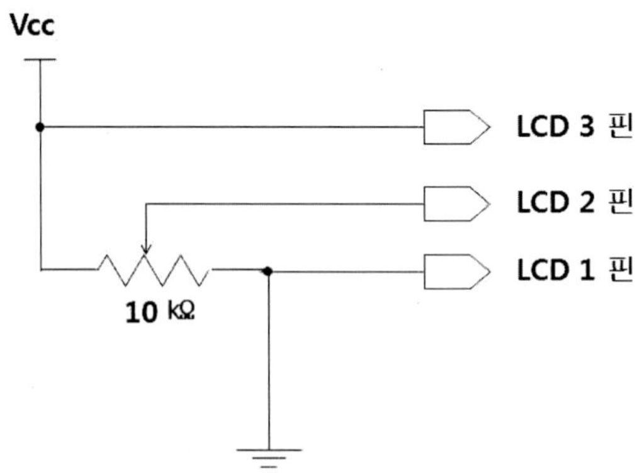

RS (Register Selection)는 LCD 내부 명령과 데이터 입력을 제어한다. R/W는 읽고/쓰기를 관장하는 신호이다. E는 enable 신호로써 명령이나 데이터를 입력할 때마다 하나씩 입력되어야 하는 펄스이다. DB0~DB7은 데이터 버스이다. 데이터 버스의 ( )속 기능은 LCD 컨트롤러의 명령 기능이다. 제어신호의 로직 상태에 따른 기능은 다음과 같다.

RS H	: 데이터,	L: 명령어
RW H	: 리드,	L: 라이트
E H	: 인에이블 신호	

또한 LCD 컨트롤러 모듈의 동작을 이해하기 위한 LCD 모듈 내부의 신호는 다음과 같다.

3) 명령 레지스터 (IR)

DDRAM (Display Data RAM)과 CGRAM (Character Generator RAM)에 대하여 디스플레이 지우기, 커서 이동 그리고 주소 정보 등의 명령 코드를 저장한다. 마이크로 컨트롤러에서 LCD 컨트롤러로 쓰기만 할 수 있는 레지스터이다.

4) 데이터 레지스터 (DR)

DDRAM 혹은 CGRAM에 쓸 데이터를 임시로 저장한다. 마이크로 컨트롤러에서 DR 레지스터로 쓰인 데이터는 내부적인 동작에 의하여 자동으로 DDRAM과 CGRAM에 기록된다. DDRAM과 CGRAM으로부터 데이터를 읽을 때 임시로 데이터를 저장하는 역할도 한다. 주소 정보를 IR에 쓸 때, 데이터가 읽어지고 내부 동작에 의하여 DDRAM 혹은 CGRAM으로부터 DR에 저장된다.

RS (Register Selection) 신호에 의하여 IR과 DR레지스터가 다음의 표와 같이 선택되어진다.

RS	RW	동작(Operation)
0	0	IR write to internal operation(Display clear, etc)
0	1	Read busy flag(DB7) and address counter(DB0~DB6)
1	0	DR write as internal operation(DR to DD(CG) RAM)
1	1	DR read as internal operation(DD(CG)RAM from DR)

5) 비지 플래그 (BF, Busy Flag)

비지 플래그가 "1"일 때, LCD 모듈은 내부 동작모드 중이고 다음 명령을 받지 못한다. RS=0 이고 R/W=1 일 때 즉, 명령을 읽을 때, 비지 플래그는 DB7으로 출력된다. 비지 플래그가 "0"으로 된 뒤에만 다음 명령이 LCD 컨트롤러로 입력될 수 있다.

6) 주소 카운터 (AC, Address Counter)

주소 카운터 (AC)는 DDRAM과 CGRAM의 주소를 지정한다. IR로 명령의 주소를 쓰면, 주소 정보는 IR로부터 AC로 보내진다. DDRAM 혹은 CGRAM의 선택은 현재 수행중인 명령에 의하여 결정된다. DDRAM 혹은 CGRAM으로부터 쓰거나 읽은 후 AC는 자동으로 1씩 증가하거나 감소한다. RS=0이고 R/W=1 일 때, AC의 내용이 DB0~DB6(7비트)으로 출력된다.

7) DDRAM

DDRAM은 8비트 문자 코드로 된 디스플레이 데이터를 저장한다. 80x8 비트 혹은 80문자를 저장할 수 있다. DDRAM의 영역 중에서 디스플레이 영역으로 사용하지 않는 영역은 일반 데이터 RAM으로 사용할 수 있다. DDRAM 주소(Add)는 16 진수로써 AC에 의하여 설정된다.

5.4.3 LCD 컨트롤러 명령 (instruction)

LCD 컨트롤러 명령들을 "1"이 설정되는 순서 기준으로 정리하면 다음의 표와 같다. 명령은 RS=0, R/W=0 이고, 디스플레이 지우기 D0=1에서 DDRAM 주소 설정까지 D7=1까지 "1" 비트씩 이동한다.

기 능 (Function)	제어신호		제어명령(Control Instruction)								실행시간 (Execute Time)
	RS	R/W	D7	D6	D5	D4	D3	D2	D1	D0	
Clear Display	0	0	0	0	0	0	0	0	0	1	1.64mS
Return Home	0	0	0	0	0	0	0	0	1	0	40uS
Entry Mode Set	0	0	0	0	0	0	0	1	I/D	S	40uS
Display on/off Control	0	0	0	0	0	0	1	D	C	S	40uS
Cursor or Display Shift	0	0	0	0	0	1	S/C	R/L	0	0	40uS
Function Set	0	0	0	0	1	D/L	N	F	0	0	40uS
Set CGRAM Address	0	0	0	1	CGRAM Address						40uS
Set DDRAM Address	0	0	1	DDRAM Address							40uS
Read Busy Flag and Address	0	1	BF	Address Counter							40uS
Data Write to CGRAM or DDRAM	1	0	Write Address								40uS
Data Read to CGRAM or DDRAM	1	1	Read Address								40uS

1) 화면 지우기 (clear display)

LCD 화면을 지우고 커서는 홈으로 돌아가고 DDRAM의 어드레스 카운터인 AC는 "0"이 된다.

- 실행시간 : 1.65msec

제어신호		제어명령							
RS	R/W	DB7	DB6	DB5	DB4	DB3	DB2	DB1	DB0
0	0	0	0	0	0	0	0	0	1

2) 홈으로 되돌아가기 (return home)

디스플레이 이동을 원위치로 이동한다.

DDRAM 내용의 변화는 없으며 DDRAM의 어드레스 카운터 AC=0이 된다.

- 실행시간 : 1.64msec

제어신호		제어명령							
RS	R/W	DB7	DB6	DB5	DB4	DB3	DB2	DB1	DB0
0	0	0	0	0	0	0	0	1	*

3) 엔트리 (entry mode set)

데이터 읽기와 쓰기 과정에서 발생하며 커서가 움직이는 방향, 디스플레이 시프트를 결정한다.

I/D (increment or decrement) : DDRAM에 대하여 쓰거나 읽은 경우, I/D=1이면 DDRAM의 주소를 1씩 증가시킨다. 즉, 현재 위치에서 오른쪽에 글자를 추가한다. I/D=0이면 주소를 1씩 감소시킨다. 즉, 현재 위치에서 왼쪽으로 글자를 표시해 간다.

S (shift) : S=1일 때, I/D=의 값에 따라 오른쪽 혹은 왼쪽으로 엔트리 디스플레이를 이동한다. S=0이면 이동을 하지 않는다.

- 실행시간 : 40usec

제어신호		제어명령							
RS	R/W	DB7	DB6	DB5	DB4	DB3	DB2	DB1	DB0
0	0	0	0	0	0	0	0	I/D	S

S	I/D	Shift
1	1	Shift left
1	0	Shift right
0	*	No Shift

4) 디스플레이 on/off 제어 (Display on/off control)

D : 전체 디스플레이 on/off 제어를 한다. D=1이면 켜고 D=0이면 끈다. D=0일 때 DDRAM에 디스플레이 데이터를 그대로 유지된다.

C : 커서 on/off 제어를 한다. C=1이면 커서를 표시하고, C=0이면 커서를 표시하지 않는다.

B : 제어위치에 있는 글자 깜박임을 제어한다. B=1이면 커서가 표시하는 위치의 문자가 깜박거린다.

- 실행시간 : 40usec

제어신호		제어명령							
RS	R/W	DB7	DB6	DB5	DB4	DB3	DB2	DB1	DB0
0	0	0	0	0	0	1	D	C	B

5) 커서 디스플레이 제어 (cursor display shift)

DDRAM 내용을 변경하지 않고 커서만 이동한다.

2라인의 경우에는 마지막 40번째에서 2번째 라인으로 이동 2번째 라인에서 1번째 라인으로 이동은 되지 않는다.

- 실행시간 : 40usec

제어신호		제어명령							
RS	R/W	DB7	DB6	DB5	DB4	DB3	DB2	DB1	DB0
0	0	0	0	0	1	S/C	R/L	*	*

S/C	R/L	Shift
0	0	커서는 왼쪽으로 이동(어드레스 카운트 -1)
0	1	커서는 오른쪽으로 이동(어드레스 카운트 +1)
1	0	전체 디스플레이와 커서 왼쪽으로 이동
1	1	전체 디스플레이 커서 오른쪽으로 이동

6) LCD 기능 설정 (Function Set)

데이터 라인 수, 디스플레이 라인 수, 폰트를 설정한다.

• 실행시간 : 40usec

제어신호		제어명령							
RS	R/W	DB7	DB6	DB5	DB4	DB3	DB2	DB1	DB0
0	0	0	0	1	DL	N	F	*	*

DL	1	8 비트(DB0~DB7) 인터페이스
	0	4 비트(DB0~DB7) 인터페이스(4비트 두 번 엑세스)

N	F	디스플레이 라인	글자 폰트	Duty ratio	참고
0	0	1	5x7	1/8	
0	1	1	5x10	1/11	
1	*	2	5x7	1/16	5x10안됨

7) CGRAM 주소 설정 (Set CG RAM Address)

CGRAM 어드레스 설정
어드레스 설정 후 CGRAM 데이터 읽고 쓰기(R/W)가 가능하다.

• 실행시간 : 40usec

제어신호		제어명령							
RS	R/W	DB7	DB6	DB5	DB4	DB3	DB2	DB1	DB0
0	0	0	1	ACG					

8) DDRAM 주소 설정 (Set DD RAM Address)

DDRAM 어드레스 설정
어드레스 설정 후 DDRAM 데이터 읽고 쓰기(R/W) 가능

- N=0(1-line) : 0x00~0x4F
- N=1(2-line) : 0x00~0x27, 0x40~0x67
- 실행시간 : 40usec

제어신호		제어명령							
RS	R/W	DB7	DB6	DB5	DB4	DB3	DB2	DB1	DB0
0	0	1	AC						

9) Busy 플래그 읽기

- BF=1: 내부 동작 중(internal operation)
- BF=0: 다음 명령 대기 중
- 실행시간 : 40usec

제어신호		제어명령							
RS	R/W	DB7	DB6	DB5	DB4	DB3	DB2	DB1	DB0
0	1	BF	ACG						

10) CGRAM, DDRAM 데이터 쓰기

CGRAM 혹은 DDRAM에 데이터 쓰기
엔트리 모드에 따라서 어드레스 +1 혹은 -1

- 실행시간 : 40usec

제어신호		제어명령							
RS	R/W	DB7	DB6	DB5	DB4	DB3	DB2	DB1	DB0
1	0	Write Data							

11) CGRAM, DDRAM 데이터 읽기

CGRAM 혹은 DDRAM으로부터 데이터 읽기
엔트리 모드에 따라서 어드레스 +1 혹은 -1

- 실행시간 : 40usec

제어신호		제어명령							
RS	R/W	DB7	DB6	DB5	DB4	DB3	DB2	DB1	DB0
1	1								

12) 라인 디스플레이 (N=0)

DDRAM에 저장할 수 있는 문자는 80자이다. 따라서 1라인 디스플레이로 설정되었을 때, 주소 즉, AC와 문자가 디스플레이 되는 위치는 다음과 같다.

	1	2	3	4	5	6	7	8	9	10	11	•••	79	80
1행	00	01	02	03	04	05	06	07	08	09	0A	•••	4E	4F

표시될 수 있는 LCD의 영역이 80보다 작은 경우에는 LCD에 표시되는 글자는 앞쪽에 위치한 글자가 표시된다. 즉, LCD 표시를 8자만 할 수 있다면 DDRAM의 0x00에서 0x07 주소의 내용만 LCD로 표시된다. 그리고 왼쪽과 오른쪽으로 이동(shift)시키면 LCD에 표시되는 문자의 주소가 이동한다.

13) LCD가 8자만 표시할 수 있을 경우 주소와 위치와의 관계

	1	2	3	4	5	6	7	8	표시 위치
1행	00	01	02	03	04	05	06	07	DDRAM 주소

왼쪽 이동(shift left)

	1	2	3	4	5	6	7	8	표시 위치
1행	01	02	03	04	05	06	07	08	DDRAM 주소

오른쪽 이동(shift right)

	1	2	3	4	5	6	7	8	표시 위치
1행	4F	00	01	02	03	04	05	06	DDRAM 주소

14) 2라인 디스플레이 (N=1)

DDRAM에 저장할 수 있는 문자는 80자이며 2라인 디스플레이는 40x2로 표시된다. 따라서 2라인 디스플레이로 설정되었을 때, 주소와 문자가 디스플레이 되는 위치는 다음과 같다. 1라인과 다른 점은 1행의 주소는 0x00(십진수 0)에서부터 0x27(십진수 39)까지 40가지이다. 그리고 2행의 주소는 0x40(십진수 64)에서부터 0x67(십진수 103)까지 40가지이다. 따라서 1행과 2행 합쳐서 80자의 문자를 저장할 수 있다.

	1	2	3	4	5	6	7	8	9	10	11	•••	39	40
1행	00	01	02	03	04	05	06	07	08	09	0A	•••	26	27
2행	40	41	42	43	44	45	46	47	48	49	4A	•••	66	67

LCD 표시를 각 행마다 40자보다 작은 표시를 할 수 있다면 앞에서부터 표시된다. 예를 들어 8자만 표시할 수 있다면 각 행의 앞에서 8자만 표시할 수 있다.

15) LCD가 8자만 표시할 수 있을 경우 주소와 위치와의 관계

	1	2	3	4	5	6	7	8	표시 위치
1행	00	01	02	03	04	05	06	07	DDRAM 주소
2행	40	41	42	43	44	45	46	47	(16진수)

왼쪽 이동(shift left)

	1	2	3	4	5	6	7	8	표시 위치
1행	01	02	03	04	05	06	07	08	DDRAM 주소
	41	42	43	44	45	46	47	48	(16 진수)

오른쪽 이동(shift right)

	1	2	3	4	5	6	7	8	표시 위치
1행	27	00	01	02	03	04	05	06	DDRAM 주소
2행	67	40	41	42	43	44	45	46	(16진수)

16) 문자 발생기 ROM (CGROM, character generator ROM)

문자 발생기 ROM (CGROM, character generator ROM)은 8비트 문자 코드로 된 5×8 도트 혹은 5×10 도트 문자 형태를 발생한다. 5×8 도트 문자 형태를 208자, 5×10 도트 문자 형태 32자를 만드는 것이 가능하다. 마스크 프로그램 ROM을 이용하여 사용자가 정의 하는 문자 형태를 만들 수도 있다.

17) 문자 발생기 RAM (CGRAM, character generator RAM)

문자 발생기 RAM (CGRAM)에는 사용자가 프로그램으로 문자 형태를 다시 쓸 수 있다. 5×8 도트에 대하여 8자를 쓸 수 있으며, 5×10도트에 대해서는 4자를 쓸 수 있다.

5.4.4 CdS

CdS는 "Cadmium Sulfide", "Cadmium Selenide" 혹은 이 둘을 혼합해서 만들며, 조사 광에 따라 내부 저항이 변하는 일종의 광 저항기라 말할 수 있다.

1) CdS의 특징

본 실습에서 참조로 하는 CdS는 heiman사의 A90시리즈로 다음과 같은 특징이 있다.

- 에폭시(epoxy) 봉입(encapsulated)
- 동작 온도 : -20[℃]~+70[℃]

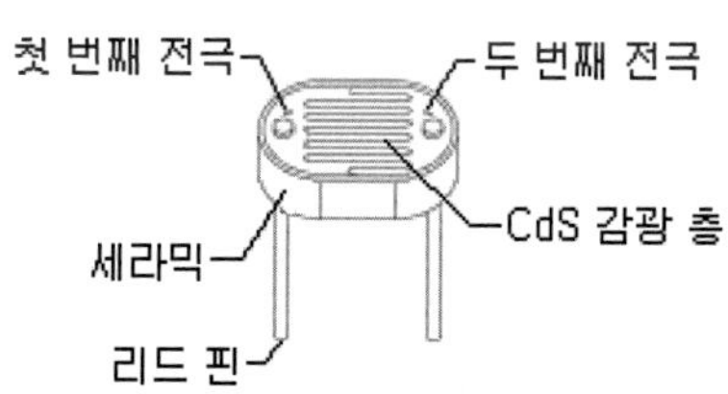

CdS의 외형도

2) CdS의 사양 (A90시리즈)

▌CdS 사양 (음영으로 된 A90.13을 사용)

형	R10[kΩ]	R05[MΩ] 최소 값	r	Pmax[mW]	Vmax[V]
A90.09	4~11	0.15	0.65	90	100
A90.11	9~20	0.18	0.6	90	150
A90.12	16~33	0.54	0.7	90	150
A90.13	**27~94**	**1.5**	**0.85**	**90**	**150**
A90.14	77~340	5	1.1	90	150

☞ R10 : 10[lx], R05 : 암흑일 때 저항 값

3) CdS의 응용

카메라의 오토 플래시, TV 밝기 컨트롤, 방의 조도 컨트롤, 산업용 등에 사용한다.

4) CdS의 저항 특성

조도의 강도에 따른 저항의 특성을 말하며, 조도가 크면 클수록, CdS의 저항은 작게 되고, 조도가 작으면 CdS의 저항은 크게 된다는 것을 알 수 있다.

이 CdS 특성은 조도 광 저항 지수인 r가 크면 클수록 조도 변화에 대한 저항 변화율이 커진다.

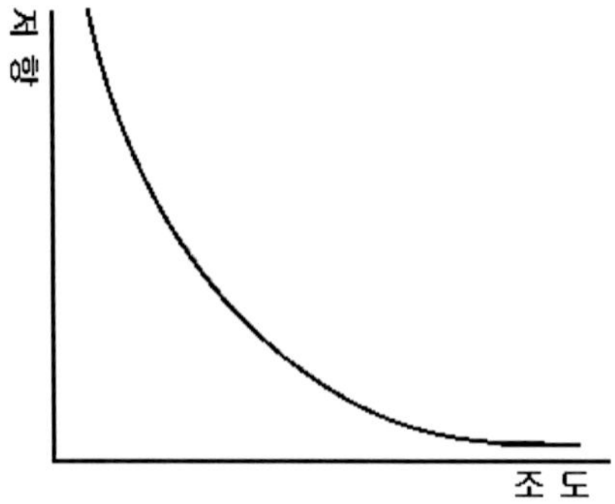

▌CdS의 저항 특성

5) CdS의 응답

CdS의 전류와 하강 시간은 광도, 코팅 두께 및 도핑 등에 따라 다르지만, 일반적으로 상승 시간은 늦고, 하강 시간은 빠르다.

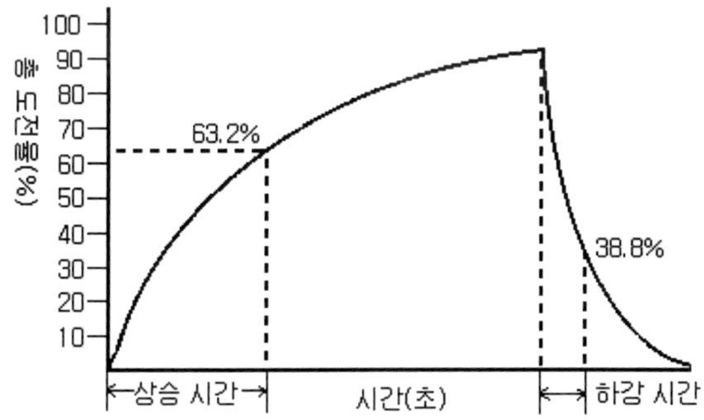

▌ 응답 특성 곡선

본 실습에서는 CdS에 걸리는 전압을 A/D 컨버터의 CH0으로 입력한 것을 8비트로 취급하고, LCD 화면의 2번째 라인에 "어두운 경우"의 정도를 전압으로 다음과 같이 디스플레이해 본다.

			C	d	S		T	E	S	T					
	A	D	0	0	:		2	.	3	8	8		[	V	]

▌ 디스플레이 형태

5.4.5 실험 회로도

1) ATmega128 CPU 회로도

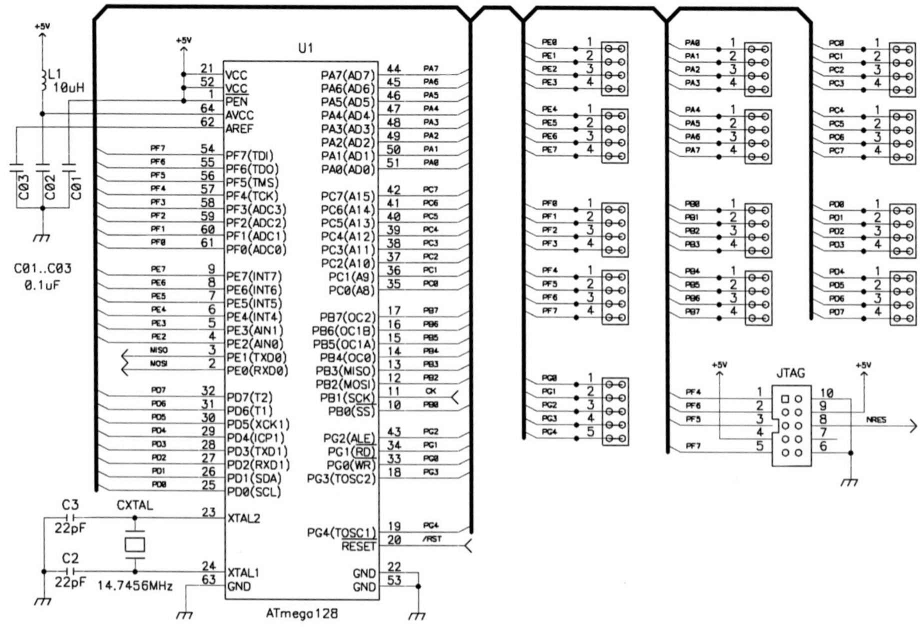

2) 16 X 2 LINE LCD 회로도

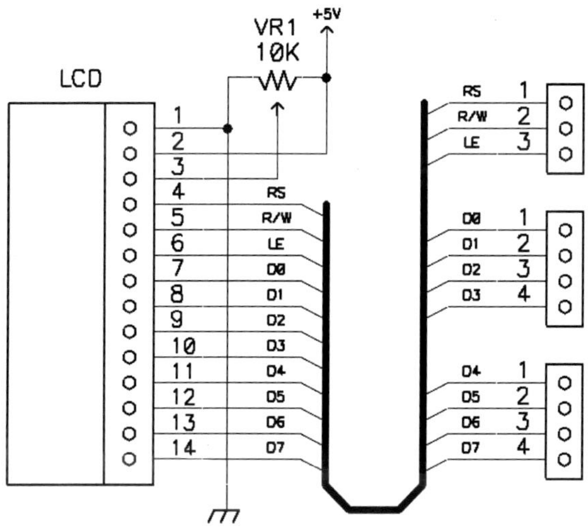

3) CdS 회로도

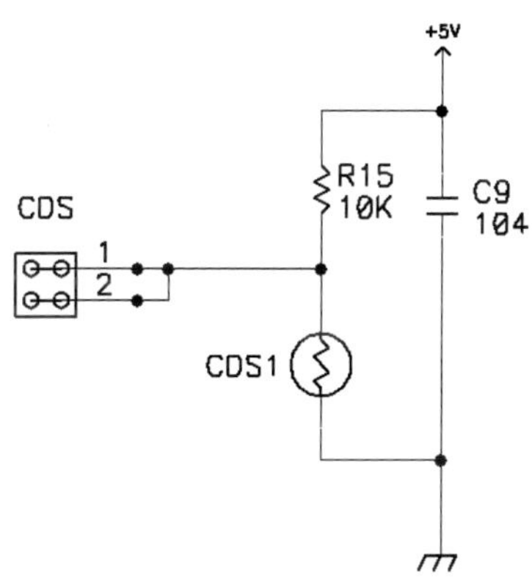

4) 연결 관계

ATmega128과 16×2 LINE LCD 연결 관계

AT(mega)128	16x2	AT(mega)128	16x2	AT(mega)128	16x2
PORT C	LINE LCD	PORT C	LINE LCD	PORT B	LINE LCD
PC.3	D3	PC.7	D7	PB.7	E
PC.2	D2	PC.6	D6	PB.6	RW
PC.1	D1	PC.5	D5	PB.5	RS
PC.0	D0	PC.4	D4		

ATmega128과 A/D CONVERTER, Cds 연결 관계

AT(mega)128 PORT F	CdS
PF.0	CDS

5) 프로그램 흐름도

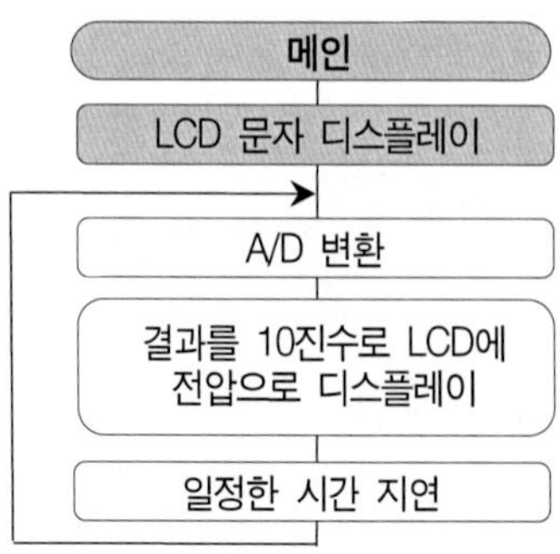

5.4.6 실험 프로그램

```
main.c
/****************************************
* MPF-mDIGITAL DDS VER 1.0
* ATmega128
*
* < Connecting PORT to LCD, CDS UNIT>
* PC0 ~ PC7 ==> [LCD] D0 ~ D7
* PG0 ~ PG2 ==> [LCD] RS,RW,E
* PF0 ==> [SENSER] CDS
****************************************/
#include <avr/io.h>        // define port name
#include <stdint.h>        // define uint8_t, int8_t
#include <util/delay.h>  // define delay function
#include    "cLcd.h"              // define LCD function
// display message
const char msg1[] = "L      CdS       H";
const char msg2[] = "                  ";
// display result to LCD
void LCD_DISP(unsigned char result)
{
    unsigned char i;
    // Results converted to a voltage
    result = (result >> 4) & 0x0f;        // devide 16
    LcdClearLine(2);                        // delate line 2
    // display bar to line2
    for (i=0; i < result; i++)  LcdData(0xff);         // bar font
    LcdCommand(0xd0); // set cursor
}
// main
int main(void)
{
        unsigned int ad_result;
        LcdInit();         // initial LCD
        LcdStringConst(msg1);   // display mssage to line1
        LcdLine(2);                          // set cursor line2
        LcdStringConst(msg2);   // display mssage to line2
        ADMUX = 0x40;  // channel0, AVCC
        ADCSR = 0x96;  // prescaler 64, enable ADC
```

```
        // loop
        while(1)
        {
        ADCSR |=  _BV(ADIF) | _BV(ADSC);  // start A/D conversion
        while(bit_is_set(ADCSR,ADSC));      // conversion?
        ad_result = ADC & 0x3FF;
        ad_result >>= 2;
        LCD_DISP(ad_result);                // display result to LCD
        _delay_ms(500);                     // delay
    }
    //
    return 0;
}
```

다음은 LCD 구동 프로그램이다.

```
LCD8.c
// Lcd8.c
#include <avr/io.h>          // define port name
#include <stdint.h>          // define uint8_t, int8_t
#include <util/delay.h>      // define delay function
#include     <avr/interrupt.h> // define cli(),sei() function
#include     <stdio.h>         // define fdevopen() function
#include     "cLcd.h"          // define lcd function
// LCD 상수
#define LCD_CTL_PORT        PORTG      // PORTG(RS : PG0, R/W : PG1, E : PG2)
#define LCD_DATA_PORT       PORTC      // PORTC(4bit : PC4-PC7, 8bit : PC0-PC7)
#define LCD_CTL_PORT_DDR  DDRG        //
#define LCD_DATA_PORT_DDR DDRC        //
#define LCD_RS       0         // RS : PG0
#define LCD_RW       1         // R/W : PG1
#define LCD_E        2         // E  : PG2
#define LCD_COL      16        // 캐릭터/라인
// global variable
uint8_t  columns;        // character number
uint8_t  lines;          // save current line
// output E signal
void LcdE(void)
{    LCD_CTL_PORT &= ~_BV(LCD_E);  // E = 1
     LCD_CTL_PORT |= _BV(LCD_E);   // E = 0
```

```
//      _delay_ms(1);
}// clear LCD
void LcdClear(void)
{      LcdCommand(0x01);
       _delay_ms(1);
}
// set line
void LcdLine(uint8_t row)
{      columns = 0;
               lines = row;
       switch(row)
       {
           case 1:          // first line
                               LcdCommand(0x80);
                               break;
           case 2:          // second line
                               LcdCommand(0xC0);
                               break;
       }
}// clear LCD line
void LcdClearLine(uint8_t row)
{
       uint8_t  i;
       switch(row)
       {
               case 1:                          // first line
                               LcdCommand(0x80);
                               for(i = 0; i < LCD_COL; i++) LcdData(' ');
                               LcdCommand(0x80);
                               break;
           case 2:                          // second line
                               LcdCommand(0xC0);
                               for(i = 0; i < LCD_COL; i++) LcdData(' ');
                               LcdCommand(0xC0);
                               break;
       }
               // initial line, column
               columns = 0;
       lines = row;
}
// set cursor
void LcdColumn(uint8_t col,uint8_t row)
{      switch(row)
```

```
    {
        case 1: LcdCommand(0x80 + col); break;  // first line
        case 2: LcdCommand(0xC0 + col); break;  // second line
    }
    columns = col;
    lines = row;
}// output command
void LcdCommand(uint8_t cmd)
{   LCD_CTL_PORT &= ~_BV(LCD_RS);
    LCD_DATA_PORT = cmd;          //
    LcdE();
    _delay_ms(1);
}// output data
void LcdData(uint8_t data)
{   LCD_CTL_PORT |= _BV(LCD_RS);
    LCD_DATA_PORT = data;
    LcdE();
    _delay_ms(1);
    ++columns;              // increase character number by 1
}// initial LCD
void LcdInit(void)
{   LCD_DATA_PORT_DDR = 0xFF;   // data port : output mode
    LCD_CTL_PORT_DDR = 0x07;    // control port : output mode
    LCD_CTL_PORT = 0;
    // initial LCD
    LcdCommand(0x30); _delay_ms(100);
    LcdCommand(0x30); _delay_ms(3);
    LcdCommand(0x30); _delay_ms(1);
    LcdCommand(0x30); _delay_us(100);
    LcdCommand(0x38); _delay_us(40);
    LcdCommand(0x08); _delay_us(40);
    LcdCommand(0x01); _delay_us(40);
    LcdCommand(0x06); _delay_us(40);
    LcdCommand(0x0f); _delay_us(40);
    LcdClear();
    columns = 0;
    lines = 1;
}
// output string
void LcdStringConst(const char *str)
{
        while(*str) LcdData(*str++);
}
```

```
void LcdString(char *str)
{
	while(*str) LcdData(*str++);
}

// output string
void lcd_print (char *string)
{
	uint8_t count = 0;
	uint8_t line1_clear = 0;
	while(*string)
	{
		if(*string == '\n'){
			LcdClearLine(2);
			count = 0;
			line1_clear = 1;
			string++;
		}else if(line1_clear == 0){
			LcdClearLine(1);
			line1_clear = 1;
		}else{
			if(count == LCD_COL){
				LcdClearLine(2);
				count = 0;
			}else count++;
			//
			LcdData(*string++);
		}
	}
}
```

5.5 적외선 센서 실습

적외선(infrared ray)은 파장이 가시광선보다 길고, 전파보다 짧은 전자파의 일종이다. 자연계에서 존재하는 물체는 전부 적외선을 방사하고 있다. 예를 들면 사람의 체온은 36~37[℃]에서 9~10[㎛]의 피크를 갖는 원적외선을 방사하고 있다. 또 400~700[℃]로 가열된 물체는 3~5[㎛]의 피크를 갖는 중적외선을 방사하고 있다. 적외선 센서는 이 물체에서 방사되고 있는 여러 종류의 적외선(온도)을 검출하는 센서다. 이 절에서는 A/D 컨버터, 적외선 발광 다이오드(GaAs)와 포토 트랜지스터를 이용하여 물체를 감지하는 장치를 만들어 본다.

5.5.1 IR (Infrared Ray)의 개념

1) Infrared Ray 란?

Infrared Rays (적외선) : 가시광선(可視光線)보다 파장이 길며, 0.75μm에서 1mm 범위에 속하는 전자기파

햇빛이나 백열된 물체로부터 방출되는 빛을 스펙트럼으로 분산시켜 보면 적색스펙트럼의 끝보다 더 바깥쪽에 있으므로 적외선이라 한다. 파장 0.75~3μm의 적외선을 근적외선, 3~25μm의 것을 단순히 적외선이라 하며, 25μm 이상의 것을 원적외선이라 한다. 가시광선이나 자외선에 비해 강한 열작용을 가지고 있는 것이 특징이며, 이 때문에 열선(熱線)이라고도 한다. 태양이나 발열체로부터 공간으로 전달되는 복사열은 주로 적외선에 의한 것이다. 공업용이나 의료용으로 사용하기 위한 것으로, 강한 적외선을 방출하는 적외선 전구가 있다.

적외선이 강한 열효과를 가지고 있는 것은 적외선의 주파수가 물질을 구성하고 있는 분자의 고유진동수와 거의 같은 정도의 범위에 있기 때문이다. 이는 물질에 적외선이 부딪히면 전자기적 공진현상(共振現象)을 일으켜 적외광파의 에너지가 효과적으로 물질에 흡수되는 것에 기인한다.
적외선은 가시광 대역 아래에 위치하며 성질은 가시광과 매우 유사하다. 가시광과 매우 유사하므로 직진성, 반사등의 성질도 갖고 있다.

5.5.2 IR 센서의 특징

- 적외선 센서로는 780 nm - 1.5 um의 직진성이 우수한 근적외선 영역을 이용한다.
- 보통 사용하는 송신용 IR 센서로는 GaAs 적외선 LED로 파장이 대략 950 nm이다.
- 수광 소자는 850 nm 이하의 파장을 제거하는 필터를 붙인 PIN photo diode를 많이 사용한다.

- 수광부에 필터를 장착하기도 하는데 이는 외란광의 영향을 방지하기 위한 것이다.
- 특정 수광 센서는 가시광 cut filter를 붙여서 나오는 것도 있다.
- 많이 사용되는 리모콘에서 사용되는 적외선은 가시광과 매우 유사한 성질을 갖고 있다.
- 적외선은 소리에 비해 매우 빠른 속도를 가지며 소비전력이 작다는 특성이 있다.

5.5.3 적외선 통신 (IR Communication)

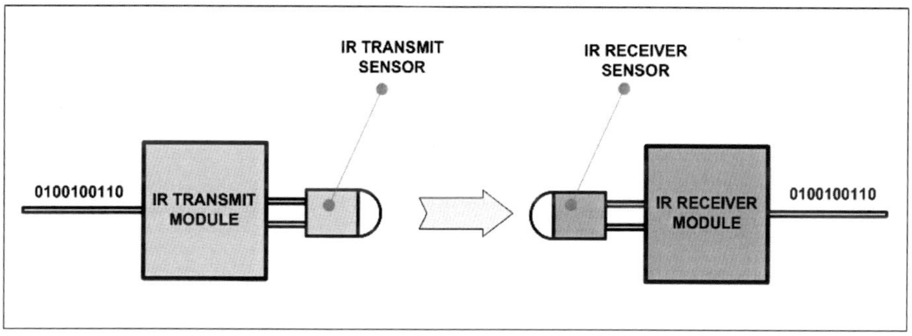

적외선 송수신의 원리는 위의 그림과 같다. 디지털 신호를 적외선 송신장치로 전송한 후 이 디지털 신호가 적외선 송신 센서에 의해 적외선으로 바뀐 후 공기중의 매질을 통해 전송된 후 다시 적외선 수신 센서로 전송된 후 수신 장치로 전송된 후 이 디지털 신호를 받게 되어 있다. 물론 이 신호를 받은 다음에 어떻게 처리할지는 개발자의 몫이다.

아래는 위의 그림에서 센서와 적외선 모듈 및 부가 회로가 장착되어 있는 경우를 말한다. 따라서 특별한 경우가 아닌 한 아래와 같이 한조로 되어있는 수신 모듈을 구입하는 것이 여러모로 유리할 것이다.

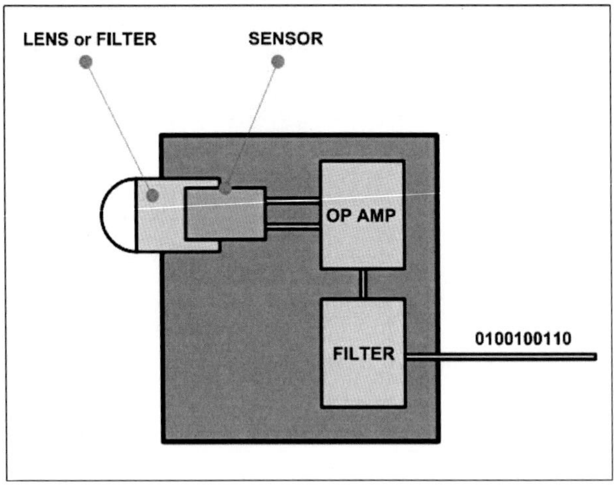

1) 적외선 통신의 장점

- 전파가 아닌 빛을 사용하기 때문에 주파수 사용 허가가 전혀 필요 없음(전파는 3000 GHz이하의 전자파)
- 넓은 대역폭과 높은 전송속도(1~4 Mbps정도의 고속통신)
- 적외선은 벽을 투과할 수 없으므로 사무실내의 정보가 밖으로 새어나갈 염려가 없어 보안성이 높음
- 무선이므로 기동성이 뛰어남
- 소비전력이 적고 부품의 가격이 저렴
- Data 통신(간단한 File 전송 가능) & 음성 통신도 가능
- 근접 주파수에 대한 간섭이 없고 전자파 장해가 없음

2) 적외선 통신의 단점

- 안개, 대기중의 먼지 등에 의해 제한됨
- 직사광선이나 형광등 및 백열등 같은 여러 가지 빛들이 잡음으로 작용
- 한정된 거리에서만 사용가능

IR 통신의 치명적인 단점은 다른 조명 기기의 빛에 영향을 받는다는 점과 통신 거리상에 제한이 있다는 점이다. 이러한 문제는 시스템이 외부에 설치될 경우 특히 심하게 나타나며 Receiver Diode에 직사광선이 유입되면 큰 문제를 유발한다. 하지만 사무실내에서 사용될 때는 아무런 문제가 없다. 최악의 경우 사무실내의

형광등이나 백열등의 빛이 IR Receiver의 감도를 떨어뜨릴 수도 있는데 이럴 때는 외부의 빛을 차단시키는 설비가 필요하다. 따라서 IR 센서를 사용하는 경우는 "근거리 직렬 통신"인 경우가 많다. 여기에서 근거리란 실내에서 수m 혹은 1-20m 정도를 말한다. 앞서 언급했던 바와 같이 적외선 통신 방식은 먼 거리를 전송하기가 어려운 점, 또 실내가 아닌 태양광을 받는 곳에서는 태양의 적외선에 영향을 매우 크게 받는 다는 점을 들 수 있다.

아울러 적외선 통신 방식은 현재까지 국제적인 표준은 없으므로(하지만, 업체마다의 표준은 있다.) 보통 간단하게 통신만 하는 경우 본인이 프로토콜을 제작하는 경우가 태반이다. 이것은 국제 표준이 나쁘거나 효율이 떨어지기 때문에 사용하지 않는 것이 아니라, 소규모 통신에는 굳이 그렇게 어려운 프로토콜을 적용할 필요가 없기 때문이다.

5.5.4 적외선 센서 특징 및 사양

1) 적외선 센서 특징

물체의 유·무를 판정하는 데 사용하는 적외선 센서의 특징과 결점은 다음과 같은 점을 들 수 있다.

- 물체를 접촉하지 않고 검출할 수 있다.
- 응답 속도가 빠르다.
- 분해능이 높다.

단점으로는 다음과 같은 것들을 들 수 있다.

- 조명등의 광원에 영향을 받기 쉽다. 즉 사용하는 환경에 대한 고려와 처치가 필요하다.
- 센서부가 오염에 약하다.

2) 적외선 센서 사양

물체의 유·무를 감지하는 데 사용하는 적외선 센서의 발광 다이오드는 EL-1KL3, 적외선을 받는 포토트랜지스터는 ST-1KLA을 사용하였으며 특징과 내부 블록도는 다음과 같다.

3) 적외선 발광 다이오드

발광부로는 EL-1KL3을 사용하였으며, EL-1KL3은 GaAs IRED이며, 컴팩트하고, 빔(beam) 각도가 좁아서 광 리모콘용 발광부, 광통신 등으로 많이 사용된다.

▌ EL-1KL3의 최대 정격

항 목	기호	정 격	단위
역 전압	V_R	5	V
순방향 전류	I_F	100	mA
펄스 순방향 전류	I_{FP}	1	A
전력 소모	P_D	100	mW
동작 온도 범위	Topr	-30~+100	℃

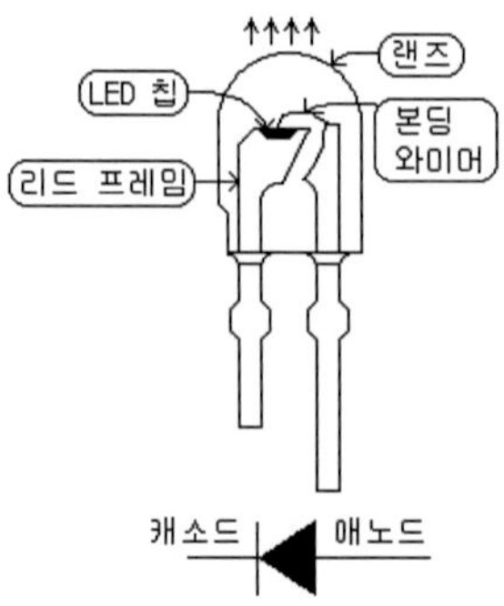

▌ EL-1KL3 블록도

▌ EL-1KL3의 전기-광 특성

항 목	기 호	조 건	최소	보 통	최 대	단 위
정 방향 전압	V_F	I_F = 100[mA]		1.35	1.7	V
역 전류	I_R	V_R = 5[V]			10	μA
캐패시턴스	Ct	f = 1[MHz]		25		pF
Radiant intensity	P_O	I_F = 100[mA]		20		mW/sr
Peak emission wavelength	λp	I_F = 100[mA]		940		nm
Spectral bandwidth 50[%]	Δλ	I_F = 100[mA]		50		nm
Half angle	Δθ			±10		deg

4) 포토 트랜지스터

수광부로는 고 감소 NPN 트랜지스터 구조로 되어 있는 ST-1KLA를 사용하였으며, ST-1KLA는 컴팩트하고, 빔(beam) 응답 각도가 좁아서 광 카운터, 광 검출기, 인코더 등에 많이 사용된다.

▌ ST-1KLA의 최대 정격

항 목	기호	정 격	단위
C-E 전압	V_{CEO}	40	V
E-C 전압	V_{ECO}	4	V
콜렉터 전류	Ic	50	mA
콜렉터 전력 소모	Pc	150	mW
동작 온도 범위	Topr	-35~+100	℃

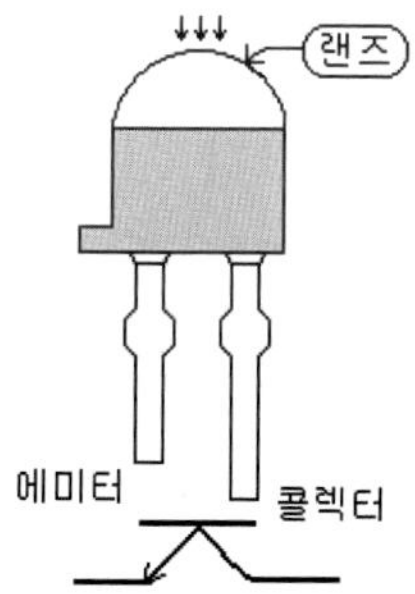

▌ ST-1KLA 블록도

▌ ST-1KLA의 전기-광의 특성

항 목		기 호	조 건	최소	보 통	최 대	단 위
Collect dark current		I_{CEO}	V_{CEO} = 10[V]		1	200	nA
Light current		I_L	V_{CE} = 10[V], 200[Lux]	1.5	6.0	16	mA
C-E saturation voltage		V_{CE}(sat)	I_C = 5[mA], 2000[Lux]		0.2	0.4	V
Switching speeds	Rise time	tr	V_{CC} = 10V, I_C = 5[mA] R_L = 100Ω		8		μS
	Fall time	tf			10		μS
Spectral sensitivity		λ			500~1050		nm
Peak wavelength		λp			880		nm
Half angle		Δθ			±15		deg

5.5.5 실험 회로도

1) ATmega128 CPU 회로도

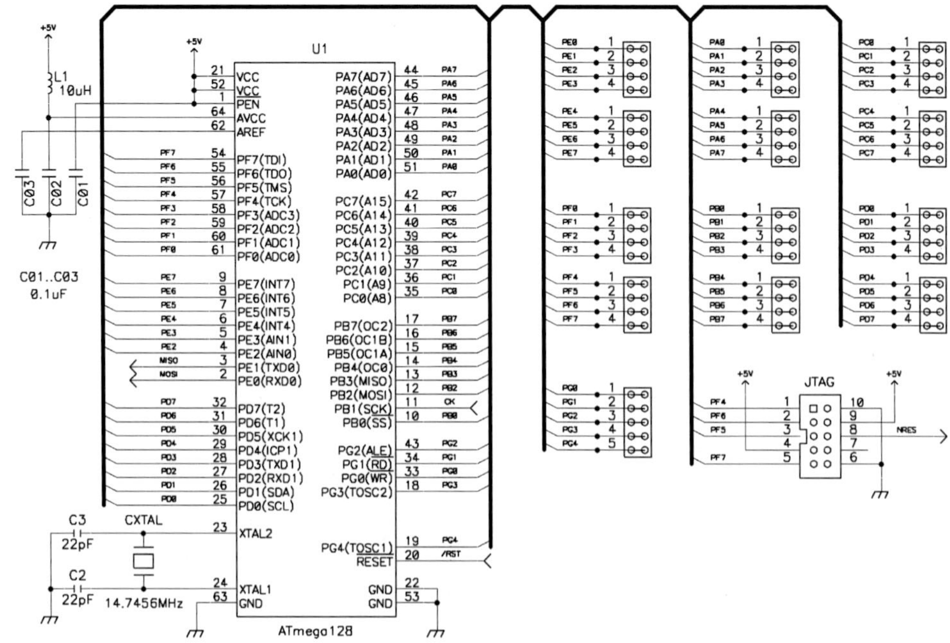

2) INFRARED 회로도, 16 X 2 LINE LCD 회로도

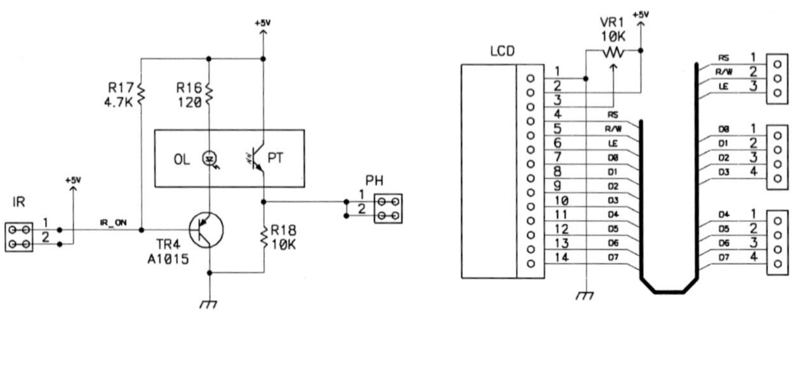

3) ATmega128과 16 × 2 LINE LCD 연결 관계

AT(mega)128 PORT C	16 × 2 LINE LCD	AT(mega)128 PORT C	16 × 2 LINE LCD	AT(mega)128 PORT B	16 × 2 LINE LCD
PC.3	D3	PC.7	D7	PB.7	E
PC.2	D2	PC.6	D6	PB.6	RW
PC.1	D1	PC.5	D5	PB.5	RS
PC.0	D0	PC.4	D4		

4) ATmega128와 INFRARED 연결 관계

AT(mega)128 PORT F	INFRARED	AT(mega)128 PORT D	INFRARED
PF0	PH	PD.3	IR_ON

5) 프로그램 흐름도

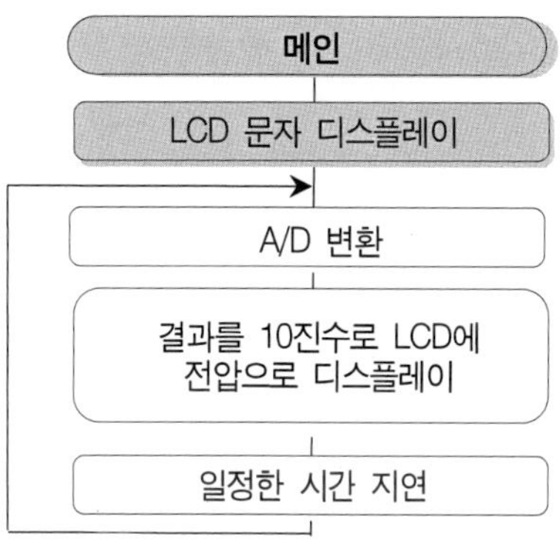

5.5.6 프로그램

```
main.c
/****************************************
* MPF-mDIGITAL DDS VER 1.0
* ATmega128
*
* < Connecting PORT to LCD, INFRARED UNIT>
* PC0 ~ PC7 ==> [LCD] D0 ~ D7
* PG0 ~ PG2 ==> [LCD] RS,RW,E
* PA0 ==> [INFRARED] IR_ON
* PF0 ==> [INFRARED] PH
****************************************/
#include <avr/io.h>        // define port name
#include <stdint.h>        // define uint8_t, int8_t
#include <util/delay.h>  // define delay function
#include    "cLcd.h"              // define LCD function
// display message
const char msg1[] = "  INFRARED TEST ";
const char msg2[] = " ADC0:  0.000[V]";
// convert result to voltage
void voltage(unsigned int result)
{
    unsigned char bcdh,bcdl;
    //convert result to a voltage
    result &= 0x03ff;     // 10-bit is only valid
    result *= 5;            // result x 5
    // integer part
    bcdh = result >> 10;
    bcdh <<= 4;              // shift 4-bit to left
    // 1'st decimal
    result &= 0x03ff;     // 10-bit is only valid
    result *= 10;           // result x 10
    bcdh |= result >> 10;
    // 2'nd decimal
    result &= 0x03ff;     // 10-bit is only valid
    result *= 10;           // result x 10
    bcdl = result >> 10;
    bcdl <<= 4;              // shift 4-bit to left
    // 3'rd decimal
    result &= 0x03ff;     // 10-bit is only valid
    result *= 10;            // temp x 10
    bcdl |= result >> 10;
```

```
    // display
          LcdColumn(8,2);                    // set cursor
    LcdData((bcdh >> 4)+0x30);    // integer part
    LcdData('.');
    LcdData((bcdh & 0x0f)+0x30); // 1'st decimal part
    LcdData((bcdl >> 4)+0x30);    // 2'nd decimal part
    LcdData((bcdl & 0x0f)+0x30); // 3'rd decimal part
    LcdColumn(15,2);                      // set cursor
}
// initial ADC
void  ad_init(void)
{
          // enable ADC, prescaler:64(14.7456[MHz]/64=921[kHz])
    ADCSR = 0x96;
          ADMUX =0x40;  // channel0, AVCC
}
// convert A/D. return: result
unsigned int ad_get(unsigned char channel)
{
          unsigned int adc_temp = 0;
    // start conversion
          ADMUX =0x40 | channel; // set channel
          ADCSR |=  _BV(ADIF) | _BV(ADSC);  // start A/D conversion
          while(bit_is_set(ADCSR,ADSC));      // conversion?
    adc_temp = ADC & 0x03FF;        // 10 bit
          return(adc_temp);          // return result
}
// main
int main(void)
{
          unsigned int adc;
          DDRA |= 0x01;                // PA0 output mode
          LcdInit();                // initial LCD
          LcdStringConst(msg1);   // display mssage to line1
          LcdLine(2);                             // set cursor line2
          LcdStringConst(msg2);   // display mssage to line2
          ad_init();                // Initial ADC
          PORTA &= ~0x01;               // IR_ON
          // loop
          while(1)
          {
          adc = ad_get(0);      // convert channel 0
          voltage(adc);
          _delay_ms(500);       // delay
          }
          //
          return 0;
}
```

```
LCD8.c
// Lcd8.c
#include <avr/io.h>          // define port name
#include <stdint.h>          // define uint8_t, int8_t
#include <util/delay.h>     // define delay function
#include     <avr/interrupt.h> // define cli(),sei() function
#include     <stdio.h>           // define fdevopen() function
#include     "cLcd.h"            // define lcd function
// LCD 상수
#define LCD_CTL_PORT        PORTG       // PORTG(RS : PG0, R/W : PG1, E : PG2)
#define LCD_DATA_PORT          PORTC          // PORTC(4bit : PC4-PC7, 8bit :
PC0-PC7)
#define LCD_CTL_PORT_DDR   DDRG        //
#define LCD_DATA_PORT_DDR DDRC         //
#define LCD_RS       0          // RS : PG0
#define LCD_RW       1          // R/W : PG1
#define LCD_E        2          // E  : PG2
#define LCD_COL      16         // 캐릭터/라인
// global variable
uint8_t   columns;        // character number
uint8_t   lines;          // save current line
// output E signal
void LcdE(void)
{     LCD_CTL_PORT &= ~_BV(LCD_E);  // E = 1
     LCD_CTL_PORT |= _BV(LCD_E);    // E = 0
//     _delay_ms(1);
}// clear LCD
void LcdClear(void)
{     LcdCommand(0x01);
     _delay_ms(1);
}
// set line
void LcdLine(uint8_t row)
{     columns = 0;
           lines = row;
     switch(row)
     {
          case 1:           // first line
                              LcdCommand(0x80);
                              break;
          case 2:          // second line
                              LcdCommand(0xC0);
                              break;
     }
```

```
}// clear LCD line
void LcdClearLine(uint8_t row)
{
    uint8_t  i;
    switch(row)
    {
            case 1:                     // first line
                        LcdCommand(0x80);
                        for(i = 0; i < LCD_COL; i++) LcdData(' ');
                        LcdCommand(0x80);
                        break;
        case 2:                     // second line
                        LcdCommand(0xC0);
                        for(i = 0; i < LCD_COL; i++) LcdData(' ');
                        LcdCommand(0xC0);
                        break;
    }
        // initial line, column
        columns = 0;
    lines = row;
}
// set cursor
void LcdColumn(uint8_t col,uint8_t row)
{   switch(row)
    {
        case 1: LcdCommand(0x80 + col); break;  // first line
        case 2: LcdCommand(0xC0 + col); break;  // second line
    }
    columns = col;
    lines = row;
}// output command
void LcdCommand(uint8_t cmd)
{   LCD_CTL_PORT &= ~_BV(LCD_RS);
    LCD_DATA_PORT = cmd;        //
    LcdE();
    _delay_ms(1);
}// output data
void LcdData(uint8_t data)
{   LCD_CTL_PORT |= _BV(LCD_RS);
    LCD_DATA_PORT = data;
    LcdE();
    _delay_ms(1);
    ++columns;              // increase character number by 1
}// initial LCD
```

```
void LcdInit(void)
{     LCD_DATA_PORT_DDR = 0xFF;    // data port : output mode
     LCD_CTL_PORT_DDR = 0x07;      // control port : output mode
     LCD_CTL_PORT = 0;
     // initial LCD
     LcdCommand(0x30); _delay_ms(100);
     LcdCommand(0x30); _delay_ms(3);
     LcdCommand(0x30); _delay_ms(1);
     LcdCommand(0x30); _delay_us(100);
     LcdCommand(0x38); _delay_us(40);
     LcdCommand(0x08); _delay_us(40);
     LcdCommand(0x01); _delay_us(40);
     LcdCommand(0x06); _delay_us(40);
     LcdCommand(0x0f); _delay_us(40);
     LcdClear();
     columns = 0;
     lines = 1;
}
// output string
void LcdStringConst(const char *str)
{
          while(*str) LcdData(*str++);
}

void LcdString(char *str)
{
          while(*str) LcdData(*str++);
}

// output string
void lcd_print (char *string)
{
          uint8_t count = 0;
          uint8_t line1_clear = 0;
          while(*string)
          {
                    if(*string == '\n'){
                              LcdClearLine(2);
                              count = 0;
                              line1_clear = 1;
                              string++;
                    }else if(line1_clear == 0){
                              LcdClearLine(1);
                              line1_clear = 1;
```

```
			}else{
				if(count == LCD_COL){
					LcdClearLine(2);
					count = 0;
				}else count++;
				//
				LcdData(*string++);
			}
		}
}
```

5.6 스텝 모터 제어

스텝 모터는 높은 정밀도를 요구하는 프린터, 테이프 드라이버, 디스크 드라이버, 로봇의 관절 같은 위치 제어에 아주 폭 넓게 사용되고 있다. 이 절에서는 스테이트 머신을 이용하여 스텝 펄스를 만들어서 스텝(step) 모터를 동작시키는 실습을 한다.

5.6.1 스텝 모터 (Step Motor)

이 절에서는 모터를 구동하기 위하여 모터의 구조와 동작 원리에 대해서 알아보도록 한다. 또한 마이크로컨트롤러를 이용하여 모터를 구동하기 위한 프로그래밍 방법도 알아보도록 한다.

일반적으로 모터는 다음 그림과 같이 플레밍(Paul Fleming)의 왼손 법칙에 따라서 전류(I)와 자속(B)에 비례하는 힘이 전류와 자속에 대하여 직각인 방향으로 작용하는 원리를 이용한다.

Paul Fleming

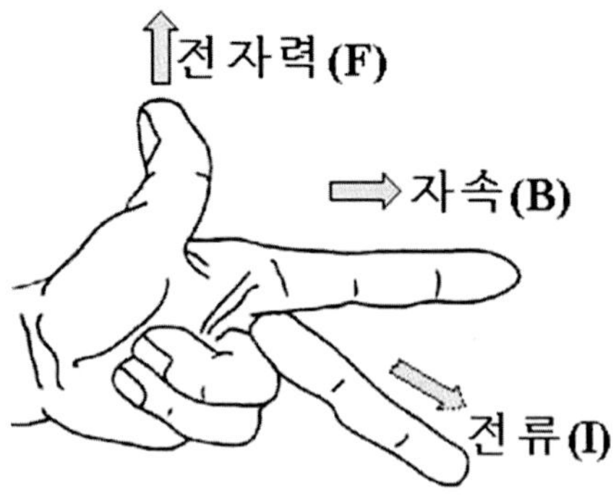

모터의 정의와 종류를 정리하면 다음과 같다.

- 전기 에너지를 기계 에너지로 변환하는 장치
- 대부분의 모터는 회전 운동의 동력을 만들지만 리니어 모터는 직선 운동을 만든다.
- 전원의 종류에 따라서 직류와 교류 전동기로 분류된다.
- 교류 전동기는 단상과 3상 모터로 구분된다.
- 동작 방식에 따라서 DC모터와 스텝 모터로 구분된다.

1) 스텝 모터

스텝모터는 디지털 펄스로 제어하는 것이 가능하다는 점에서 마이크로컨트롤러와 함께 사용하기에 적합한 모터이다. 스텝 모터가 DC모터나 AC모터와 크게 다른 점은 모터의 위치를 검출하기 위한 피드백 회로 없이 정해진 각도를 회전하고 상당히 높은 정확도로 정지할 수 있다는 것이다. 회전 속도도 시간당 펄스 수에 비례하므로 편리하게 제어할 수 있다.

2) 스텝 모터 동작

스텝 모터는 펄스에 의하여 일정한 각도로 제어할 수 있는 모터로써 디지털 신호로 제어하므로 마이크로프로세서에서의 제어가 용이하다. 다음 그림은 스텝 모터의 구조를 나타낸다.

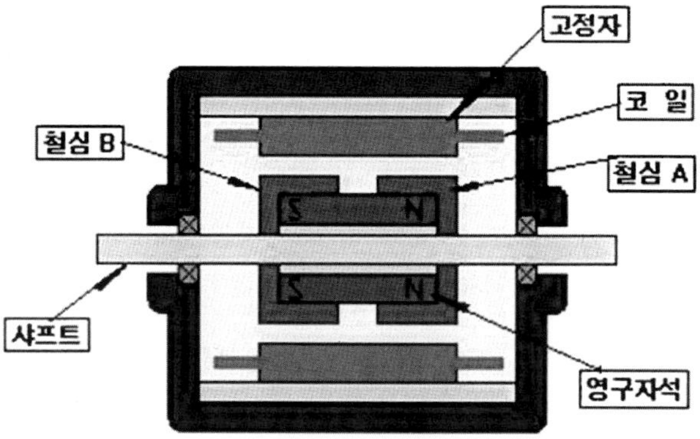

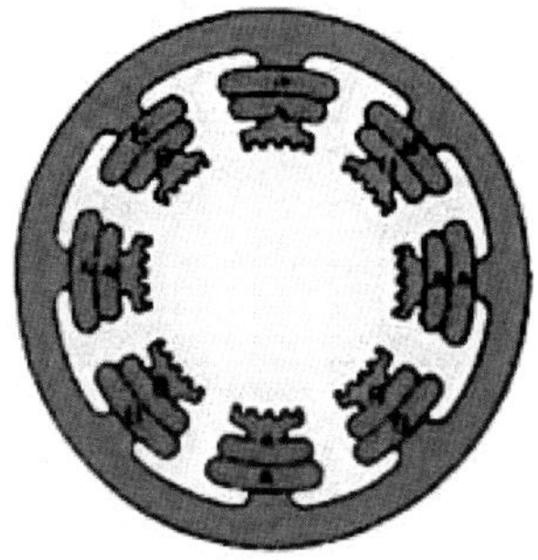

3) 스텝 모터의 장점

- 모터의 회전각은 입력 펄스 수에 비례하고 모터의 회전수는 1초당 입력 펄스 수에 비례한다.
- 회전자의 오차는 스텝마다 누적되지 않는다. 스텝모터의 위치 결정은 모터 내부의 고정자(stator)와 회전자(rotator)의 측이 대면하고 자기 저항이 가장 작아지는 점에서 움직인다.
- 디지털 신호로 개루프 제어(open loop control)를 할 수 있고 시스템이 간단한다. 위치나 속도를 제어하기 위한 궤환 시스템을 사용하지 않고 정밀제어가 가능하다.
- 브러시 교환이 필요하지 않기 때문에 유지보수가 간단하고 저렴하다.
- 정지할 때 큰 유지 토크를 발생한다.
- 저속 구동 시 큰 토크가 발생한다.

4) 스텝 모터의 단점

- 고속 구동시 탈조하기 쉽다.
- 특정한 주파수에서는 진동, 공진 형상이 발생하기 쉽고 관성이 있는 부하에 약하다.
- 펄스의 주파수가 상승함에 따라 토크가 저하된다.

5) 스텝 모터 동작

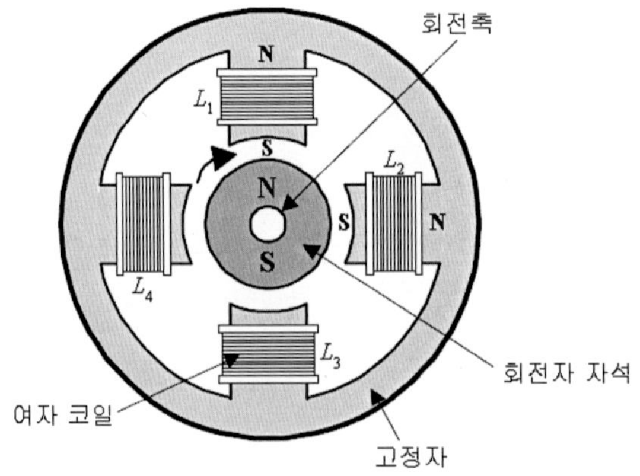

① 고정자 여자코일 L1이 전기적인 펄스에 여자되면 L1은 회전자 쪽이 S극이 되는 전자석이 되어 회전자의 N극이 L1 밑에 위치하도록 시계방향으로 회전하게 된다.

② 다음 펄스를 이용하여 L2를 여자시키면 회전자의 N극은 L2 밑에 위치하게 된다.

③ 이러한 과정을 L1, L2, L3, L4와 같이 순환적으로 여자 시키면 회전자는 일정한 각도로 연속적으로 회전 하게 된다.

예를 들어 1회전당 200개의 펄스를 갖는 스텝 모터는 한 펄스당 1.8도로 움직이게 된다. (360/200 = 1.8)

6) 스텝 모터의 종류

스텝 모터는 구조에 따라서 VR (Variable Reluctance Type)형, PM (Permanent Type)형, 복합형 (Hybrid Type)의 3가지 종류로 분류할 수 있다.

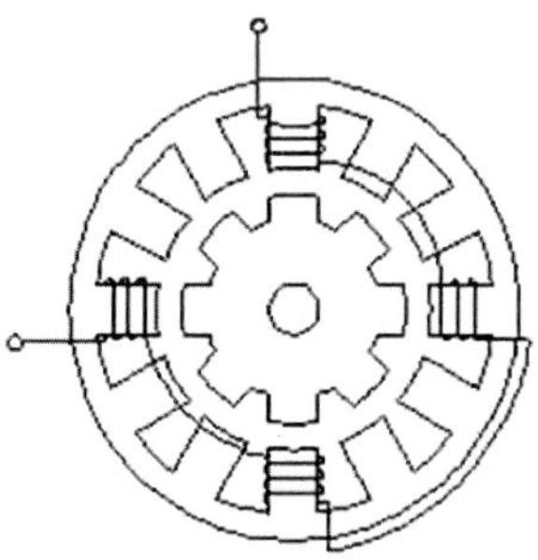

VR 형

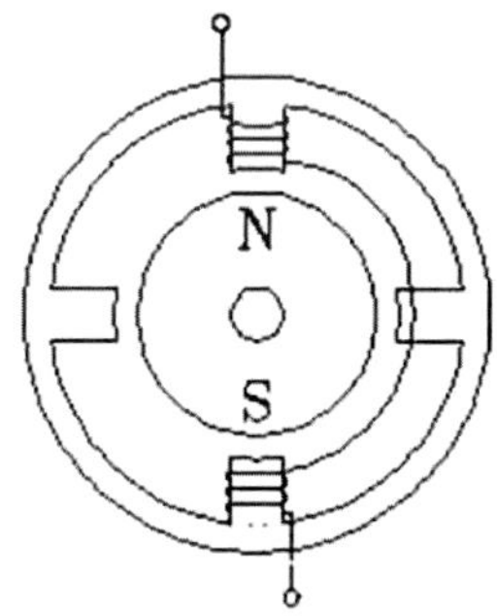

PM 형

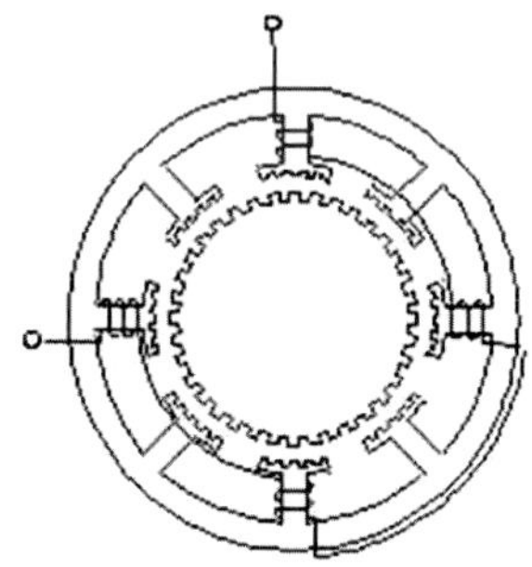

복합형

7) VR 형 (Variable Reluctance Type)

- 톱니바퀴형 회전자는 연철 또는 성층 강판으로 만들어 진다.
- 고정자 권선에서 만들어지는 전자기력으로 토크를 발생시켜 회전을 시킨다.
- 무여자일 때는 자력이 발생하지 않으므로 유지 토크가 없다.
- 회전자의 관성이 작고 고속 응답에 필요한 응용에 유용하다.
- 스텝각은 일반적으로 15 ° 이다.

8) PM 형 (Permanent Type)

- 회전자로 영구자석을 사용한다.
- 고정자 권선에 만들어지는 전자기력으로 회전을 시킨다.
- 영구자석을 사용하기 때문에 무여자 시에도 유지토크가 있다.
- 종류에 따라서 스텝각이 다르다.
- 알리코계 자석 : 90 °, 45 °
- 페라이트계 자석 : 18 °, 15°, 11.25°, 7.5 °

9) 복합형 (Hybrid Type)

- PM형과 VR형을 복합한 형식이다.
- 회전자 바깥쪽에 축이 만들어져 있다.
- 회전자에는 축방향으로 자화된 영구자석이 끼워져 있다.
- 회전자 바깥쪽에는 축이 있는 2개의 철심으로 구성된다.
- 고정밀, 높은 토크, 적은 스텝의 사용에 유리하다.

10) 스텝모터의 결선

스텝모터는 DC모터와 달리 배선 수가 많다. 일반적으로 4개 혹은 6개의 선이 있다. 스텝모터 사양서에 색으로 구분된 선에 대한 설명을 반드시 읽은 후 연결을 하여야 한다. 스텝 모터 내부 결선 종류는 아래 그림과 같이 6선, 5선, 8선 스텝 모터가 있다.

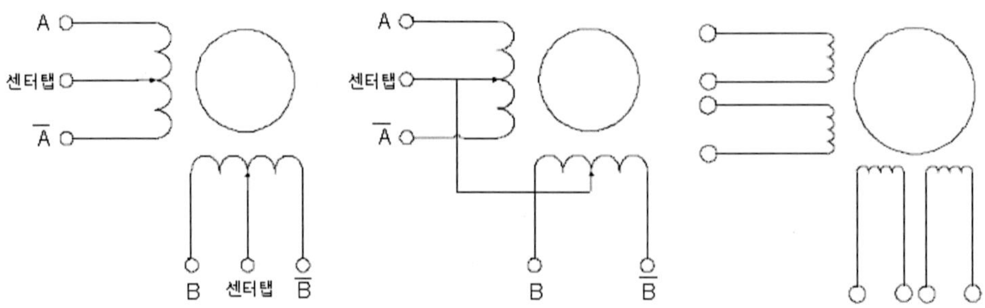

5.6.2 스텝 모터 구동 회로

스텝모터를 구동하는 제어회로에 따라서 단극성 구동방식(uni-polar drive)과 쌍극성 구동방식(bi-polar drive)이 있으며, 여자회로에 의하여 1상 여자방식(Full Step), 2상 여자 방식(Full Step), 1-2상 여자방식(Half Step)으로 구분된다.

제어 회로에 의한 분류 방식에서 특징은 다음과 같다.

1) 단극성 구동방식

- 모터의 내부 코일에 전류를 한 방향으로 흘리는 방식
- 모터 내부에 센터 탭이 있으며 스텝 모터 구동 시 사용
- 저속에서는 토크가 작음
- 회로의 구성이 간단하여 저렴함
- 에너지 효율이 낮으나 고속 시 탈조 가능성이 낮아 고속 구동에 용이

2) 쌍극성 구동 방식

- 코일에 전류의 방향을 교대로 바꾸어 흐르게 하는 방식
- 스텝 각을 정밀하게 제어할 수 있음
- 회로의 구성이 복잡하여 비용이 많이 듬
- 저속에서의 토크가 큼
- 에너지 효율이 높으나 고속 시 탈조 가능성이 높아 저속 구동에 사용함

여자방식에 의한 분류 방식 특징은 다음과 같다.

3) 1상 여자

- 1개의 코일만 차례로 여자하는 방식
- 소비 전력이 낮고 1스텝 당 각 정밀도가 높다.
- 감쇠진동이 크고 탈조하기 쉽다.

스텝	A	B	$\overline{A}$	$\overline{B}$
0	ON			
1		ON		
2			ON	
3				ON

4) 2상 여자

- 2개의 코일을 동시에 여자하는 방식
- 1상 여자 구동에 비하여 2배의 전류가 필요하다.

- 토크가 크고 감쇠 진동이 작다.
- 주파수 특성이 좋아서 가장 널리 사용되는 방식

스텝	A	B	$\overline{A}$	$\overline{B}$
0	ON	ON		
1		ON	ON	
2			ON	ON
3	ON			ON

5) 1-2상 여자

- 1상과 2상에 교대로 여자하는 방식
- 1상 여자 구동에 비하여 1.5배의 전류가 필요하다.

스텝	A	B	$\overline{A}$	$\overline{B}$
0	ON			
1	ON	ON		
2		ON		
3		ON	ON	
4			ON	
5			ON	ON
6				ON
7	ON			ON

5.6.3 스텝 모터 구동 실습

1) 스텝 모터 동작 방법

스텝 모터는 여러 가지의 종류가 있지만 간단히 이해하기 위하여, 회전하는 부분인 영구자석과 외부에 스테이터(stator)라 불리는 코일이 있다고 생각하자. 4상 영구자석형 모터를 예를 들어 설명하면 다음과 같다.

① 4상 영구 자석 형 모터는 4개의 전자석과 영구자석의 축이 있다.

② 이 4개의 영구 자석에서 오른쪽 방향으로 한 개씩 전류를 흘리면 축에 있는 영구자석이 90도씩 오른쪽으로 회전하게 된다.

③ 전자석의 스위칭 타이밍(전자석의 여자 방법)에 따라 크게 3개의 형태(1상 여자, 1-2상 여자, 2상 여자)가 있고, 각각 회전각이 다르다.

④ 다음 장에 각 여자 방법의 동작 형태를 나타내었다.

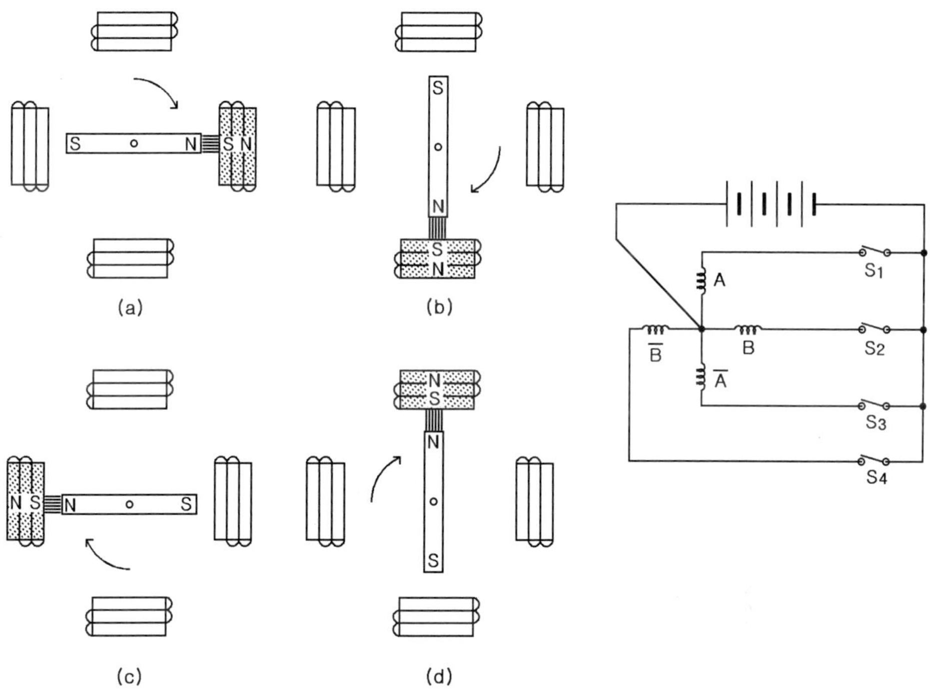

4상 영구 자석형 스텝 모터의 동작 원리

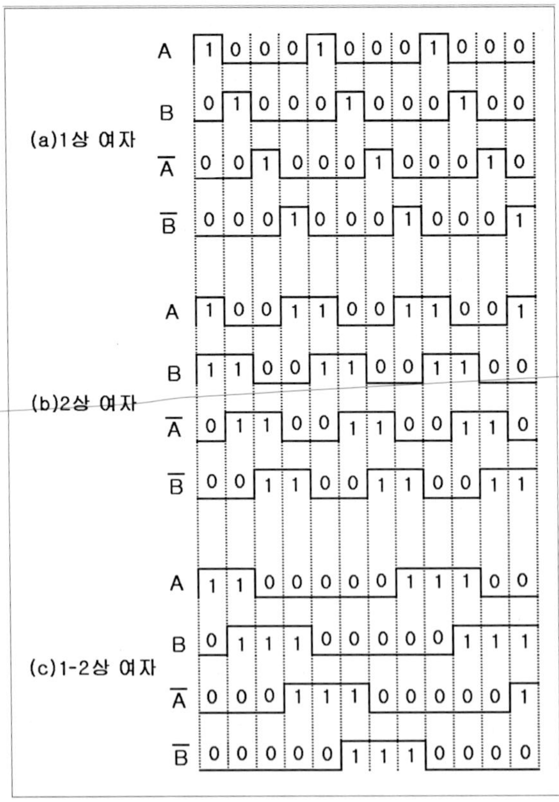

여자 방법

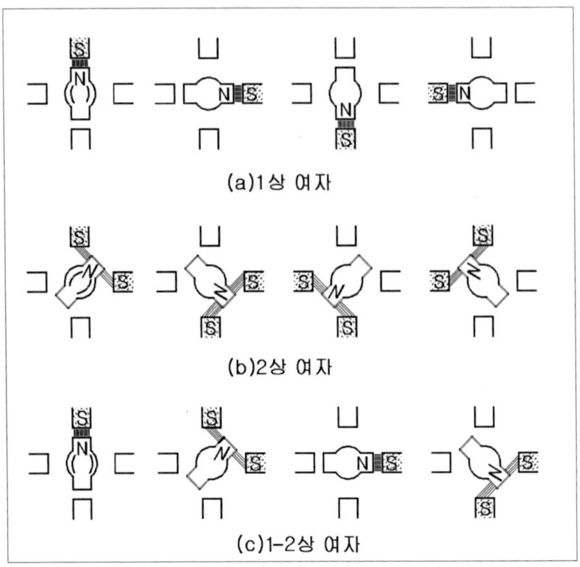

각 여자 방법과 축의 회전 동작

2) 스텝 모터 제어기 (ULS2064)

ULS2064는 그림과 같이 트랜지스터 어레이로서 B 단자에 "1"을 입력하면 C 단자로 "0"을 출력하게 되어 스텝 모터의 상에 전류가 흐르게 된다. 이때 각 상에 연결된 LED가 점등되어 사용자가 출력한 상의 상태를 알 수 있다.

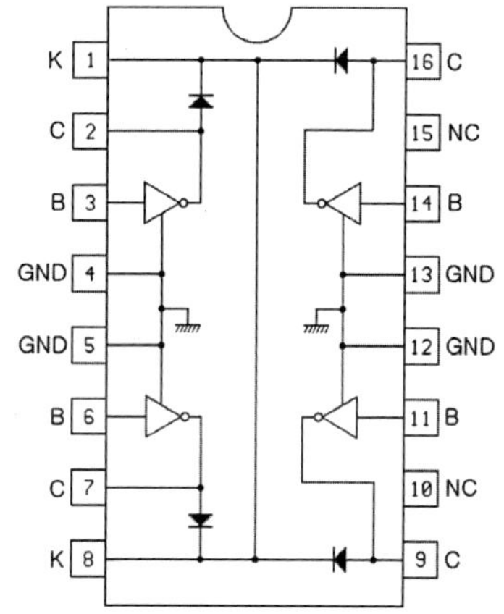

ULS2064 내부 블록도

3) 여자 방법

ULS2064와 스텝 모터의 상 여자 방법을 정리하여 놓았다.

(a) 1상 여자 방법

	순서	0	1	2	3	0...
입력	A	H	L	L	L	H
	ABAR	L	L	H	L	L
	B	L	H	L	L	L
	BBAR	L	L	L	H	L
출력 ON		A	B	ABAR	BBAR	A

(b) 1-2상 여자 방법

	순서	0	1	2	3	4	5	6	7	0...
입력	A	H	H	L	L	L	L	L	H	H
	ABAR	L	L	L	H	H	H	L	L	L
	B	L	H	H	H	L	L	L	L	L
	BBAR	L	L	L	L	L	H	H	H	L
출력 ON		A	A,B	B	B,ABAR	ABAR	ABAR,BBAR	BBAR	BBAR,A	A

(c) 2상 여자 방법

	순서	0	1	2	3	0...
입력	A	H	L	L	H	H
	ABAR	L	H	H	L	L
	B	H	H	L	L	H
	BBAR	L	L	H	H	L
출력 ON		A, B	B, ABAR	ABAR, BBAR	BBAR, A	A, B

4) LCD 디스플레이 형태

LCD는 8비트 인터페이스를 이용하여 아래와 같이 디스플레이 되도록 한다.

		S	T	E	P		M	o	t	o	r		!	!	
	N	o	w		1	-	2		P	h	a	s	e		!

5) 스텝 펄스 시간

스텝 펄스 시간은 LCD 초기 설정에 사용하는 소프트웨어 타이머를 이용하며, 1-2상 여자로 동작하도록 한다.

5.6.4 실험 회로도

1) ATmega128 CPU 회로도

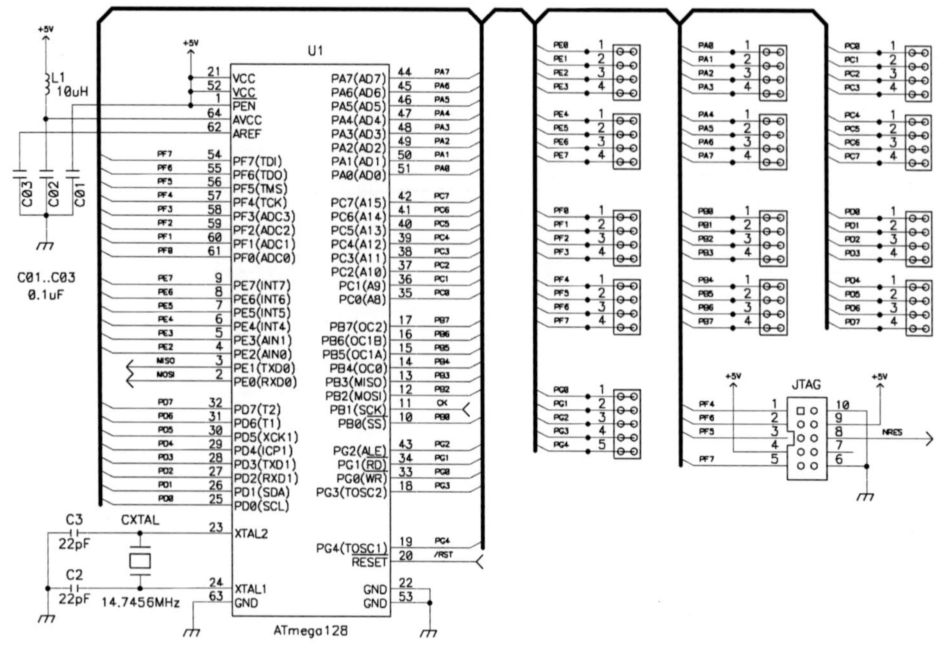

2) 스텝 모터 회로도

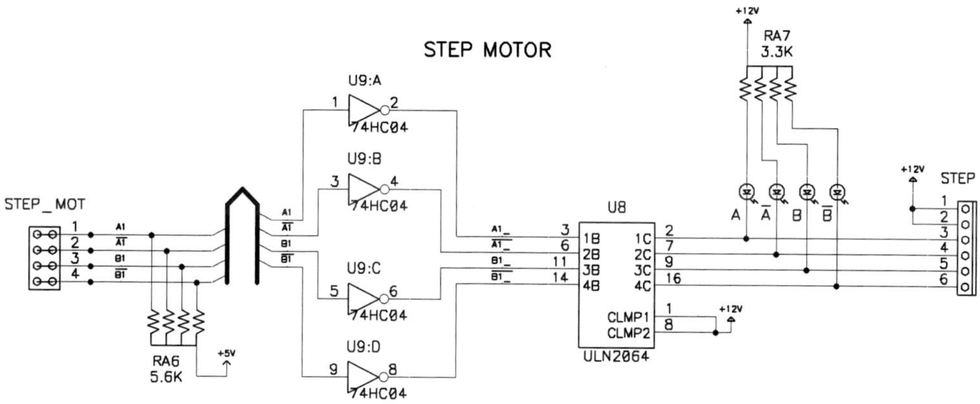

3) 16 X 2 LINE LCD 회로도

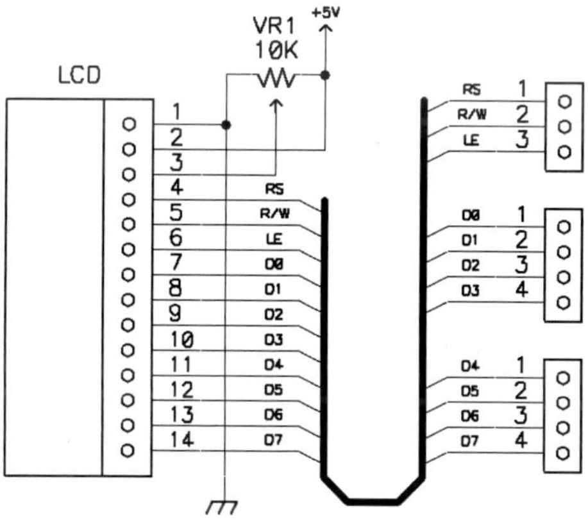

4) ATmega128과 16×2 LINE LCD 연결 관계

AT(mega)128 PORT C	16 × 2 LINE LCD	AT(mega)128 PORT C	16 × 2 LINE LCD	AT(mega)128 PORT B	16 × 2 LINE LCD
PC.3	D3	PC.7	D7	PB.7	E
PC.2	D2	PC.6	D6	PB.6	RW
PC.1	D1	PC.5	D5	PB.5	RS
PC.0	D0	PC.4	D4		

5) ATmega128과 STEP MOTOR 연결 관계

AT(mega)128 PORT a	STEP MOTOR
PA.3	/B
PA.1	B
PA.2	/A
PA.0	A

6) 프로그램 흐름도

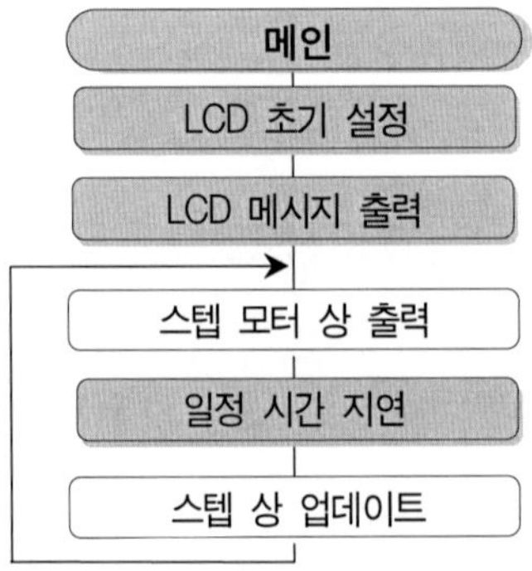

5.6.5 프로그램

```
/*****************************************
* MPF-mDIGITAL DDS VER 1.0
* ATmega128
*
* < Connecting PORT to LCD, STEP UNIT>
* PC0 ~ PC7 ==> [LCD] D0 ~ D7
* PG0 ~ PG2 ==> [LCD] RS,RW,E
* PA0 ~ PA3 ==> [STEP MOTOR] A,B,/A,/B
******************************************/
#include <avr/io.h>        // define port name
#include <stdint.h>        // define uint8_t, int8_t
```

```
#include <util/delay.h>  // define delay function
#include    "cLcd.h"           // define LCD function
// display message
char msg1[] = "  STEP Motor !! ";
char msg2[] = " Now 1-2 Phase !";
// 1-2 phase table
const char PHASED[8] = {0x01,0x03,0x02,0x06,0x04,0x0c,0x08,0x09};
// main
int main(void)
{
        unsigned char i;
        DDRA = 0xff;    // PORTA output mode
        LcdInit();        // initial LCD
        LcdString(msg1);   // display mssage to line1
        LcdLine(2);                       // set cursor line2
        LcdString(msg2);   // display mssage to line2
        // loop
        while(1)
        {
        for (i=0; i<8 ; i++)
        {
        PORTA = PHASED[i];       // output step motor
                _delay_ms(500);           // delay
        }
    }
    //
    return 0;
}
```

주) LCD8.c 프로그램을 프로젝트에 포함하여야 함.

5.7 DC 모터 구동

DC 모터(Direct Current Motor)는 제어하기가 쉬워 소형의 속도 제어 장치로 많이 사용되고 있다. 이 절에서는 DC 모터의 속도 제어 방법에 대해서 살펴보고 제어하는 실습을 진행한다.

5.7.1 DC 모터 제어 이론

DC모터는 고정자인 자석과 회전자인 모터 코일에 흐르는 전류에 의하여 회전력을 얻는다. 모터의 구동전압(DC 모터에 가하는 전압)을 변화시키면 속도를 가변시킬 수 있다.

1) DC 모터의 특징

- 기동 토크가 크다
- 인가전압에 대하여 회전 특성이 직선적으로 비례한다.
- 입력 전류에 대하여 출력 토크가 직선적으로 비례한다.
- 출력효율이 좋다.

아래의 그림은 DC 모터의 구조와 회전 원리를 나타내며 DC 모터의 제어에는 구동 전압을 변화시키는 방법에 따라서 아날로그 방식과 펄스폭 변조 방식의 두 가지 방법이 있다.

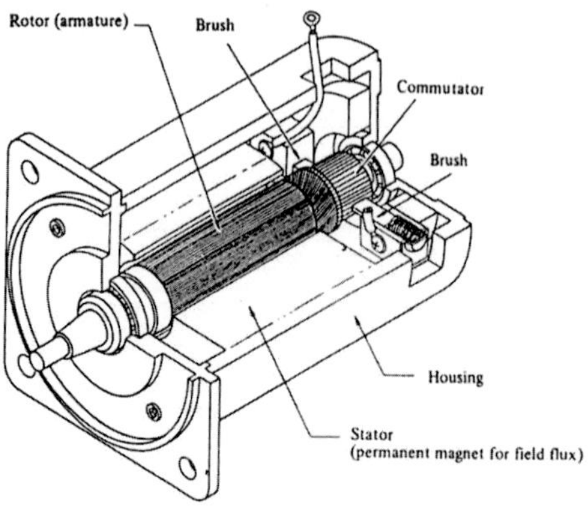

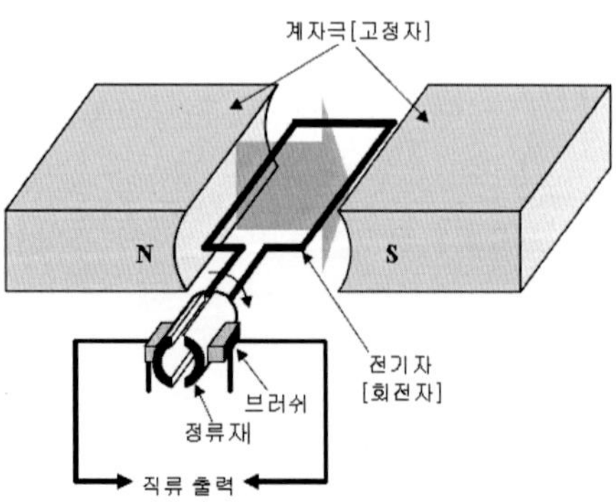

2) 아날로그 가변속 제어

DC모터에 입력되는 전압을 변화시키는 방법으로 트랜지스터로 출력전압 보상장치(Voltage Dropper)를 구성하고 콜렉터, 에미터 간의 Drop 전압을 바꾸어서 모터에 입력하는 구동전압을 가변시킨다. 출력전압 보상장치 출력 전압이 열로 손실되며, 저속회전을 할 때 전력 사용효율이 저하된다. 그리고 손실에 의한 열을 방출하기 위하여 큰 방열판을 사용하여야 하기 때문에 부피가 커진다.

모터가 소형이거나 속도의 가변폭이 작아도 되는 경우에는 손실을 작게할 수 있고 제어 회로가 간단한 응용에 활용되고 있다.

3) 펄스폭 변조(PWM)방식

PWM (Pulse Width Modulation) 방식은 DC 모터로 입력되는 전압은 일정하지만 입력되는 전압의 시간을 펄스 형태로 조절하여 구동 전압을 가변하는 것과 같은 효과를 내는 방법이다.

모터의 구동전원을 일정한 주기로 On/Off 하도록 펄스를 입력하여 펄스의 듀티비(Duty ratio)를 변경함으로써 평균전압을 조절하는 방식이다. On의 시간이 길수록 평균전압은 높아지게 된다. DC모터의 회전 속도는 인가되는 전압에 비례하므로 PWM 방식에서는 한 주기 내의 펄스폭을 조정한다면 속도의 조정이 가능하게 된다.

본 실습에서는 DC 모터의 속도 제어를 위해 모터에 인가되는 전압을 ON/OFF 시켜서 모터에 인가되는 평균전압을 변화시킨다. 즉, 같은 주기 T 동안에 펄스 폭(pulse width)을 변조시키면 T_{ON} 시간에 따라서 모터에 가해지는 평균전압이 아래 그림 PWM 제어방법(a), PWM 제어방법(b)와 같이 변하게 된다.

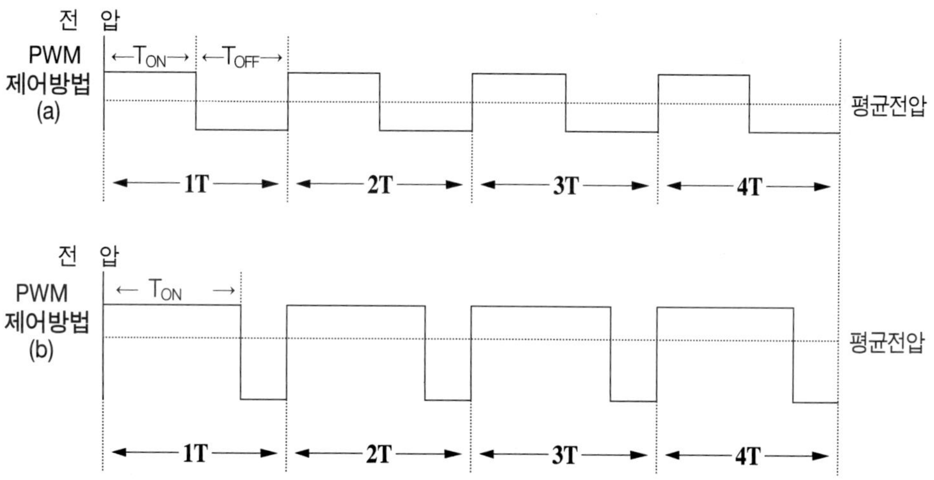

▌ TON 시간이 길수록 모터에 가해지는 평균전압은 높아지게 된다.

DC 모터의 속도는 모터에 인가되는 평균전압에 비례하므로 PWM 방법으로 한 주기 내의 펄스 폭을 조정한다면 속도 조정이 가능하게 된다.

일반적으로 전원전압이 +5[V]라면, 모터에 가해지는 평균전압은 다음과 같이 구해진다.

$$V = 5 \times \frac{T_{ON}}{T} \text{ [V]}$$

5.7.2 DC 모터의 속도 측정 방법

1) 샤프트 인코더

모터의 회전수를 측정하는 방법에는 여러 가지가 있지만 여기에서는 샤프트 인코더(shaft encoder)를 사용한다. 즉, 슬롯(slot)이 있는 원판을 모터의 축에 연결(coupling)해서 모터의 회전을 측정한다. 슬롯 수가 14개이므로 14개의 펄스를 세면 1회전되었다고 생각한다.

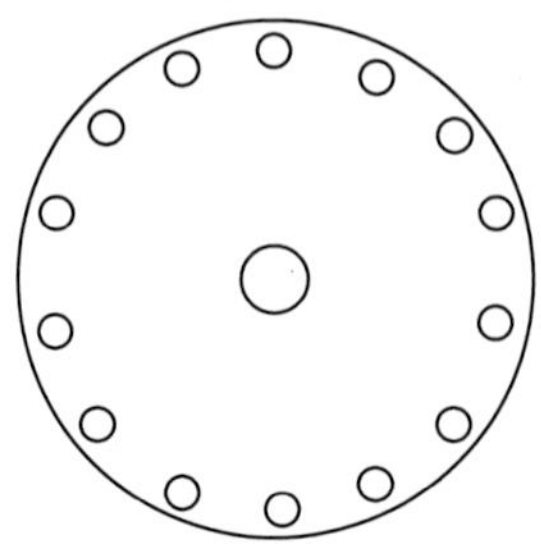

2) 포토 인터럽터 구조

포토 인터럽터(photo interrupter)는 모터의 속도 측정뿐만 아니라 위치 센서로도 많이 사용되고 있다. 포토 인터럽터는 발광소자(LED)와 그 빛을 받는 포토트랜지스터가 하나의 패키지(package)로 되어 있기 때문에 여러 응용 회로에 많이 사용되고 있다. 내부 구조를 보면 아래와 같이 되어 있다.

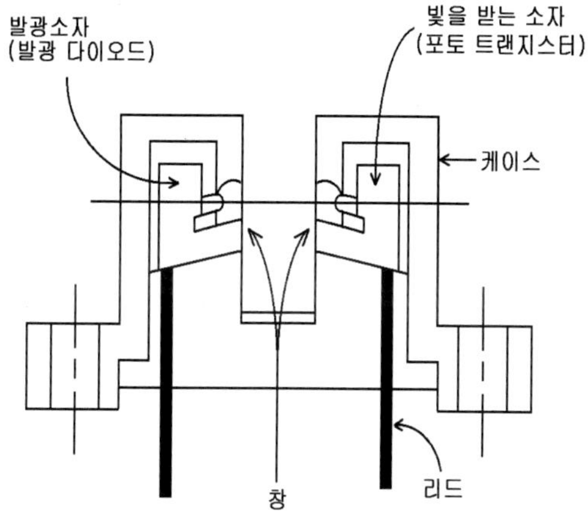

(a) 포터 인터럽트 구조

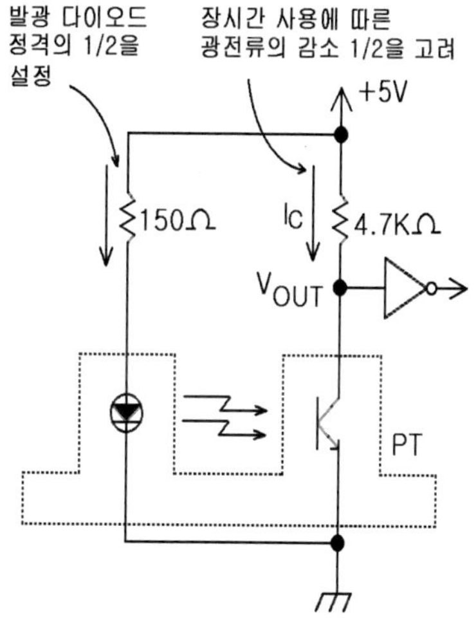

(b) 포터 인터럽터 인터페이스

포터 인터럽터 내부 구조 및 동작 방법

3) 회전수 검출 방법

모터의 축에 속도를 검출하기 위해서 슬롯(slot)과 그 밑에 포토 인터럽터(photo interrupter)를 사용한다. 동작 원리는 다음과 같다.

① 원판이 회전할 때 원판의 구멍이 LED 앞에 오면 LED 빛이 구멍을 통하여 포토트랜지스터를 구동시키게 되고 포토트랜지스터의 출력은 "L"(Ⓐ)이 된다.

② 슬롯을 통과하지 않을 경우에는 포토트랜지스터는 동작하지 않기 때문에 포토트랜지스터의 출력은 "H"(Ⓐ)가 된다.

③ 그래서 원판의 슬롯 수를 알면 1회전에 펄스 수가 몇 개가 발생하는지 알 수 있다. 이 펄스 수를 카운터를 이용하여 카운트하면, 모터의 속도를 측정할 수 있다.

④ 즉, 원판의 슬롯이 14개라면 펄스가 14개가 입력되면 모터가 1회전하였다고 생각하면 된다.

⑤ 보통 Ⓐ점의 파형은 완전히 디지털화되어 있지 않기 때문에 파형을 정형하기 위하여 인버터를 사용하면 Ⓑ점의 파형은 아래 그림과 같이 얻을 수 있다.

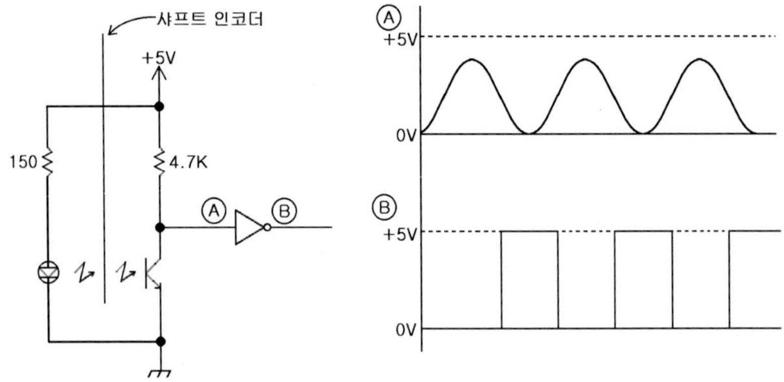

(a) 포터 인터럽터 인터페이스　　(b) Ⓐ와 Ⓑ 부분의 파형

모터 회전수 검출 방법

일반적으로 모터는 "1분에 몇 회전하였는가?"로 표시되며, 단위는 RPM (Revolution Per Minute)로 표시된다.

4) DC 모터 드라이버 사양

모터의 드라이버로 사용되는 L293B의 내부 구조와 동작 관계를 정리하면 아래와 같다.

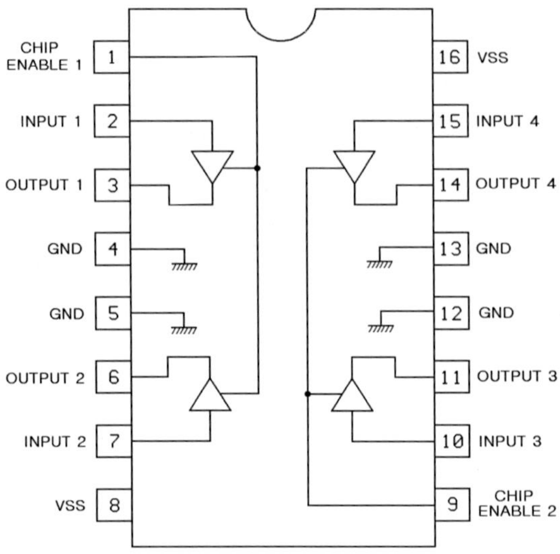

L293의 내부 구조

■ L293B의 동작 관계

제어 신호	PWM	DC 모터
CHIP ENABLE1 = 1 Vss(핀 8)	INPUT1, INPUT2	OUTPUT1, OUTPUT2
CHIP ENABLE2 = 1 Vss(핀 16)	INPUT3, INPUT4	OUTPUT3, OUTPUT4

5.7.3 실험 회로도

1) ATmega128 CPU 회로도

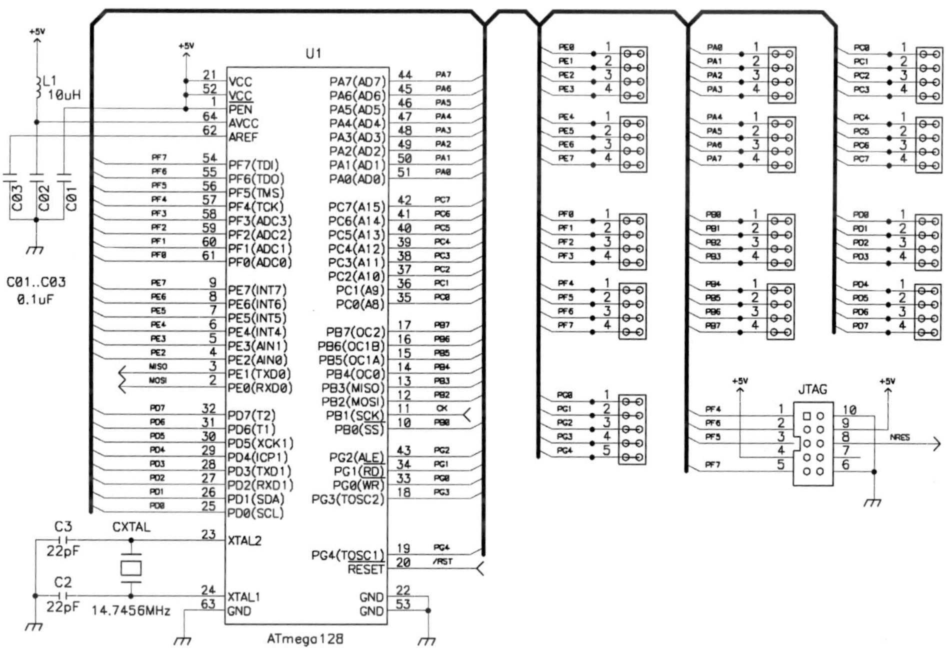

2) DC 모터 회로도

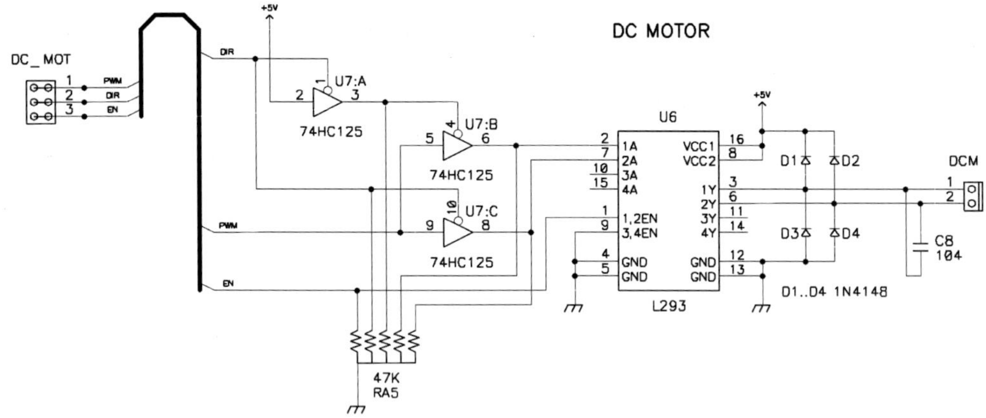

3) 16 X 2 LINE LCD 회로도

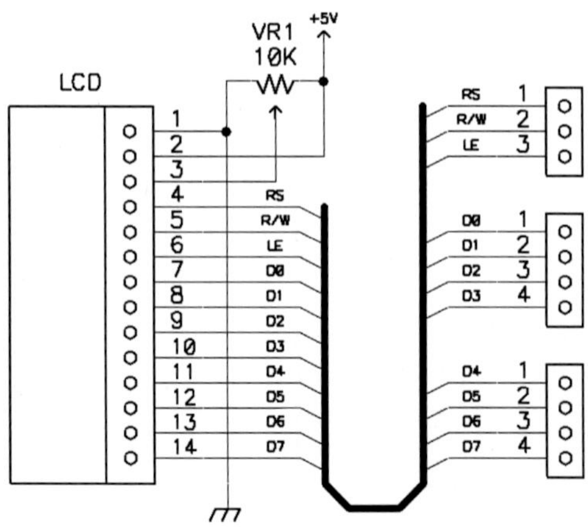

4) ATmega128과 16×2 LINE LCD 연결 관계

AT(mega)128 PORT C	16 × 2 LINE LCD	AT(mega)128 PORT C	16 × 2 LINE LCD	AT(mega)128 PORT B	16 × 2 LINE LCD
PC.3	D3	PC.7	D7	PB.7	E
PC.2	D2	PC.6	D6	PB.6	RW
PC.1	D1	PC.5	D5	PB.5	RS
PC.0	D0	PC.4	D4		

5) ATmega128과 DC MOTOR 연결 관계

AT(mega)128 PORT D	DC MOTOR
PD.7	EN
PD.6	DIR
PD.5	PWM

5.7.4 프로그램

```
/*****************************************
* MPF-mDIGITAL DDS VER 1.0
* ATmega128
*
* < Connecting PORT to LCD, DC, SWITCH UNIT>
* PC0 ~ PC7 ==> [LCD] D0 ~ D7
* PG0 ~ PG2 ==> [LCD] RS,RW,E
* PB5 ~ PB7 ==> [DC] EN,DIR,PWM
* PA0 ~ PA3 ==> [SWITCH] X4~X7
* PA4 ==> [SWITCH] X0
******************************************/
#include <avr/io.h>        // define port name
#include <stdint.h>        // define uint8_t, int8_t
#include <util/delay.h>  // define delay function
#include    "cLcd.h"            // define LCD function

#define  FREQUENCY   576
// display message
const char msg1[] = "DC Motor Control";
const char msg2[] = " Press X4 - X7 !";
volatile uint16_t duty_ratio;
// display PWM_ON
void display(unsigned int pwm_ratio)
{
    unsigned char temp;
    // display
    LcdLine(2);                    // set cursor
    if(PORTB & _BV(PB6)){        // DIR = 1?
        LcdString("CCW PWM_ON:");
    }else{
        LcdString(" CW PWM_ON:");
    }
```

```
    //
    // Display PWM_ON(Hexadecimal)
    temp = pwm_ratio >> 12;
    if(temp >= 10) temp = temp + 0x30 + 7;
    else temp += 0x30;
    LcdData(temp);
    //
    temp = (pwm_ratio >> 8) & 0x0F;
    if(temp >= 10) temp = temp + 0x30 + 7;
    else temp += 0x30;
    LcdData(temp);
    //
    temp = (pwm_ratio >> 4) & 0x0F;
    if(temp >= 10) temp = temp + 0x30 + 7;
    else temp += 0x30;
    LcdData(temp);
    //
    temp = pwm_ratio & 0x0F;
    if(temp >= 10) temp = temp + 0x30 + 7;
    else temp += 0x30;
    LcdData(temp);
    LcdData(' ');
}
// main
int main(void)
{
        PORTB &= ~_BV(PB5);// disable DC motor
        DDRB = 0xF0;     // PB4~PB7 output mode
        DDRA = 0x00;     // PA0~PA7 intput mode
        LcdInit();       // initial LCD
        LcdStringConst(msg1);   // display mssage to line1
        LcdLine(2);                     // set cursor line2
        LcdStringConst(msg2);   // display mssage to line2
        duty_ratio = FREQUENCY/2;
        // Fast PWM mode(PB7/OC1C = PWM)
        TCCR1A = 0x0F;
        // 14.7456[MHz]/256/576 = 100[Hz]
        OCR1A = FREQUENCY;
        OCR1C = (FREQUENCY - duty_ratio);
        TCCR1B = 0x1c;      // prescaler 256
        PORTB &= ~_BV(PB6);
        // loop
        while(1)
        {
```

```
        if(PINA & 0x10)     // run?
        {
            PORTB |= _BV(PB5);        // run motor
            if(!(PINA & 0x01)){          // X4 key press?
                if(duty_ratio < FREQUENCY) duty_ratio += 50;;  // increase T_ON
by 50
                OCR1C = (FREQUENCY - duty_ratio);       // load value
                display(duty_ratio);
                while(!(PINA & 0x01));                 // cancel bounce
            }else if(!(PINA & 0x02)){                 // X5 key press?
                if(duty_ratio > 50)    duty_ratio -= 50;  // decrease duty by 50
                OCR1C = (FREQUENCY - duty_ratio);       // load value
                display(duty_ratio);
                while(!(PINA & 0x02));          // cancel bounce
            }else if(!(PINA & 0x04)){           // X6 key press?
                PORTB &= ~_BV(PB6);           // CW direction
                display(duty_ratio);
                while(!(PINA & 0x04));         // cancel bounce
            }else if(!(PINA & 0x08)){          // X7 key press?
                PORTB |= _BV(PB6);            // ccw direction
                display(duty_ratio);
                while(!(PINA & 0x08));          // cancel bounce
            }
        }else{
            PORTB &= ~_BV(PB5);        // stop motor
        }
    }
    //
    return 0;
}
```

주) LCD8.c 프로그램을 프로젝트에 포함하여야 함.

5.8 USART 실습

ATmega128은 비동기식 통신 또는 동기식 통신으로 사용할 수 있는 전 이중(full duplex) 시리얼 포트를 내장하고 있다. 대표적인 직렬 통신인 USART는 Universal Synchronous and Asynchronous serial Receiver and Transmitter를 나타내며 ATmega128은 USART0와 USART1을 내장하고 있다.

ATmega128의 USART는 풀·듀플렉스(full duplex) 동작, 동기/비동기 동작, 전송 속도 제어, 5~9 비트 데이터 송·수신, 패리티 및 스톱 비트 제어, 오버런 및 프레밍 에러 검출과 멀티프로세서 통신 모드 등의 기능을 갖고 있다.

5.8.1 직렬 통신의 개요

다양한 종류의 장치 및 장비간의 통신을 통하여 전체 시스템을 효율적으로 운영관리 할 수 있다. 이 절에서는 다양한 직렬 통신의 기본 개념과 직렬통신의 종류 등을 설명한다.

1) RS-232

직렬 통신에 대한 국제 규격 RS-232는 1969년 EIA (미국전자공업회, Electronic Industries Association)에서 제정하였다. RS-232는 직렬 인터페이스의 표준 규격으로 모뎀, 개인용 컴퓨터의 주변기기에 등에 널리 사용되고 있다. RS-232는 PC와 음향 커플러, 모뎀 등을 접속하는 직렬 방식의 인터페이스 중의 하나이다. 인터페이스는 포트라고 하여 일반적으로 직렬 포트(Serial Port)라고 불리기도 한다.

RS-232는 근본적으로 병렬통신보다 전송속도는 느리고 비 평형 회로이기 때문에 전송 회로로서 잡음 성능이 나쁘다. 그리고 RS-232 대신 속도가 바른 USB로 급격하게 대체되고 있지만 아직까지 산업용으로 널리 사용되고 있다. RS-232의 주요특징은 아래와 같다.

- 전송 거리가 짧다(15m 이내).
- 전송 속도가 느리다(20kbps이하).
- 잡음에 대하여 취약하다.

2) RS-422

RS-232 (EIA-422)의 기능을 확장한 RS-422는 평형 디지털 인터페이스 회로의 전기적 특성을 결정하는 기술 규격이다. 데이터 전송을 위하여 평형 전송 혹은 차동 신호의 채용, 단방향/무반전, 전송로의 터미네이터의 유무, 포인트 간의 연결, 멀티드롭 등이 규정되어 있다. RS-422는 비평형, 평형 신호로의 전기적인 신호 특성만을 정하고 프로토콜이나 핀 할당은 다른 사양으로 정의되고 있다. 인터페이스의 연결은 EIA-530이나 EIA-499로 정해져 있다. RS-485와 비교하여 RS-422는 복수 드라이브가 아니라 복수 리시버만을 허용한다.

RS-422는 비디오 편집스튜디오에서 비디오/오디오의 재생기 혹은 녹화기를 중앙 제어대에 접속하기 위한 제어신호를 연결하는데 사용된다. 최대 전송 속도는 1.2 m에 대하여 10 Mbps이고 1,200 m에서 100 Kbps이다.

3) RS-485

RS-485(EIA485)는 2선 반이중 다중점 직렬연결에 대한 OSI 모델의 물리 계층명세이다. 드라이버와 리시버의 전기적인 특성만을 규정하고 데이터 프로토콜에 대해서는 가이드라인이 존재하지 않는다. 저가의 지역 네트워크나 멀티드롭 통신망을 구축할 수 있다. 고속 데이터 통신을 할 수 있는데 10 m까지는 35 Mbps, 1200 m에서는 100 Kbps이다. 트위스트 페어(twisted pair)를 이용하여 평형 전송로를 채택하기 때문에 비교적 먼 거리(1200 m 이상) 까지 통신이 가능하다.

일반적인 마이크로컨트롤러는 TTL 레벨의 신호를 입출력한다. EIA에서 정한 규격으로 변환하기 위해서는 MAX232 등의 IC가 필요하다. MAX232의 핀 구성과 내부 회로 및 주변 회로 구성은 다음 그림과 같다.

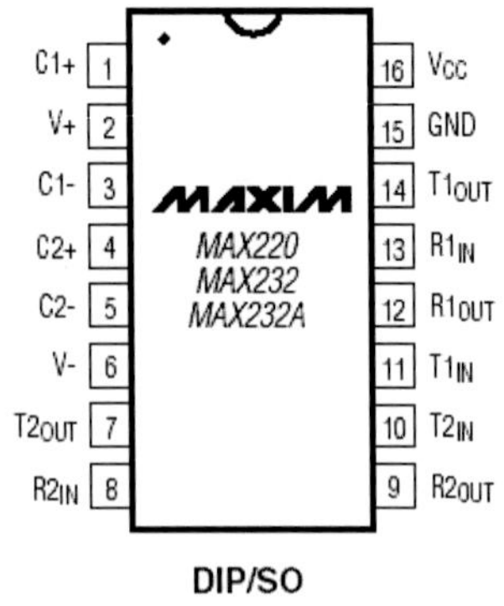

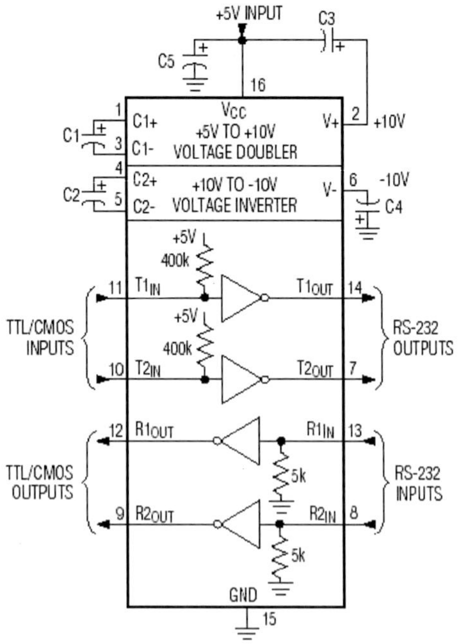

CAPACITANCE (μF)					
DEVICE	C1	C2	C3	C4	C5
MAX220	4.7	4.7	10	10	4.7
MAX232	1.0	1.0	1.0	1.0	1.0
MAX232A	0.1	0.1	0.1	0.1	0.1

5.8.2 ATmega128 직렬 통신 특징 및 구성

USART (Universal Synchronous and Asynchronous serial Receiver and Transmitter)는 대단히 유연성이 높은 시리얼 통신 장치이다. ATmega128의 USART의 주요 특징은 다음과 같다.

- 전이중통신(독립적인 직렬 수신 및 송신 레지스터가 있음)
- 비동기 혹은 동기 동작
- 마스터 혹은 슬레이브의 클럭에 의한 동기
- 고해상도의 보레이트 발생기(Baud Rate Generator)
- 시리얼 플레임은 5, 6, 7, 8 혹은 9 데이터 비트와 1 혹은 2개의 Stop 비트로 구성
- 하드웨어의 의하여 지원되는 홀수 혹은 짝수의 패리티 발생과 패리티 체크 가능
- 데이터 오버런(data overrun) 검출
- 프레이밍 오류 검출
- 잘못된 시작 비트 검출과 디지털 저역통과 필터를 포함하는 잡음 필터링

• 송신완료, 송신데이터 엠프티(empty), 수신 완료 등 3가지 분리된 인터럽트
• 다중 프로세서 통신 모드
• 2배속 비동기 통신 모드

ATmega128에는 동일한 기능을 수행하는 2개의 USART 직렬통신 포트 USATR0 및 USART1을 가지고 있는데, 이것들은 동기 및 비동기 전송 모드에서 전이중 통신이 가능하고, 멀티프로세서 통신 모드로 동작하는 것도 가능하며, 높은 정밀도의 보레이트 발생기를 내장하고 있다.

동기식 전송 모드에서 마스터로 동작하는 경우에는 전송속도를 결정하는데 내부 클럭을 사용하지만, 슬레이브로 동작할 때는 XCKn 단자로 클럭 신호에 의하여 동작한다. 비동기식 전송 모드에서는 항상 내부 클럭에 의하여 보레이트가 결정된다.

전송 데이터는 5~9 비트로 설정하고 스톱비트는 1~2 비트로 설정할 수 있으며, 전송 중에 패리티 비트를 사용하지 않을 수도 있고 짝수 또는 홀수 패리티를 임의로 설정하여 사용할 수 있다. 수신 동작에서는 패리티 에러, 오버런 에러 및 프레임 에러를 검출하는 기능을 가지고 있다.

USART 직렬통신 포트에서는 송신완료, 송신 데이터 레지스터 준비완료, 수신 완료 등 3 가지의 인터럽트를 사용할 수 있다.

ATmega128의 USART0 및 USART1은 각각 크게 클럭 발생부, 송신부, 수신부의 3가지 구성 부분으로 이루어진다. 클럭 발생부를 보레이트 발생기와 동기 모드에서 클럭과 동기를 취하는 회로 등으로 구성된다. 송신부는 송신 버퍼, 송신 시프트 레지스터, 패리티 발생기 등으로 구성된다. 수신부는 가장 복잡하여 수신 버퍼, 수신 시프트 레지스터, 패리티 검사기 등으로 구성된다. 아래의 그림은 USART 직렬 통신 포트의 내부 블록도 이다.

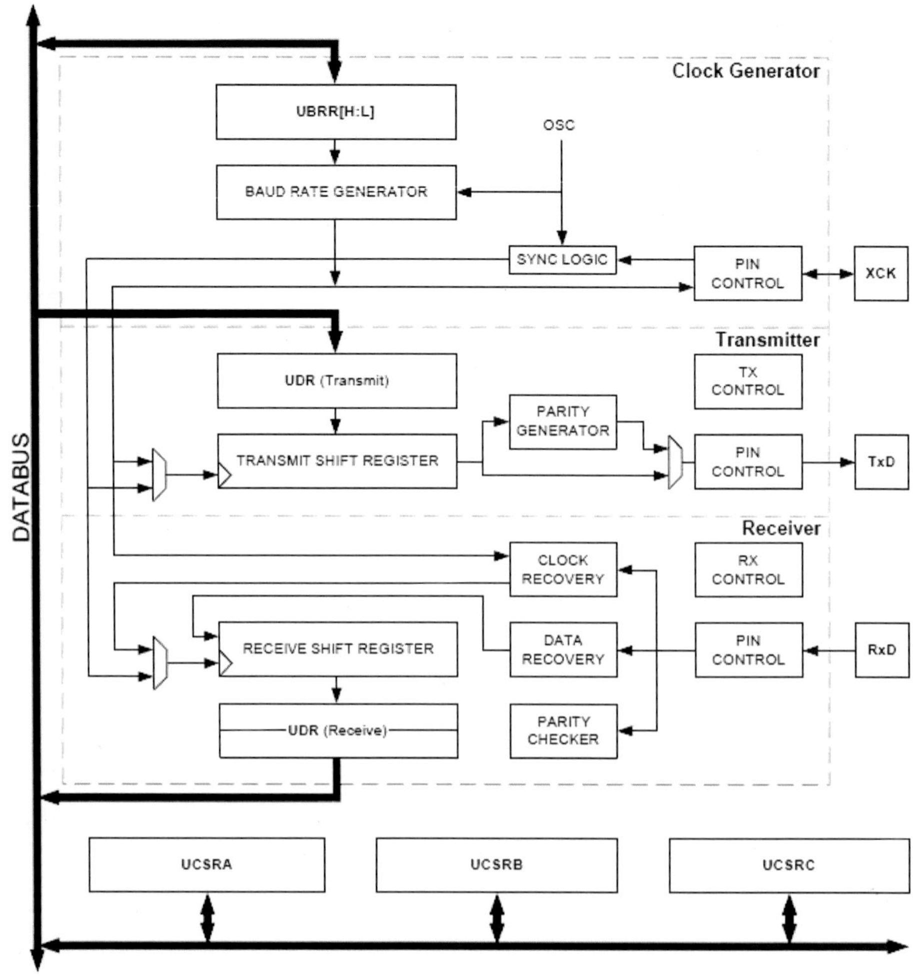
Clock Generator
UBRR[H:L]
OSC
BAUD RATE GENERATOR
SYNC LOGIC
PIN CONTROL
XCK
Transmitter
TX CONTROL
UDR (Transmit)
PARITY GENERATOR
TRANSMIT SHIFT REGISTER
PIN CONTROL
TxD
DATABUS
Receiver
CLOCK RECOVERY
RX CONTROL
RECEIVE SHIFT REGISTER
DATA RECOVERY
PIN CONTROL
RxD
UDR (Receive)
PARITY CHECKER
UCSRA
UCSRB
UCSRC

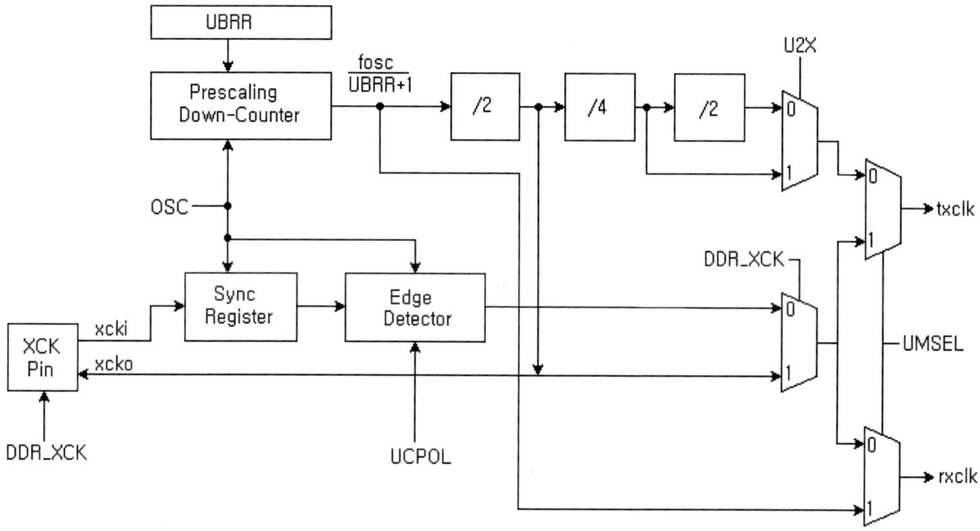

▌ 클럭 발생기 블록도

1) USART에서 사용하는 핀

USART에서는 다음과 같은 핀을 사용한다.

포트 핀	다른 기능
PE0	RXD0(UART0 Receive Pin) : UART0 수신 입력, DDE0의 값에 관계없이 입력 기능
PE1	TXD0(UART0 Transmit Pin) : UART0 송신 출력
PE2	XCK0(USART0 external clock input/output) : USART0 동기 모드의 클럭 입력/출력, DDE2=1이면 클럭 출력, DDE2=0이면 클럭 입력
PD2	RXD1(UART1 Receive Pin) : UART1 수신 입력, DDD2의 값에 관계없이 입력으로 사용된다. 강제로 입력 기능으로 설정하면 PORTD2에 의해서 풀업이 제어된다.
PD3	TXD1(UART1 Transmit Pin) : UART1 송신 출력, DDD3의 값에 관계없이 출력으로 사용된다.
PD5	XCK1(USART1 External Clock Input/Output) : USART1을 동기 모드로 사용할 경우 클럭 입 · 출력 DDD4 = 1이면 클럭 출력, DDD4 = 0이면 클럭 입력

5.8.3 ATmega128 직렬 통신 동작 모드 및 전송 데이터 포맷

USART 동작 모드는 다음과 같다.

1) 비동기 모드

일반적인 데이터 통신 방법으로 UCSRC[UMSEL] = 0으로 설정(리셋 상태)하면 비동기 모드로 설정된다.

2) 동기 모드

UCSRC[UMSEL] = 1로 설정하면 동기 모드가 되며, XCK 핀을 사용한다.

- 마스터 모드에서는 XCK을 출력 기능으로, 슬레이브 모드에서는 입력 기능으로 사용한다.
- 슬레이브 모드에서 XCK로 입력되는 클럭 주파수는 (시스템 클럭/4)보다 작아야 한다.
- 그림과 같이 UCSRC[UCPOL]의 값에 따라 XCK 클럭의 상승/하강 모서리에서 송신 신호의 변화 혹은 수신된 신호의 샘플 방법이 달라진다.

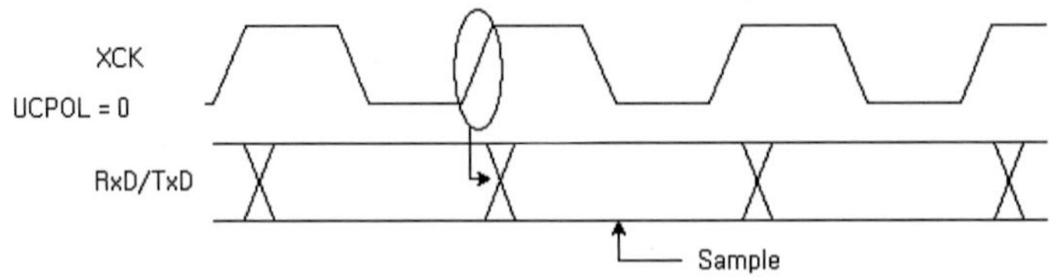

동기 모드에서 클럭 극성

3) 멀티프로세서 모드

UCSRA[MPCM] = 1로 설정하면 멀티프로세서 모드로 동작하며, 송신기는 영향을 주지 않지만, 수신기에서는 어드레스 정보가 포함되지 않은 수신 데이터는 무시되어 수신기 버퍼에 저장되지 않는다.

- 수신기 데이터 크기가 5 ~ 8 비트로 설정되어 있으며, 첫 번째 스톱 비트가 '1'이면 어드레스, '0'이면 데이터를 가리키게 되므로, 이 방법은 사용하지 않는 것이 좋다.
- 수신기 데이터 크기가 9 비트로 설정되어 있으며, 9번째 비트(RXB8)가 '1'이면 어드레스, '0'이면 데이터를 가리키게 된다.
- 데이터 크기를 9 비트로 설정한 경우, 송신기에서 어드레스 프레임은 TXB8 = 1, 데이터 프레임은 TXB8 = 0으로 해서 송신한다.

4) 데이터 포맷

직렬 전송 데이터의 구성 포맷(format)은 1 스타트 비트(start bit), 5~9 데이터 비트(data bit), 1 패리티 비트(parity bit), 1~2 스톱 비트(stop bit)이다. 이와 같이 데이터 비트와 스톱비트의 길이는 사용자가 설정할 수 있으며, 패리티 비트는 사용하지 않을 수도 있고 사용한다면 짝수 패리티 방식과 홀수 패리티 방식을 지정할 수 있다.

이와 같이 ATmega128에서 1개의 전송 프레임은 최소 7비트에서 최대 13비트로 구성될 수 있는데, 이를 그림으로 설명하면 아래의 그림과 같다.

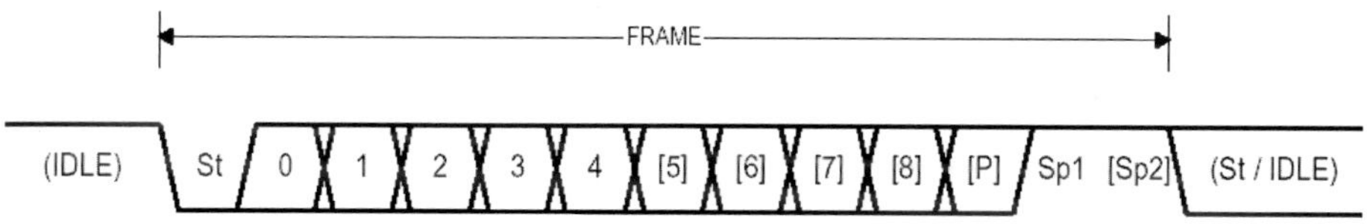

- St : 시작 비트(Start bit), 항상 레벨 "0"이다.
- (n) : 데이터 비트(0~8)
- P : 패리티 비트로서 홀수 혹은 짝수가 될 수 있다.
- Sp : 정지 비트(Stop bit)로써 항상 레벨 "1"이다.
- IDLE : 통신선로(RxDn 혹은 TxDn)에서의 데이터 전송이 없음, IDLE 선로는 "1"상태이다.

USARTn이 사용하는 프레임 포맷은 UCSRnB와 UCSRnC 레지스터 안에 있는 UCSZn[2:], UPMn[1:0] 그리고 USBSn 비트의 설정에 의하여 결정된다.

USARTn의 문자 크기(SiZe) 비트, UCSZn[2:0] 비트는 프레임의 데이터 비트 수를 결정한다. USARTn의 패리티 모드(UPMn[1:0]) 비트는 패리티 비트 사용과 패리티 비트 형식을 설정한다. 1개 혹은 2개의 정지 비트 설정은 USART 정지 비트 설정을 하는 USBSn 비트로 한다. 수신기는 두 번째 정지 비트를 무시한다. 따라서 FEn(프레임 오류, Frame Error)는 첫 번째 정지 비트가 0인 경우에 검출된다.

5) 패리티 비트 계산

데이터 포맷에 패리티 비트를 사용하도록 설정한 경우에는 데이터를 수신할 때 패리티를 계산하여 전송 에러를 체크한다. 또한, 첫 번째의 스톱 비트까지 프레임을 체크하여 이 비트가 low로 검출되면 프레임 에러가 된다. 2 스톱 비트로 설정된 경우에도 2번째의 스톱 비트는 수신부에 의하여 무시되며, 이는 수신부의 처리 동작이 느릴 경우에 대비하여 송신부에서 다음 데이터를 전송하는 동작을 지연시키는 효과가 있을 뿐이다.

패리티 비트는 모든 데이터 비트의 Exclusive-OR을 수행하여 계산되며, 홀수 패리티를 사용할 경우 Exclusive-OR 결과의 역수를 취하는 형태로 계산한다. 패리티 비트와 데이터 비트의 관계는 아래와 같다.

$$P_{even} = d_{(n-1)} \oplus \cdots \oplus d_3 \oplus d_2 \oplus d_1 \oplus d_0 \oplus 0$$
$$P_{odd} = d_{(n-1)} \oplus \cdots \oplus d_3 \oplus d_2 \oplus d_1 \oplus d_0 \oplus 1$$

- Peven : 짝수 패리티에 사용되는 패리티 비트
- Podd : 홀수 패리티에 사용되는 패리티 비트
- dn : 문자의 n개 데이터 비트

6) 직렬 통신 초기화

직렬 통신이 일어나기 전에 USART는 초기화되어 있어야만 한다. 초기화 과정은 일반적으로 보레이트 설정, 프레임 포맷 설정 그리고 송신 혹은 수신 가능 설정으로 이루어진다. 인터럽트 기반의 USART 동작에서는 초기화하는 동안에는 전체 인터럽트 플래그가 반드시 "0"으로 지워져 있어야 한다. USART0에 대하여 19,200 bps, 8비트 데이터 송수신을 위한 설정은 다음과 같다.

```
1. UBRR0H = 0x00
2. UBRR1L =(7372800/19200/16-1); //보레이트(초당 비트 전송 수) 지정
3. /*위의 보레이트를 정의한 것은 B19200을 설정하기 위하여 system clock
   을 7372800Hz때의 설정*/
4. UCSR0A = 0x00;
5. UCSR0B = 0x98; //7,4,3비트에 허용; 인터럽트, 수신, 송신허용
6. UCSR0C = 0x06; // 데이터 길이 8비트로 설정
```

5.8.4 USART 제어 레지스터

ATmega128에서 직렬 통신을 하는데 필요한 레지스터를 정리하면 다음과 같다.

- UDRn : 데이터 레지스터
- UCSRnA : 제어 및 상태 레지스터, 송수신 완료 등
- UCSRnB : 제어 및 상태 레지스터, 인터럽트 처리
- UCSRnC : 제어 및 상태 레지스터, 전송 데이터 비트 수 설정
- UBRR : 보레이트 설정

1) USART 데이터 레지스터 (UDRn, USART Data Register)

UDRn 레지스터는 USART 포트의 데이터 버퍼의 기능을 수행한다. 각 포트의 송신 및 수신 버퍼는 동일한 번지에 위치하지만 내부적으로는 서로 다른 별개의 레지스터로서, 송신할 데이터를 UDRn에 Write 하면 이는 송신 데이터 버퍼 TXBn에 저장되고, 수신된 데이터를 UDRn으로 읽으면 이는 수신 데이터 버퍼 RXBn에 수신되어 있는 값이 읽혀진다. 전송 데이터 문자를 5~7 비트로 설정하면 송신의 경우에는 사용하지 않은 상위 비트들이 무시되고, 수신의 경우에는 이 상위 비트들이 수신부에서 "0"으로 처리된다. 송신버퍼는 UCSRnA 레지스터의 UDREn 플래그 비트가 1로 되어 있는 경우에만 Write할 수 있으며, UDREn 플래그 비트가 0

으로 되어 있는 경우에는 만약 UDRn에 데이터를 Write 하더라도 이는 송신부가 무시한다.

Bit	7	6	5	4	3	2	1	0	
	RXBn[7:0]								UDRn (Read)
	TXBn[7:0]								UDRn (Write)
Read/Write	R/W	R/W	R/W	R/W	R/W	R/W	R/W	R/W	
Initial Value	0	0	0	0	0	0	0	0	

2) USARTn 제어와 상태 레지스터 A (UCSRnA)

UCSRA (USART Control and Status Register A) 레지스터는 USART 포트의 송수신 동작을 제어하거나 송수신 상태를 저장하는 기능을 수행한다.

Bit	7	6	5	4	3	2	1	0	
	RXCn	TXCn	UDREn	FEn	DORn	UPEn	U2Xn	MPCMn	UCSRnA
Read/Write	R	R/W	R	R	R	R	R/W	R/W	
Initial Value	0	0	1	0	0	0	0	0	

- **비트 7 (RXCn: USARTn Receive Complete)**

수신 버퍼에 읽지 않은 데이터가 있을 때 1로 설정되고 수신 버퍼가 비어 있으면 0이 된다. 수신기가 작동하지 않으면 수신 버퍼는 비게 되고 RXCn 비트는 0이 된다. RXCn 플래그는 수신 완료 인터럽트를 발생시키는데 사용될 수 있다.

- **비트 6 (TXCn: USART Transmit Complete)**

전송 쉬프트 레지스터가 모두 전송되고 전송 버퍼에 새로운 데이터가 입력되지 않으면 TXCn 플래그 비트가 1로 설정된다. TXCn 플래그 비트는 전송 완료 인터럽트가 실행될 때 자동으로 0이 된다.

- **비트 5 (UDREn: USART Data Register Empty)**

전송 버퍼가 새로운 데이터를 받을 준비가 되었다면 UDREn 플래그가 설정된다. UDREn이 1이라면 버퍼는 비어있고 쓸 준비가 된 것이다. UDREn 플래그는 데이터 레지스터가 비었음을 나타내는 인터럽트를 발생시킨다.

• **비트 4 (FEn: Frame Error)**

데이터를 수신 하였을 때 수신 버퍼의 다음 문자로 프레임 오류(Frame Error)가 들어 있다면 (수신 버퍼 안에 다음 준자의 첫 번째 정지 비트가 0이면) UDREn 플래그가 1로 설정된다. 수신 버퍼가 읽혀질 때까지 이 비트가 작용한다. 수신 데이터의 정지 비트가 1일 때 FEn 비트는 0이 된다. UCSRnA에 쓸 때 항상 비트를 0으로 설정하여야 한다.

• **비트 3 (DORn: Data OverRun)**

데이터 폭주 상태(data overrun condition)가 검출되면 이 비트가 1로 설정된다. 수신 버퍼가 차면(2개의 문자가 들어오면) 데이터 폭주가 발생한다.

• **비트 2 (UPE: Parity Error)**

이 플래그는 패리티 검사가 허용(UPM = 1)된 가운데 수신 버퍼에 있는 문자가 parity error를 가질 때 세트 된다. 이 비트를 1로 하면 보율의 분주를 16에서 8로 함으로써 비동기식 통신의 송신율을 2배로 한다.

• **비트 1 (U2X: Double the USART Transmission Speed)**

이 비트는 비동기식 동작에서만 의미가 있는 것이고, 동기식 동작에서는 이 비트를 0으로 해야 한다. 이 비트를 1로 하면 보율의 분주를 16에서 8로 함으로써 비동기식 통신의 송신율을 2배로 한다.

• **비트 0 (MPCM: Multi-Processor Communication Mode)**

이 비트는 다중 프로세서 통신 모드를 가능케 한다. 이 비트를 1로 하면 수신되는 frame이 주소 정보를 포함하지 않으면 무시된다. 송신 그 자체는 이 비트와는 무관한다.

3) USARTn 제어와 상태 레지스터 B (UCSRnB)

UCSRB 레지스터는 USART 포트의 송수신 동작을 제어하거나, 전송 데이터를 9비트로 설정한 경우에 데이터의 9번째 비트 값을 저장하는 기능을 수행한다.

Bit	7	6	5	4	3	2	1	0	
	RXCIEn	TXCIEn	UDRIEn	RXENn	TXENn	UCSZn2	RXB8n	TXB8n	UCSRnB
Read/Write	R/W	R/W	R/W	R/W	R/W	R/W	R	R/W	
Initial Value	0	0	0	0	0	0	0	0	

• **비트 7 (RXCIEn: Rx Complete Interrupt Enable)**

이 비트를 "1"로 설정하는 것은 RXCn 플래그에 대하여 인터럽트를 가능하게 한다. USART 수신 완료 인터럽트는 RXCIE 비트에 "1"이 기록되어 있고, SREG에 있는 전체 인터럽트 플래그 "1"이 기록되어 있고, UCSRnA의 RXCn 비트가 "1"인 경우에만 발생한다.

• **비트 6 (TXCIEn: Tx Complete Interrupt Enable)**

이 비트를 "1"로 설정하는 것은 TXCn 플래그에 대하여 인터럽트를 가능하게 한다. USART 송신 완료 인터럽트는 TXCIE 비트에 "1"이 기록되어 있고, SREG에 있는 전체 인터럽트 플래그 "1"이 기록되어 있고, UCSRnA의 TXCn 비트가 "1"인 경우에만 발생한다.

• **비트 5 (UDRIEn: USARTn Data Register Empty Interrupt Enable)**

이 비트를 "1"로 설정하는 것은 UDREn 플래그에 대하여 인터럽트를 가능하게 한다. 데이터 레지스터 empty 인터럽트는 UDRIEn 비트에 "1"이 기록되어 있고, SREG 레지스터에 있는 전체 인터럽트 플래그가 "1"로 설정되어 있고 USCRnA 레지스터에 있는 UDREn 비트가 "1"이 기록되어 있을 때만 발생한다.

• **비트 4 (RXENn: Receiver Enable)**

이 비트에 "1"을 설정하는 것은 USART 송신을 허용한다. 송신 허용이 되었을 때, 송신기는 TxDn 핀에 대한 정상적인 포트의 I/O 동작을 대신하여 수신단자로 활용된다. 수신 불가로 설정되면 FEn, DORn 그리고 UPEn 플래그를 무의미하게 하며 수신 버퍼를 비우게 된다.

• **비트 3 (TXRNn: Transmitter Enable)**

이 비트에 "1"을 설정하는 것은 USART 송신을 허용한다. 송신 허용이 되었을 때, 송신기는 TxDn 핀에 대한 정상적인 포트의 I/O 동작을 대신하여 송신 단자로 활용된다.

• **비트 2 (UCSZn2: Character Enable)**

UCSZn2 비트는 UCSRnC 레지스터의 UCSZn[1:0]과 조합되어 수신기와 송신기를 사용하는데 있어 데이터 비트(문자 크기) 수를 설정한다.

• **비트 1 (RXB8n: Receive Data Bit 8)**

9개의 데이터 비트를 사용하는 직렬 프레임으로 동작할 때, RXB8n은 수신한 문자의 9번째 데이터 비트이다. UDRn으로부터 낮은 비트를 읽기 전에 반드시 읽어야만 한다.

• **비트 0 (TXB8n: Transmit Data Bit 8)**

9개의 데이터 비트를 사용하는 직렬 프레임으로 동작할 때, TXB8n은 송신할 문자의 9번째 데이터 비트이다. UDRn에 낮은 비트를 쓰기 전에 반드시 써야만 한다.

4) USATRn 제어와 상태 레지스터 C (UCSRnC)

UCSRC 레지스터는 USART 포트의 송수신 동작을 제어하는 기능을 수행한다.

Bit	7	6	5	4	3	2	1	0	
	–	UMSELn	UPMn1	UPMn0	USBSn	UCSZn1	UCSZn0	UCPOLn	UCSRnC
Read/Write	R/W	R/W	R/W	R/W	R/W	R/W	R/W	R/W	
Initial Value	0	0	0	0	0	1	1	0	

• **비트 7 (Reserved)**

• **비트 6 (UMSELn: USARTn Mode Select)**

이 비트는 비동기와 동기 모드 동작을 선택한다.

UMSELn	Mode
0	비동기 동작(Asynchronous operation)
1	동기 동작(Synchronous operation)

- **비트 [5:4] (UPMn[1:0]: Parity Mode)**

이 비트는 패리티 생성과 검사를 허용하고 형식을 설정한다. 패리티 비트 생성 및 검사가 허용되면 송신기는 자동으로 패리티를 생성하고 각 프레임 안에 송신되는 데이터 비트의 패리티 비트를 보낸다. 수신기는 입력된 데이터에 대하여 패리티 값을 생성하고 UPMn0 설정과 비교한다. 일치하지 않는 것이 검출되면 UCSRnA 레지스터의 UPEn 플래그를 "1"로 설정한다.

UPMn1	UPMn0	Parity Mode
0	0	허용하지 않음
0	1	Reserved
1	0	허용, 짝수 패리티
1	1	허용, 홀수 패리티

- **비트 3 (USBSn: Stop Bit Select)**

이 비트는 송신기에 의하여 삽입되는 정지 비트 수를 선택한다. 수신기는 이 설정을 무시한다.

USBSn	Stop Bit(s)
0	1-bit
1	2-bit

- **비트 [2:1] (UCSZn[1:0]: Character Size)**

UCSZn[1:0] 비트는 UCSRnB 레지스터의 UCSZn2 비트와 조합하여 수신기와 송신기에 사용하는 프레임의 데이터 비트(문자 크기)의 수를 설정한다.

UCSZn2	UCSZn1	UCSZn0	Character Size
0	0	0	5-bit
0	0	1	6-bit
0	1	0	7-bit
0	1	1	8-bit
1	0	0	Reserved
1	0	1	Reserved
1	1	0	Reserved
1	1	1	9-bit

• **비트 0 (UCPOLn: Clock Polarity)**

이 비트는 동기 모드에서만 사용된다. 비동기 모드에 사용될 때는 "0"을 기록하여야 한다. UCPOLn비트는 데이터 출력 변화와 데이터 입력 샘플 간의 관계와 동기 클럭(XCKn)을 설정한다.

UCPOLn	송신된 데이터 변경 (TcDn 핀의 출력)	수신된 데이터 샘플 (RxDn 핀에 입력)
0	XCK 상승 에지	XCK 하강 에지
1	XCK 하강 에지	XCK 상승 에지

5.8.5 USART 보레이트 레지스터 UBRR과 보레이트 설정

UBRRnH/UBRRnL 레지스터는 16비트 중에서 12비트만 유효한 것으로서, USART 포트의 송수신 속도를 설정하는 기능을 수행한다. 즉 이 레지스터 값은 클럭의 분주비로 작용하여 직렬포트의 전송속도인 보레이트를 결정한다. 16비트 레지스터를 라이트 하는 경우에는 항상 상위 바이트인 UBRRH를 먼저 라이트 하고 하위 바이트인 UBRRL을 나중에 라이트해야 한다.

Bit	15	14	13	12	11	10	9	8	
	–	–	–	–	UBRRn[11:8]				UBRRnH
	UBRRn[7:0]								UBRRnL
	7	6	5	4	3	2	1	0	
Read/Write	R	R	R	R	R/W	R/W	R/W	R/W	
	R/W	R/W	R/W	R/W	R/W	R/W	R/W	R/W	
Initial Value	0	0	0	0	0	0	0	0	
	0	0	0	0	0	0	0	0	

동기 슬레이브 모드에서 XCKn단자로 입력되는 클럭의 주파수가 그대로 보레이트가 된다. 여기서 BAUD의 단위는 bps (bit per second)이며, UBRR은 12비트만을 사용하므로 0 ~ 4095 범위의 값을 가질 수 있다.

통신 속도 계산 방법

동작 모드	통신 속도	UBRR 값
비동기 보통 모드 UCSRA[U2X] = 0	$BAUD = \frac{f_{OSC}}{16 \cdot (UBRR+1)}$	$UBRR = \frac{f_{OSC}}{16 \cdot BAUD} - 1$
비동기 x2 속도 모드 UCSRA[U2X] = 1	$BAUD = \frac{f_{OSC}}{8 \cdot (UBRR+1)}$	$UBRR = \frac{f_{OSC}}{8 \cdot BAUD} - 1$
동기 마스터 모드	$BAUD = \frac{f_{OSC}}{2 \cdot (UBRR+1)}$	$UBRR = \frac{f_{OSC}}{2 \cdot BAUD} - 1$

• BAUD : Baud Rate, f_{osc} : 시스템 주파수, UBRR : UBRRH, UBRRL

이 공식에 따라 ATmega128에 16 Mhz의 시스템 클럭을 사용하는 경우 각 보레이트 별로 이에 필요한 UBRR 레지스터의 값을 계산해보면 다음과 같다.

Baud Rate (bps)	f_{osc} = 1.0000 MHz				f_{osc} = 1.8432 MHz				f_{osc} = 2.0000 MHz			
	U2X = 0		U2X = 1		U2X = 0		U2X = 1		U2X = 0		U2X = 1	
	UBRR	Error	UBRR	Error	UBRR	Error	UBRR	Error	UBRR	Error	UBRR	Error
2400	25	0.2%	51	0.2%	47	0.0%	95	0.0%	51	0.2%	103	0.2%
4800	12	0.2%	25	0.2%	23	0.0%	47	0.0%	25	0.2%	51	0.2%
9600	6	-7.0%	12	0.2%	11	0.0%	23	0.0%	12	0.2%	25	0.2%
14.4k	3	8.5%	8	-3.5%	7	0.0%	15	0.0%	8	-3.5%	16	2.1%
19.2k	2	8.5%	6	-7.0%	5	0.0%	11	0.0%	6	-7.0%	12	0.2%
28.8k	1	8.5%	3	8.5%	3	0.0%	7	0.0%	3	8.5%	8	-3.5%
38.4k	1	-18.6%	2	8.5%	2	0.0%	5	0.0%	2	8.5%	6	-7.0%
57.6k	0	8.5%	1	8.5%	1	0.0%	3	0.0%	1	8.5%	3	8.5%
76.8k	–	–	1	-18.6%	1	-25.0%	2	0.0%	1	-18.6%	2	8.5%
115.2k	–	–	0	8.5%	0	0.0%	1	0.0%	0	8.5%	1	8.5%
230.4k	–	–	–	–	–	–	0	0.0%	–	–	–	–
250k	–	–	–	–	–	–	–	–	–	–	0	0.0%
Max [1]	62.5 kbps		125 kbps		115.2 kbps		230.4 kbps		125 kbps		250 kbps	

위의 표에서 UBRR 레지스터의 값을 이와 같이 설정하는 경우 표준 보레이트와 실제로 동작 하는 전송 속도 사이의 오차를 계산하여 제시하였는데, 나중에 설명하는 바와 같이 230, 4k bps인 경우를 제외한 모든 전송 속도에서는 거의 동작에 영향을 주지 않는 무시할 수 있는 오차가 된다.

5.8.6 실험 회로도

1) ATmega128 CPU 회로도

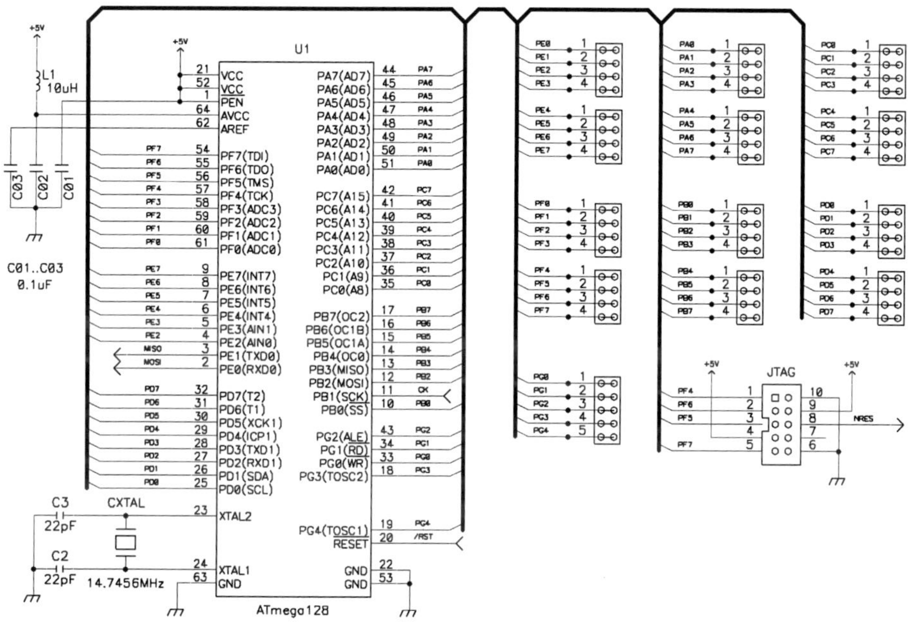

2) 시리얼 포트 회로도

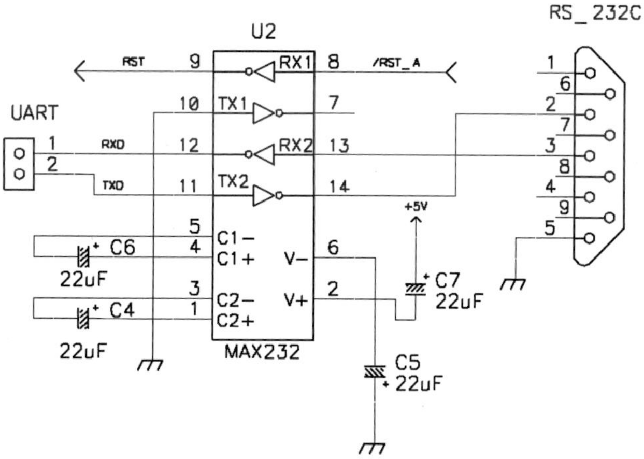

3) 16 X 2 LINE LCD 회로도

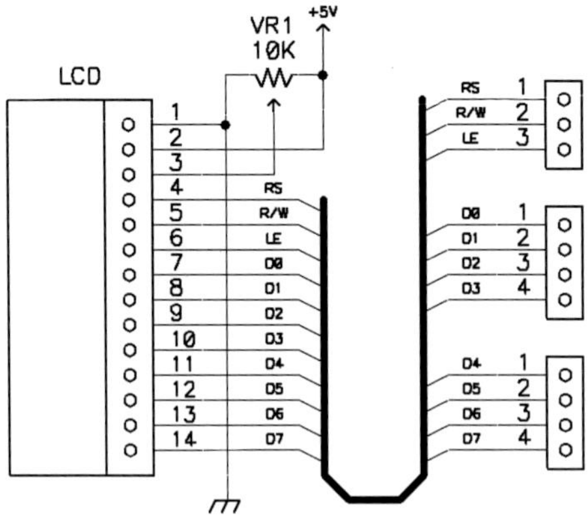

4) ATmega128과 USART 연결 관계

AT(mega)128 PORT E	USART
PE.1	TXD
PE.0	RXD

5) ATmega128과 16×2 LINE LCD 연결 관계

AT(mega)128 PORT C	16×2 LINE LCD	AT(mega)128 PORT C	16×2 LINE LCD	AT(mega)128 PORT B	16×2 LINE LCD
PC.3	D3	PC.7	D7	PB.7	E
PC.2	D2	PC.6	D6	PB.6	RW
PC.1	D1	PC.5	D5	PB.5	RS
PC.0	D0	PC.4	D4		

6) 프로그램 흐름도

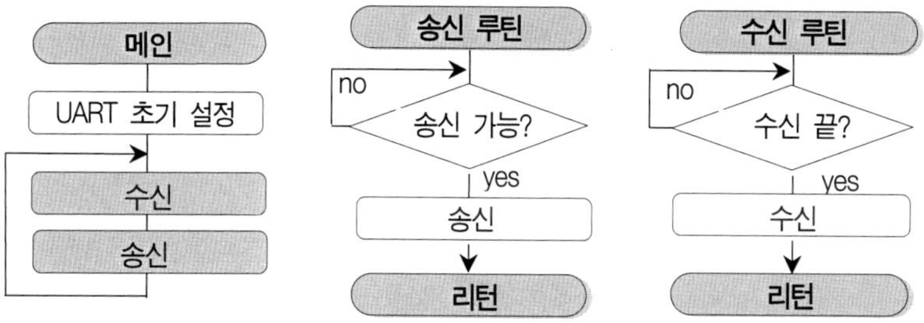

에코 비동기식 통신 흐름도

5.8.7 프로그램

```
/*****************************************
* MPF-mDIGITAL DDS VER 1.0
* ATmega128
*
* < Connecting PORT to RS_232C UNIT>
* PE0,PE1 ==> [RS-232C] RXD,TXD
*****************************************/
#include <avr/io.h>        // define port name
#include <stdint.h>        // define uin8_t, int8_t
#include <util/delay.h>  // define delay function
// receive
unsigned char RX_D(void)
{
        loop_until_bit_is_set(UCSR0A, RXC0);  // receive ?
    return(UDR0);  // receive
}
//transmit
void TX_D(unsigned char data)
{
        loop_until_bit_is_set(UCSR0A, UDRE0);  // wait transmit ?
    UDR0 = data;      // transmit
}
// main
int main(void)
{
```

```
    unsigned char temp;
    // initial UART
    UBRR0H = 0;         // 9600[bps]
    UBRR0L = 95;
    UCSR0B = 0x18;      // enable rx, tx
    // loop
    while(1)
    {
        temp = RX_D(); // wait receive
        TX_D(temp);     // transmit
    }       //
            return 0;
}
```

5.9 MPF-mDIGITAL ATmega128 회로도

5.9.1 ATmega128 회로도

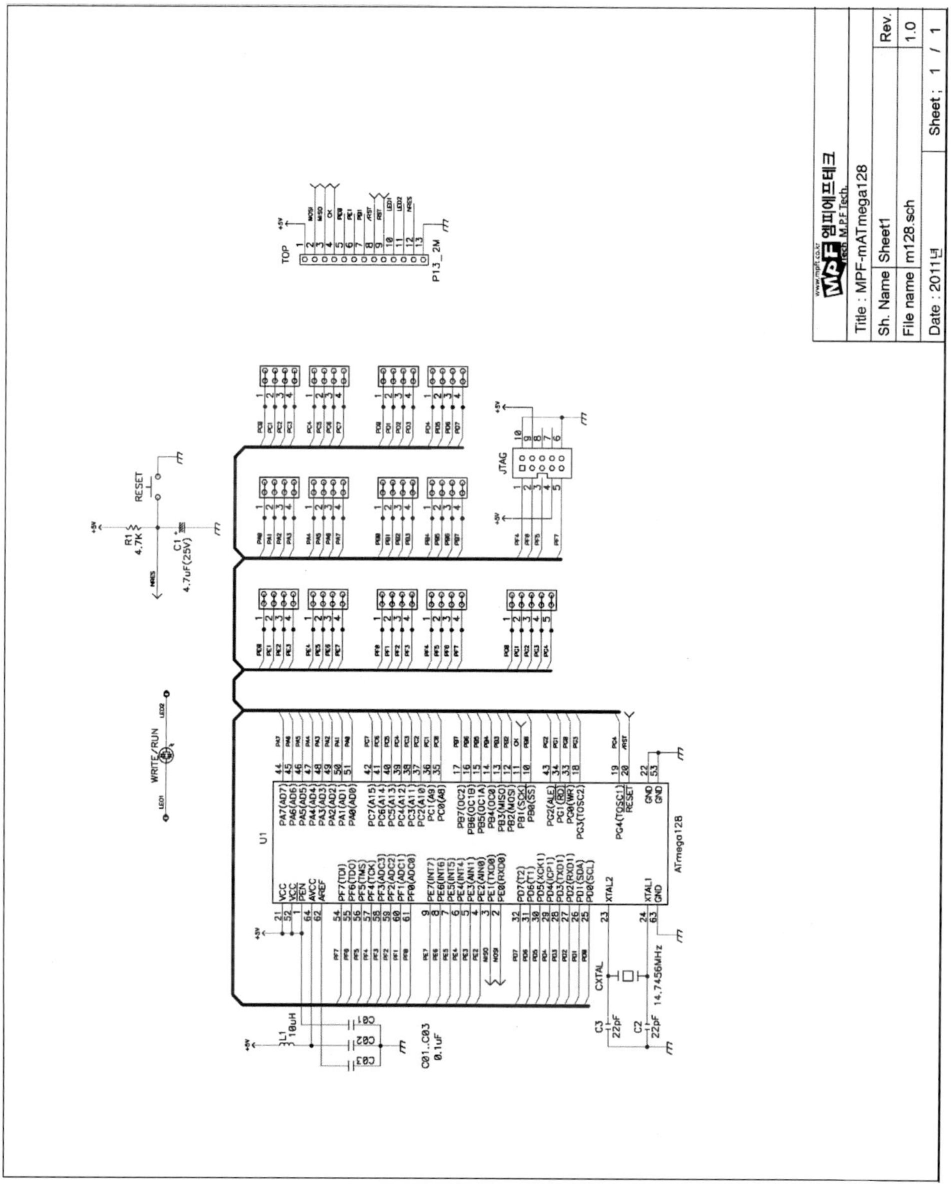

5.9.2 I/O 보드 회로도

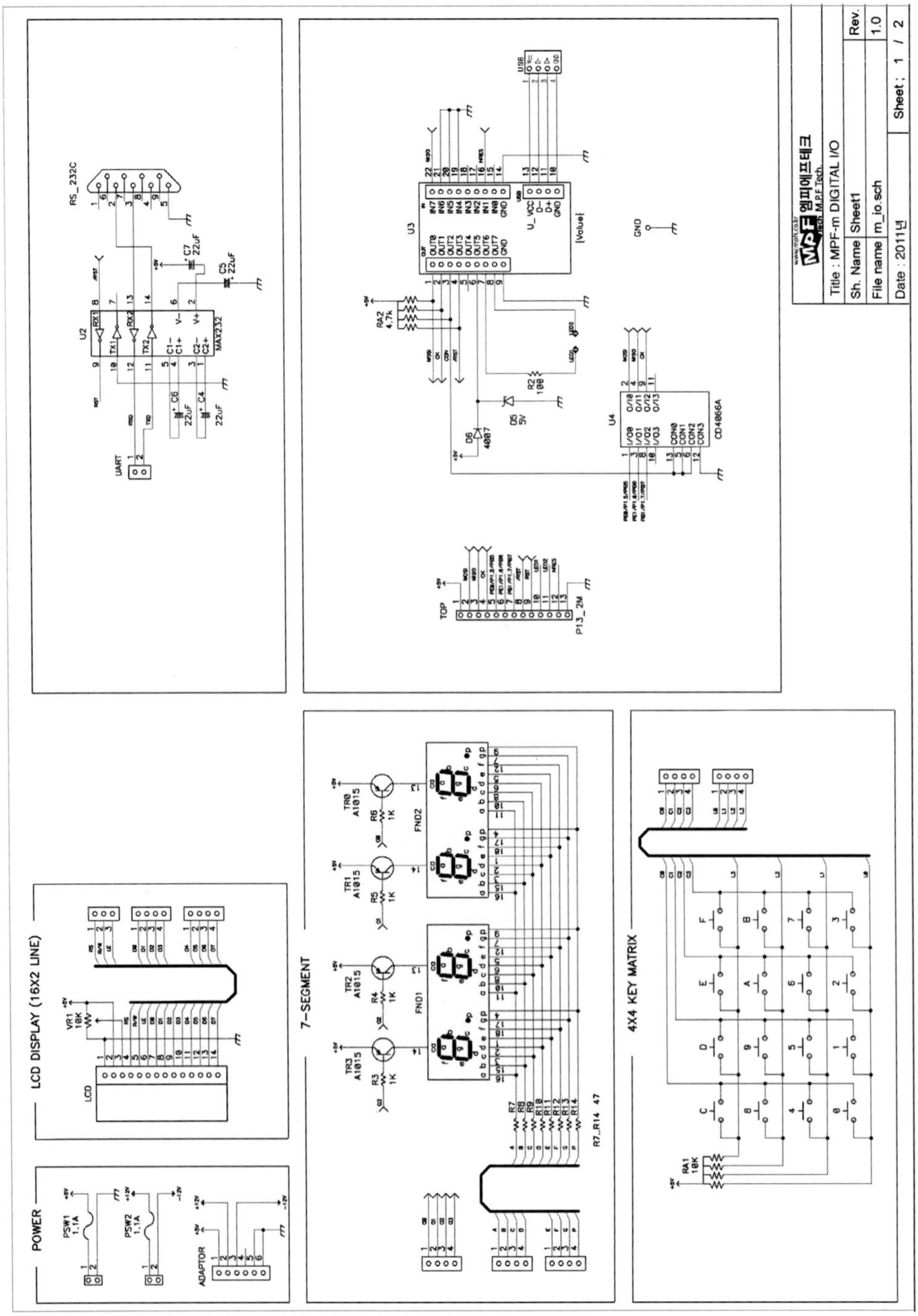

POWER
LCD DISPLAY (16X2 LINE)
7-SEGMENT
4X4 KEY MATRIX
RS_232C
MAX232
CD4066A
Title : MPF-m DIGITAL I/O
Sh. Name Sheet1
File name m_io.sch
Date : 2011년
Rev.
1.0
Sheet ; 1 / 2

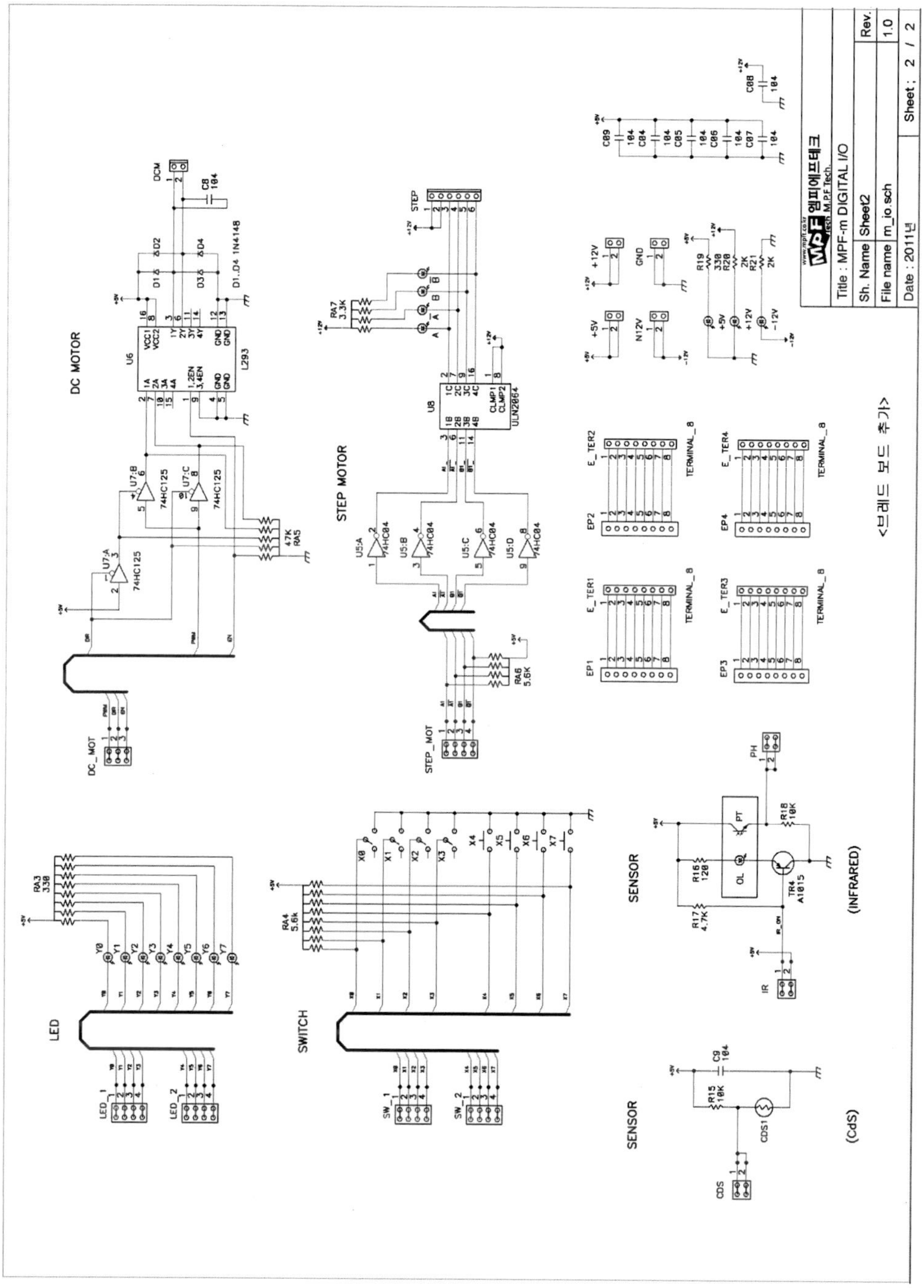
DC MOTOR
STEP MOTOR
LED
SWITCH
SENSOR
(INFRARED)
SENSOR
(CdS)
<브레드 보드 추가>
Title : MPF-m DIGITAL I/O
Sh. Name Sheet2
File name m_io.sch
Date : 2011년
Sheet : 2 / 2
Rev. 1.0

저자와의
협의에 의해
인지 생략

마이크로프로세서
ATmega128 기초와 활용

1판 4쇄 2019년 3월 4일

저 자 이영일/김경화
발행인 송광헌
발행처 복두출판사
주 소 서울특별시 영등포구 경인로82길 3-4
센터플러스 807호
(우) 07371
전 화 02-2164-2580
FAX 02-2164-2584
등 록 1993. 11. 22. 제 10-902 호

정가 : 18,000원
ISBN : 978-89-8000-337-2 93560

한국과학기술출판협회 회원사